LIBERDADE SOB CONDIÇÃO

ALFORRIAS E POLÍTICA DE DOMÍNIO
SENHORIAL EM CAMPINAS, 1855-1871

Editora Appris Ltda.
1.ª Edição - Copyright© 2025 dos autores
Direitos de Edição Reservados à Editora Appris Ltda.

Catalogação na Fonte
Elaborado por: Josefina A. S. Guedes
Bibliotecária CRB 9/870

P372l
2025
	Pedro, Alessandra
	    Liberdade sob condição: alforrias e política de domínio senhorial em Campinas, 1855-1871 / Alessandra Pedro. – 1. ed. – Curitiba: Appris, 2025.
	    209 p. ; 23 cm. – (Ciências sociais. Seção história).
	
	    Inclui referências.
	    ISBN 978-65-250-7707-9
	
	    1. Proprietários de escravos. 2. Escravos – Emancipação. 3. Escravos – Doações. 4. Escravos – Testamentos. 5. Escravidão – Campinas (SP) – Século XIX. I. Título. II. Série.
	
	                                                                        CDD – 326

Livro de acordo com a normalização técnica da ABNT

Appris editorial

Editora e Livraria Appris Ltda.
Av. Manoel Ribas, 2265 – Mercês
Curitiba/PR – CEP: 80810-002
Tel. (41) 3156 - 4731
www.editoraappris.com.br

Printed in Brazil
Impresso no Brasil

Alessandra Pedro

LIBERDADE SOB CONDIÇÃO

ALFORRIAS E POLÍTICA DE DOMÍNIO
SENHORIAL EM CAMPINAS, 1855-1871

Appris
editora

Curitiba, PR
2025

Se eu morresse amanhã

Se eu morresse amanhã, viria ao menos
Fechar meus olhos minha triste irmã;
Minha mãe de saudades morreria
Se eu morresse amanhã!

Quanta glória pressinto em meu futuro!
Que aurora de provir e que manhã!
Eu perdera chorando essas coroas
Se eu morresse amanhã!

Que sol! Que céu azul! Que doce n'alva

Acorda a natureza mais louçã!
Não me batera tanto amor no peito
Se eu morresse amanhã!
Mas essa dor da vida que devora
A ânsia de glória, o dolorido afã...

A dor no peito emudecera ao menos
Se eu morresse amanhã
(Álvares de Azevedo)

AGRADECIMENTOS

A escrita de um livro envolve muito trabalho e empenho e não poderia ser realizada sem a ajuda e o apoio de várias pessoas e instituições. Nesse longo percurso, muitas pessoas passaram por minha vida, contribuindo cada uma à sua maneira para o resultado final da pesquisa que deu origem a esta obra.

Não há palavras suficientes para demonstrar minha gratidão, meu respeito e minha admiração por minha orientadora de mestrado Silvia Hunold Lara. Sua orientação sempre precisa, presente e exigente foi essencial para fazer deste trabalho uma realidade. Agradeço por nossas conversas, por seus comentários sempre riquíssimos e principalmente por sua paciência e compreensão.

Aos professores que contribuíram à construção da dissertação de mestrado agora finalmente conformada nesta obra. Especialmente a Robert Slenes e Jefferson Cano, por aceitarem participar da banca de qualificação, e aos seus preciosos comentários e críticas, os meus sinceros agradecimentos. Ao segundo ainda agradeço por, na graduação, ter sugerido os testamentos como fontes para a monografia por ele orientada, que foi o primeiro passo para o presente trabalho. Agradeço a participação na banca de defesa de mestrado que deu origem a este livro ao Professor Robert Slenes, com suas sugestões, dúvidas e contraposições sempre me obrigando a pensar. Agradeço também à Joseli Mendonça por sua participação na banca de defesa de mestrado e suas críticas sempre pertinentes.

Devo a possibilidade de ter realizado esta pesquisa à Fundação Coordenação de Aperfeiçoamento de Pessoal de Nível Superior (Capes) e à Fundação de Amparo à Pesquisa do Estado de São Paulo (Fapesp), que a financiaram desde o início. Não posso deixar de destacar a atenção dispensada a mim pelos funcionários do Centro de Memória da Unicamp, onde passei longos dias lendo os testamentos.

Sou grata a Flávia Peral que, desde os anos de trabalho no Centro de Pesquisa em História Social da Cultura (Cecult), sempre esteve pronta para me ajudar nos assuntos burocráticos e me socorreu em momentos críticos.

Agradeço aos colegas do grupo de estudos sobre alforria da Universidade Estadual de Campinas (Unicamp)/Universidade de São Paulo (USP), pelas discussões que em muito ajudaram a pensar e repensar algumas questões desta obra, especialmente a Patrícia Garcia Ernando da Silva e a Lizandra Meyer Ferraz. À primeira, por sua constante contribuição e indicação bibliográfica, e à segunda, por mais de uma vez compartilhar comigo suas fontes, bibliografia e principalmente seu profundo conhecimento do outro lado da história: a dos escravos de Campinas.

Muitos são os colegas que desde os anos de graduação, em momentos distintos e por razões variadas, participaram de minha vida acadêmica e pessoal, a quem eu agradeço profundamente. Por conversas infindáveis, pela companhia dias a fio no Centro de Memória da Unicamp, por trocar impressões sobre a documentação e a historiografia e principalmente por ler, discutir e comentar vários trechos de meu trabalho, serei sempre grata a Kleber Amâncio. Minha gratidão à Patrícia Decanale Meneses e mais uma vez a Kleber Amancio por, mesmo depois de passado vários anos longe do tema, terem incentivado a publicação deste texto.

Finalmente, mas não menos importante, agradeço à minha família, por seu apoio e confiança, especialmente à minha mãe (*in memoriam*): por compreender.

À Dona Cida (in memoriam) sempre.

APRESENTAÇÃO

A historiografia da escravidão surge na academia brasileira a partir da década de 1980. Desde o seu início mostrou-se interessada em entender a experiência dos trabalhadores e grupos socialmente marginalizados no Brasil, pautada por problemas que ultrapassavam a ideia mais geral da constituição da classe e suas formas de luta.

Essa preocupação com a chamada "história vista de baixo" remonta sua aproximação com a história social inglesa, sobremaneira com os escritos de E. P. Thompson[1], assim como reflete uma busca por direitos dos movimentos negros brasileiros a partir da redemocratização. Esses historiadores percebem que havia uma pluralidade de sujeitos políticos na sociedade, todos lutando à sua maneira para atingir objetivos que lhes eram de primeira ordem e, assim, serem responsáveis por si num contexto extremamente hostil a suas existências. Isto fez com que, por exemplo, os escravizados, que antes eram vistos, caricaturalmente, ou como heróis da resistência ou sujeitos indefesos, doravante fossem percebidos como mais ativos e sutis do que se imaginava até então.[2]

Em síntese, estabeleceu-se uma crítica à maneira como os trabalhos que até então dedicavam-se sobre o tema representava os trabalhadores e suas experiências na história, isto é, uma tendência a enxergar história dos trabalhadores apenas nos movimentos políticos organizados.

O trabalho de Alessandra Pedro é forjado nesse ambiente, contudo aponta para outra direção, igualmente relevante nessa historiografia. O

---

[1] A "história vista de baixo" é uma abordagem historiográfica que busca dar voz e centralidade a grupos marginalizados e subalternizados, como camponeses, operários, escravizados, indígenas, mulheres e outros atores historicamente invisibilizados nas narrativas tradicionais. Nos anos 1960 e 1970, E. P. Thompson revolucionou os estudos históricos com a obra *A Formação da Classe Operária Inglesa*, que analisou como os trabalhadores ingleses do século XVIII e XIX se tornaram uma classe social consciente de si mesma. Sua abordagem rejeitava explicações estruturais deterministas, focando em como as pessoas comuns moldaram a própria história. Vide THOMPSON, Edward Palmer. *A formação da classe operária inglesa*. 2. ed., v. 3. Rio de Janeiro: Paz e Terra, 2022.

[2] Vide, entre muitos outros: AZEVEDO, Célia Maria Marinho de. *Onda negra, medo branco*: o negro no imaginário das elites – século XIX. São Paulo: Annablume, 2004; CHALHOUB, Sidney. *Visões da liberdade*: uma história das últimas décadas da escravidão na Corte. 2. ed. São Paulo: Companhia das Letras, 2011; LARA, Silvia Hunold. *Campos da violência*: escravos e senhores na Capitania do Rio de Janeiro, 1750-1808. Rio de Janeiro: Paz e Terra, 1988; SLENES, Robert W. *Na senzala, uma flor*: esperanças e recordações na formação da família escrava – Brasil Sudeste, século XIX. Campinas: Editora da Unicamp, 1999; REIS, João José. *O levante dos Malês*: religião e escravidão no Brasil. São Paulo: Companhia das Letras, 2003; MACHADO, Maria Helena Pereira Toledo. *Crime e escravidão*: trabalho, violência e justiça no Brasil do século XIX. São Paulo: Brasiliense, 1987.

livro que temos em mãos deriva de sua dissertação de mestrado defendida há 16 anos. No entanto, sua pertinência permanece incontestável, demonstrando a força e a atualidade de sua pesquisa.

A autora analisa as concepções senhoriais sobre a alforria entre 1855 e 1871, período de intensos debates sobre a manumissão dos escravizados, com foco na cidade de Campinas. A cidade foi um dos principais polos cafeeiros do país e abrigou uma das maiores concentrações de pessoas escravizadas no final do século 19. Esse contexto gerou uma série de dinâmicas sociais, incluindo resistências negras, como fugas, quilombos e redes de solidariedade, além da presença significativa de libertos que, mesmo após a Abolição, enfrentaram processos de exclusão e marginalização. Ao longo das duas últimas décadas uma historiografia especifica sobre a região se consolidou a partir dessa perspectiva.[3]

A presente pesquisa, contudo, busca compreender o pensamento dos senhores que prometiam liberdade em seus testamentos, examinando a partilha de bens e doações para identificar estratégias de manutenção do poder. A partir dos testamentos, o estudo reconstitui o perfil dos senhores, investiga os tipos de alforria concedidos e suas reações às transformações sociais. Além disso, discute abordagens teóricas sobre os atos de doação, considerando o conceito de "dom".

O livro evidencia que a alforria não era um simples ato de libertação, mas que fazia parte de uma estratégia de dominação senhorial, inserida no contexto do sistema de dádivas e reciprocidades que caracterizava a sociedade escravista. Isso é fundamental para que possamos entender com maior complexidade as estratégias de negociação e os eventuais conflitos existentes nessa sociedade.

A autora também reconstrói perfis dos senhores e dos escravizados alforriados, investigando as motivações por trás das concessões de liberdade e as estratégias utilizadas pelos proprietários para manter sua

---

[3] MACIEL, Cleber da Silva. *Discriminações raciais*: negros em Campinas (1888-1926) – alguns aspectos. Campinas: Editora da Unicamp, 1987; FRACCARO, Laura Candian. *Estratégias de pequenos agricultores livres de cor perante a expansão dos engenhos de açúcar escravistas em Campinas*: 1779-1836. Campinas: Universidade Estadual de Campinas, 2018; PIROLA, Ricardo Figueiredo. *Senzala insurgente*: malungos, parentes e rebeldes nas fazendas de Campinas (1832). Campinas: Editora da Unicamp, 2011; AMANCIO, Kleber Antônio de Oliveira. *Pós-abolição e cotidiano*: ex-escravos, ex-libertos e seus descendentes em Campinas (1888-1926). São Paulo: Alameda Editorial, 2016; SLENES, Robert W. Escravidão e família: padrões de casamento e estabilidade familiar numa comunidade escrava (Campinas, século XIX). *Estudos Econômicos*, São Paulo, v. 17, n. 2, p. 217-227, 1987. Disponível em: revistas.usp.br. Acesso em: 9 fev. 2025; EISENBERG, Peter L. Ficando livre: as alforrias em Campinas no século XIX. *Estudos Econômicos*, São Paulo, v. 17, n. 2, p. 255-314;

influência. Um sofisticado exercício de leitura a contrapelo como o leitor poderá verificar. Além disso, discute como a prática da alforria estava ligada à ideologia paternalista, na qual os senhores buscavam reforçar sua autoridade por meio de relações de dependência. Dessa forma, o estudo contribui para a compreensão das complexas dinâmicas sociais da escravidão no país e das persistências da estrutura escravista na sociedade brasileira do século 19.

O estudo de Alessandra Pedro reafirma a necessidade de compreender a escravidão para além das dicotomias simplificadoras, revelando as complexas estratégias de poder que permeavam as relações entre senhores e escravizados. Ao demonstrar que a alforria não era um simples ato de benevolência, mas uma ferramenta de dominação inserida em um sistema mais amplo de reciprocidade e controle, a pesquisa contribui significativamente para a historiografia da escravidão no Brasil. Mais do que isso, evidencia como estruturas de dependência e exclusão continuaram a moldar a sociedade mesmo após a Abolição. Assim, a obra, de certo, não apenas ilumina o passado, mas também provoca reflexões sobre as permanências desse sistema nas desigualdades contemporâneas.

Cambridge, fevereiro de 2025.

Kleber Antonio de Oliveira Amancio
Professor da UFRB e atualmente fellow do Hutchins Center da Harvard University. Suas pesquisas abordam arte afro-brasileira e afro-latino-americana, com foco na modernidade, projetos de branqueamento e a obra de Arthur Timotheo da Costa.

PREFÁCIO

"Agora e na hora de nossa morte, amém". Assim termina uma das orações católicas mais tradicionais, na qual o fiel saúda a mãe de Deus e pede sua proteção. A frase relaciona o presente e o futuro, a vida e a morte. Em geral, pensar na morte envolve avaliar o legado de uma vida e imaginar como seria o mundo depois dela. Pode-se apenas cogitar a hipótese ou deixar tudo bem organizado e por escrito, por meio de um testamento. No Brasil do século XIX, este registro seguia fórmulas religiosas e legais bem específicas para dispor sobre as providências futuras. Além do que está por vir, o texto também documenta o passado e o presente: ali aparecem os laços familiares, os bens acumulados, as preferências religiosas, as aspirações e os valores de quem o escreveu ou ditou.

Para serem executadas, as vontades expressas nos testamentos passam por procedimentos legais que se iniciam com a abertura do inventário, quando se verificam os bens e as disposições da pessoa que faleceu. Estes papéis, guardados hoje em diversos arquivos, têm sido utilizados pelos historiadores principalmente como fonte de informações sobre a economia e a vida familiar e religiosa das pessoas em diferentes contextos e sociedades. Para os que se interessam pela história da escravidão, eles fornecem dados preciosos sobre os valores atribuídos aos escravizados, suas relações familiares e modos de vida. Também registram a concessão de alforrias, com dados sobre os libertandos, suas relações com os senhores e as cláusulas estipuladas para a obtenção da liberdade.

Por isso mesmo, junto com as cartas de alforria e os processos judiciais envolvendo a manumissão, os testamentos e os inventários têm sido utilizados para o estudo do mundo dos libertos nas sociedades escravistas. Estes três conjuntos de documentos registram momentos diversos e não coincidentes do universo das alforrias e das experiências de homens e mulheres que viveram como escravos e buscaram a liberdade. Por meio deles, é possível conhecer o perfil dos alforriados, bem como as características e as modalidades do processo de manumissão. Em alguns casos, é possível também conhecer o destino dos libertos e a precariedade da liberdade que conseguiram obter.

O livro de Alessandra Pedro recorre aos testamentos para estudar um aspecto particular da história da escravidão: examina o modo como os senhores pensavam a alforria e planejavam o futuro de alguns de seus escravos, estipulando as condições para que pudessem se transformar em homens e mulheres livres, e ainda determinavam a vida de algumas pessoas livres a quem encarregavam de cuidar dos libertandos e futuros libertos. Com isso, a análise se volta para uma dimensão até agora pouco abordada pela historiografia: a da ideologia senhorial sobre a alforria.

A base documental da pesquisa é constituída por 216 testamentos produzidos em Campinas entre 1855 e 1871, que registram as disposições de última vontade de 220 indivíduos. O grupo é bastante heterogêneo, composto por grandes e pequenos proprietários de terras e de escravos, que moravam na cidade ou no campo, havendo até mesmo alguns poucos ex-escravos. Ao examinar como o presente e o futuro eram articulados segundo os desígnios destes senhores, pode-se conhecer como avaliavam suas vidas e as de seus parentes, dependentes e escravos, e como, mais que dispor de seus bens, pretendiam gerir a vida de familiares, agregados e cativos, estendendo seu domínio para além da própria morte.

As promessas de liberdade merecem particular atenção, pois permitem esmiuçar aspectos importantes do paternalismo, um dos elementos cruciais da ideologia senhorial. Associando abordagens quantitativas e qualitativas, a análise se debruça sobre as alforrias que estes senhores de escravos concederam ou prometeram, bem como as motivações e as condições que envolveram estas doações. Desvendam-se, assim, elementos importantes da história da escravidão na região de Campinas nas décadas de 1850 e 1860, centro de uma pujante economia cafeeira, que crescia rapidamente e concentrava a maior parte da população escravizada da província de São Paulo.

O resultado deste trabalho, distribuído por capítulos bem estruturados e bem documentados, mostra como, entendida como uma concessão senhorial, a alforria vinha acompanhada por dispositivos destinados a manter a subordinação dos libertandos. Tratava-se, do ponto de vista dos senhores, de uma política cuja finalidade última era manter o domínio escravista, mesmo quando se falava em liberdade.

Campinas, janeiro de 2025.

Silvia Hunold Lara

Professora titular aposentada e colaboradora do Departamento de História da Unicamp. Suas pesquisas e publicações abordam temas da história da escravidão no Brasil nos séculos XVII e XVIII e da história social do Direito na América Portuguesa.

SUMÁRIO

INTRODUÇÃO

> [...] Os bens que possuo são: um escravo de nome Tibúrcio, duas moradas de casas na Rua Direita desta cidade seiscentos e sessenta mil réis em dinheiro e que entreguei a José Martins d'Alves, morador nesta cidade para por a prêmio para minha conta logo que houvesse que, digo, que houvesse quem quisesse receber tal quantia; uma boceta d'ouro para tabaco, um bracelete de contas de coral com contas d'ouro; e alguns poucos móveis caseiros de pouco valor. Deixo em legado aos meus netos o serviço do meu escravo Tibúrcio por oito anos, findos os quais é minha vontade que fique liberto o referido escravo, e que findo tal prazo possa ficar o mesmo escravo Tibúrcio livre da escravidão, mas peço aos meus netos que o aparem e o tenham em sua companhia depois de liberto. Deixo mais a quantia de cem mil réis para o culto do Senhor Bom Jesus do Rosário desta cidade, que será logo entregue [...].[4]

Foi assim que, em 15 de janeiro de 1859, ao redigir o seu testamento, dona Maria Rosa de Toledo deixou em legado aos seus dois netos, Augusto e José, os serviços de seu único escravo[5]. Tal doação beneficiava seus herdeiros, mas também firmava a promessa de alforria a seu escravo, além de prever o amparo ao liberto. Segundo os termos do testamento, Tibúrcio entraria em gozo de sua liberdade após prestar serviços aos herdeiros pelo período de oito anos a contar da morte de sua senhora, o que nesse caso não demorou muito, pois dona Maria Rosa faleceu alguns meses depois.

A promessa de liberdade acompanhada de cláusulas restritivas – como prestar serviços[6], viver acostado ou devotar obediência e respeito aos herdeiros ou parentes de seu senhor – era prática comum nos testamentos dos senhores campineiros no terceiro quartel do século XIX, ocorrendo quase com tanta frequência quanto as alforrias gratuitas. Independentemente da forma ou fórmula pela qual a alforria era concedida nos testamentos, ela sempre se apresentava como uma expressão

---

[4] Testamento de Maria Rosa de Toledo, 15-01-1859. Testamentos Avulsos, cx. 03, n. 127. Ver também: Livro de Registro de Testamento 163 (17/06/1859 a 11/06/1866), n. 026, TJC – Centro de Memória da Unicamp.

[5] Ressalta-se aqui que se optou pela manutenção de termos utilizados de acordo com aqueles da documentação: escravo, pardo, crioulo, nação, cabra, mulato etc.

[6] Até a morte do legatário ou herdeiro, por período pré-estabelecido ou até que o escravo completasse determinada idade.

da vontade senhorial. Desse modo, era a vontade de dona Maria Rosa que colocava Tibúrcio a serviço de seus netos e determinava quando ele deixaria o estado de escravo e tornar-se-ia um liberto, era essa vontade também que proporcionaria a ele o amparo no mundo dos livres.

Dona Maria Rosa de Toledo é apenas uma entre tantos outros senhores que se utilizavam do testamento para prometer a liberdade aos seus escravos, por meio de alforrias que, mesmo quando ditas gratuitas, pressupunham contrapartidas. Assim, as manumissões apresentavam-se como algo mais que a simples transposição do cativeiro para a liberdade, ocorrendo de formas variadas durante o período em que vigorou a escravidão e carregando significados diversos para senhores e escravos.

As manumissões, sejam em testamentos, cartas de alforria ou em ações na justiça, têm despertado grande interesse dos historiadores brasileiros e estrangeiros há mais de 50 anos. Os trabalhos pioneiros de Stuart Schwartz e Kátia Mattoso, ao romperem com a ideia de que a destruição dos papéis referentes à escravidão comandada por Rui Barbosa teria eliminado a possibilidade de estudos sobre o tema e ao apontarem para os documentos cartoriais como fontes para o estudo da escravidão, abriram o caminho para um grande número de historiadores da alforria.

Em seu artigo, Mattoso analisa 6.593 cartas de alforria produzidas na cidade de Salvador entre 1779 e 1850[7], demonstrando como as cartas de liberdade podem ser fontes ricas para a construção de um panorama da viabilidade e da lucratividade da escravidão, além de verificar padrões de alforria para o período tomando como base sexo, idade, cor e a procedência dos alforriados, as motivações e as formas de concessão da liberdade.

Já Schwartz realiza a análise de todas as cartas de alforria da cidade de Salvador de 1684 a 1745[8], período para o qual constrói padrões dos alforriados e das modalidades de manumissão. Analisa também as motivações e as relações entre o registro da alforria, o mercado e o ciclo da agropecuária local. Segundo o autor, as cartas de alforria são documentos de extrema importância, pois permitem um maior conhecimento não apenas das características dos libertos, mas também do processo de emancipação, as motivações e atitudes de senhores e escravos nesse processo[9].

---

[7] MATTOSO, Kátia M. de Queirós. A propósito de cartas de alforria; Bahia, 1779-1850. *Anais de História*, v. 4, p. 23-52, 1972.

[8] SCHWARTZ, S. B. A Manumissão dos Escravos no Brasil Colonial – Bahia 1684-1745. *Anais de História*, Assis, n. VI, p. 71-114, 1974.

[9] *Ibidem*, p. 95.

Esses trabalhos demonstram a importância da doação de liberdade para a construção da sociedade escravista, na medida em que os documentos produzidos por essa prática oferecem um grande leque de possibilidades analíticas, além de, é claro, quantitativas. A partir desses trabalhos, muitos vêm sendo os temas privilegiados pela historiografia no trato da manumissão, como a análise dos alforriados, os caminhos da libertação, a experiência dos libertos no processo de liberdade, a ascensão social e a reescravização.

Em sua tentativa de realizar uma análise dos manumitidos, Peter Eisenberg constrói, para Campinas, no decorrer de todo o século XIX, alguns perfis dos alforriados e indica modalidades de alforrias[10]. Segundo esse autor, embora algumas características consideradas como as de um "alforriado padrão"[11] tenham se mantido, outras variavam conforme determinações históricas específicas no tempo e no espaço[12]. Seguindo o trabalho de Eisenberg, Adauto Damásio também verificou diferenças nos perfis dos alforriados[13]. Para efetuar a sua análise, Damásio analisa uma documentação diferente da utilizada por Eisenberg, tomando como fontes todos os inventários depositados no Tribunal de Justiça de Campinas para o período de 1829 a 1838, não apenas as cartas de alforrias registradas nos Livros de Notas dos Cartórios de primeiro e segundo ofícios de Campinas. Ele demonstra que as informações e os perfis dos libertos obtidos com a ampliação das fontes diferenciam-se bastante daquelas observadas por Eisenberg para o mesmo recorte temporal[14]. Damásio não se prende a verificar esses perfis com base em dados quantitativos, ele também recupera a trajetória de alguns alforriados reconstruindo as experiências desses indivíduos[15].

---

[10] EISENBERG, Peter. Ficando Livre: as alforrias em Campinas no século XIX. *In*: EISENBERG, Peter. *Homens esquecidos*. Campinas: Ed. Unicamp, 1989a. p. 255-314.

[11] A análise de Eisenberg é construída sempre em contraposição à análise de Jacob Gorender que estabelece características pré-definidas para os alforriados criando um "alforriado padrão". *Cf.* GORENDER, Jacob. *O Escravismo Colonial*. 4. ed. São Paulo: Editora Ática, 1985.

[12] EISENBERG, 1989a.

[13] DAMASIO, Adauto. *Alforrias e Ações de Liberdade em Campinas na primeira metade do século XIX*. Dissertação (Mestrado em História) – Universidade Estadual de Campinas, Campinas, 1995.

[14] *Cf.* DAMASIO, 1995; EISENBERG, 1989a.

[15] Seguindo o trabalho de Adauto Damásio, outras pesquisas foram produzidas para o interior de São Paulo: LIMA, Adriano Bernardo Morais. *Trajetória de crioulos*: um estudo das relações comunitárias de escravos e forros no termo da Vila de Curitiba (1760-1830). Dissertação (Mestrado em História) – Universidade Federal do Paraná, Curitiba, 2001; FERRAZ, Lizandra Meyer. *Entradas para a liberdade*: formas e frequência da alforria em Campinas no século XIX. 2010. Dissertação (Mestrado em História) – Universidade Estadual de Campinas (Unicamp), Instituto de Filosofia e Ciências Humanas, Campinas, SP.

Os caminhos da libertação são objeto da análise de Eduardo França Paiva, que, em seu trabalho para Minas Gerais no século XVIII[16], procura cobrir vários aspectos da alforria: os usos possíveis para suas fontes, os testamentos, as visões de senhores e escravos acerca da manumissão e a nova condição social adquirida: a de liberto. Outra autora que tenta compreender a prática da alforria é Andréa Lisly Gonçales, que para isso busca na tradição religiosa e no direito costumeiro ibérico suas origens[17]. Ela demonstra por meio da análise da alforria em Peru, Cuba, Guiana, Estados Unidos da América e Brasil – mais precisamente em Minas Gerais, nos séculos XVIII e XIX – que tal prática adquiria variações em suas modalidades, nos perfis dos alforriados, no volume e na constância das concessões conforme também variavam o local, a ordem social e os aspectos econômicos. Para essa autora, a alforria fazia parte de uma política de dominação, operando como mecanismo que produzia e reproduzia as redes clientelares, além de servir à manutenção da ordem social vigente no período.

Essa também é a conclusão a que chega Márcio de Souza Soares em sua análise das alforrias em Campos de Goitacazes, Rio de Janeiro, nos anos entre 1750 e 1830[18]. Sua proposta é a de entender a ordem escravista a partir das articulações entre tráfico, escravidão e alforrias. Segundo sua análise, a alforria foi uma prática senhorial de incentivos e prêmios aos escravos cujo objetivo era legitimar a escravidão, na medida em que proporcionava a reinserção social do escravo, servindo aos senhores como um mecanismo para manter não o controle social, como propõe a historiografia clássica, mas o "governo dos escravos"[19]. Para Soares, a alforria era um privilégio para poucos, sua doação estava calcada em princípios que excediam o econômico, sendo profundamente influenciada pelos aspectos religiosos – como a piedade e a busca pela remissão dos pecados – e morais.

A experiência do liberto no processo de aquisição da liberdade é o objeto do trabalho de Maria Inês Côrtes de Oliveira, que tenta resgatar a vida desses indivíduos na Bahia do século XIX[20] com base em vários aspectos: as possibilidades de alcançar a liberdade, o mercado de trabalho, a

---

[16] PAIVA, Eduardo França. *Escravos e Libertos nas Minas Gerais do século XVIII*: estratégias de resistências através dos testamentos. 2. ed. São Paulo: Annablume, 1995.

[17] GONÇALES, Andréa Lisly. *Às margens da liberdade*: estudo sobre as práticas de alforria em Minas colonial e provincial. Tese (Doutorado em História) – Universidade de São Paulo, São Paulo, 1995.

[18] SOARES, Marcio de Souza. *A remissão do Cativeiro*: alforrias e liberdades nos Campos de Goitacases, c. 1750-1830. Tese (Doutorado em História) – Universidade Federal Fluminense, Niterói, 2006.

[19] *Ibidem*, p. 256-258.

[20] OLIVEIRA, M. I. C. *O liberto*: seu mundo e os outros, 1790-1890. Bahia: Corrupio, 1988.

família e as associações que precisavam estabelecer para, de certa maneira, garantir a sua liberdade e a sobrevivência. Tentar apreender a vivência do liberto também foi o objetivo de Regina Célia Xavier em um estudo sobre Campinas[21], cuja proposta é a de pensar o liberto no processo de "transição do trabalho escravo para o livre", sua postura e suas impressões diante dos novos arranjos políticos e econômicos oriundos do processo de abolição da escravidão no Brasil. Seu trabalho toca em vários aspectos: o papel da manumissão como um meio de controle social, a intervenção do Estado, a relação senhor-escravo, as formas e estatísticas de alforria, as associações desses indivíduos com seus iguais ou não.

Outro aspecto da experiência dos libertos explorado pela historiografia é a ascensão social. Nesse sentido, destaca-se o trabalho de Roberto Guedes Ferreira, que busca recompor a trajetória de forros e seus descendentes na cidade de Porto Feliz, São Paulo, na primeira metade do século XIX[22]. Seu objetivo é verificar os mecanismos da mobilidade social numa sociedade em que a ascensão ocorria pela estabilidade das relações na família, no trabalho, no campo pessoal e principalmente nas alianças que se conseguia estabelecer com aqueles que estavam acima na hierarquia social. Para Ferreira a alforria era o primeiro passo para a ascensão nessa sociedade, apresentando-se como uma primeira forma de distinção para aquele que a recebia. Dessa forma, a manumissão acabava por promover o afastamento entre o indivíduo e o cativeiro, principalmente de seu passado cativo.

Contudo, nos últimos anos a historiografia tem olhado não apenas para o processo de alforria, mas também para a possibilidade de revogação dela: a reescravização. Segundo Soares, essa prática, para o fim do século XVIII e início do século XIX, foi mínima[23], a possibilidade da revogação da alforria interessava muito mais aos senhores de escravos que a sua efetiva realização, uma vez que os ganhos materiais e políticos promovidos por essa prática eram bem limitados.

---

[21] XAVIER, Regina. *A conquista da liberdade* – libertos em Campinas na segunda metade do século XIX. Campinas: Centro de Memória da Unicamp, 1996.

[22] FERREIRA, Roberto Guedes. *Pardos*: trabalho, família, aliança e mobilidade social. Porto Feliz, São Paulo, c. 1798 – c. 1850. Dissertação (Doutorado em História) – Universidade Federal do Rio de Janeiro, Rio de Janeiro, 2005.

[23] O autor encontrou, em 22 livros de notas analisados para o período de 1753 a 1809, apenas três Escrituras de Revogação de Liberdade; James Kierman localizou apenas seis casos em Paraty, para o período de 1789-1822. Mary Karash, em sua análise para o Rio de Janeiro na primeira metade do século XIX, aponta para 13 casos de revogação de liberdade entre as 1319 alforrias que analisou. SOARES, Marcio de Souza. A dádiva da alforria: uma proposta de interpretação sobre a natureza das manumissões antes da promulgação da Lei do Ventre Livre. *In*: ENCONTRO "Escravidão e Liberdade no Brasil Meridional", 2., 2005, Porto Alegre. São Leopoldo: Oikos, 2005. p. 226.

Já para Keila Grinberg torna-se necessária uma nova abordagem da documentação produzida pela alforria, atentando para a prática da reescravização e para os seus significados sociais, políticos e de Direito. A autora realiza em seu artigo, "Reescravização, Direitos e Justiças no Brasil"[24], uma análise das Ações de Manutenção de Liberdade e as Ações de Escravidão com o objetivo de avaliar as práticas de reescravização no Brasil do século XIX e a crescente perda de legitimidade jurídica delas. Segundo Grinberg, a ocorrência de ações de reescravização indicava a existência, também, de um sistema jurídico que as permitissem. A autora aponta para a expressiva incidência de ações de reescravização (27% do total) na cidade do Rio de Janeiro no decorrer de todo o século XIX, o que demonstra a precariedade do ser liberto, além de observar mudanças nas sentenças das ações de reescravização, que até a década de 1860 pendiam para o lado dos senhores e a partir daí para o dos escravos[25].

Tem sido corrente nessas análises apontar a alforria como uma conquista do escravo, rompendo com a ideia da manumissão como um engodo senhorial[26] com o intuito de ludibriar a escravaria e manter o controle social. Trabalhos como o de E. P. Thompson sobre as classes trabalhadoras na Inglaterra e sobre as práticas costumeiras nessa sociedade[27] e o de Eugene Genovese sobre o escravismo no sul dos Estados Unidos[28] em muito contribuíram para esse novo olhar, para a construção de uma história de baixo para cima.

Dentro dessa perspectiva, desse olhar sobre o mundo dos escravos, a historiografia tende a chamar para o palco a figura do senhor para demonstrar a alforria como uma operação compreendida entre a concessão e a conquista, e nesses casos a análise da classe senhorial faz-se necessária para o entendimento da atuação dos escravos e da dinâmica da escravidão. Para isso a atuação do senhor tem sido observada, mas com intuito ou de verificar a ação dos escravos e estabelecê-los como

---

[24] GRINBERG, Keila. Reescravização, Direitos e Justiças no Brasil. *In*: LARA, Silvia Hunold; MENDONÇA, Joseli Maria Nunes. *Direitos e Justiças no Brasil*. Campinas: Editora da Unicamp, 2006. p. 101-128.

[25] Os números encontrados pela autora são: 1803-1830 = cinco ações; 1831-1850 = 25 ações; 1851-1870 = 65 ações; 1871-1888 = 20 ações. A autora verifica também exatamente para o período pós 1860 que há um expressivo aumento da utilização do Alvará de 10/03/1682 – cujo objetivo era reforçar a condição de cativos dos fugitivos para Palmares em detrimento da utilização até então corrente do Titulo 63, Livro 4 das *Ordenações Filipinas*, que rezava sobre o direito de revogação de alforrias por ingratidão. GRINBERG, 2006.

[26] MATTOSO, Kátia M. De Queirós. *Ser escravo no Brasil*. São Paulo: Ed. Brasiliense, 1988.

[27] THOMPSON, E. P. *A formação da Classe Operária Inglesa*. Rio de Janeiro: Paz e Terra, 1988-1989; THOMPSON, E. P. *Costumes em Comum*. São Paulo: Companhia das Letras, 1998.

[28] GENOVESE, E. D. *A terra prometida*: o mundo que os escravos criaram. Rio de Janeiro: Paz e Terra, 1988.

agentes de sua própria história, para compreender a própria relação senhor-escravo e patrono-liberto, ou, ainda, de compreender a manumissão dentro de um quadro muito maior: o da sociedade paternalista. Dentro da primeira vertente analítica destacamos o trabalho de Enidelce Bertin que, em sua análise das manumissões na São Paulo do século XIX, estabelece as alforrias como uma conquista escrava, mas também parte da ideologia senhorial que projetava as relações até então estabelecidas para a liberdade[29]. A compreensão da alforria como um elemento entre dois campos de interpretação distintos está também presente na obra de Paiva. O autor demonstra que a manumissão apresentava-se para os senhores como "canais eficientes de controle social", enquanto, para os escravos, a alforria representava o caminho menos tempestuoso para deixar o cativeiro, além de ser a "concretização de seu mais perene anseio"[30].

A alforria, pois, funcionava da mesma maneira – atuando em duas dimensões –, quando olhada de cima para baixo, apresenta-se como uma doação, uma concessão senhorial, um instrumento do domínio; quando olhada no sentido oposto, de baixo para cima, como uma conquista escrava, arrancada no dia a dia: uma prática que dentro da política de domínio senhorial operava como moeda de troca com os escravos, a promessa de liberdade poderia servir como meio de manter o bom serviço e a obediência, e no interior do universo escravo como objetivo a ser alcançado das mais diversas maneiras, pelo qual lutavam diariamente, seja colocando-se diretamente contra a dominação, seja pela sujeição.

A existência de espaços de encontro e divergências de vontades e a busca por apontar lugares de negociação e cumplicidade entre senhores e escravos são os objetivos do artigo de Ligia Bellini, no qual a autora procura compreender os "motivos" da manumissão a partir das justificativas nas cartas de alforrias concedidas por senhores baianos no período colonial[31]. Segundo a autora, a situação de proximidade entre senhor e escravo podia ser decisiva na concessão da liberdade e as justificativas afetivas para essa doação, mesmo quando a alforria era onerosa, podiam reforçar a cumplicidade na relação patrono-liberto, promovendo uma

---

[29] BERTIN, Enidelce. *Alforrias em São Paulo do século XIX*: Liberdade e Dominação. São Paulo: Humanitas; FFLCH; USP, 2004.

[30] PAIVA, Eduardo França. *Escravos e Libertos nas Minas Gerais do século XVIII*: estratégias de resistências através dos testamentos. 2. ed. São Paulo: Annablume, 1995. p. 106-107.

[31] BELLINI, Ligia. Por amor e por interesse: a relação senhor-escravo em cartas de alforria. *In*: REIS, João. J. *Escravidão e Invenção da Liberdade*: estudos sobre o negro no Brasil. São Paulo: Brasiliense, 1988. p. 73-86.

relação de dependência do liberto em relação ao ex-senhor. Bellini também argumenta que há uma possível mudança nas bases dessa relação, pois com a obtenção da alforria pelo escravo, surge a necessidade de uma ressignificação dos papéis representados pelos lados envolvidos. A autora vê as justificativas de concessão de liberdade "por amor e por interesse"[32], como um possível meio de delimitar as permanências das relações e a ruptura com algumas de suas antigas formas. Para Bellini, a presença do valor pago pelo escravo na carta de alforria pode surgir como uma exigência do próprio escravo, ou como uma forma de o senhor "definir precisamente o que estava em jogo"[33].

Quanto à busca por compreender a alforria no interior da sociedade paternalista, destacamos o trabalho de Jefferson Cano que demonstra, com base na análise dos jornais campineiros, as mudanças nas posturas senhoriais acerca da alforria para o período posterior a 1871[34]. Segundo esse autor, a intervenção do Estado na questão servil instaurou um novo campo de lutas entre senhores e escravos, apresentando-se como algo desagregador e desorganizador aos olhos dos primeiros[35].

Como podemos verificar, muito se tem caminhado na historiografia da alforria, entretanto, observar a dinâmica paternalista e a relação senhor-escravo pela ótica senhorial é um campo ainda a ser explorado mais a fundo no estudo da escravidão. Conhecer a classe senhorial brasileira por meio da descrição que ela fazia de si mesma, das suas impressões sobre as relações por ela constituídas cotidianamente, de suas ideias de poder e da imagem do mundo que ela construía para si e para a sociedade é de extrema importância para o entendimento da relação senhor-escravo, da prática da alforria e da sociedade paternalista do século XIX como um todo.

A sociedade imperial brasileira era composta de uma classe dominante cujo poder não era apenas ao econômico, mas também político e principalmente ideológico, por um lado proclamando-se inviolável e total e, por outro, tendo que lidar com a necessidade de firmar-se como tal. A necessidade de reafirmação diária de poder e em que termos a "imagem" desse poder – e sua extensão – era construída para explicar a relação da classe senhorial com o resto da sociedade fazem parte de nossos objetos

---

[32] Ibidem.

[33] Ibidem, p. 86.

[34] CANO, Jefferson. *Escravidão, alforrias e projetos políticos na imprensa de Campinas*. Dissertação (Mestrado em História) – Universidade Estadual de Campinas, Campinas, 1984.

[35] Ibidem, p. 60-61.

de análise e são elementos que pretendemos compreender sem ignorar que tais imagens, como toda construção ideológica, buscavam maquiar a realidade social e encobrir a violência das relações de exploração e de dominação[36]. Essa construção ideológica, essa imagem de mundo ideal, na qual o senhor assumia o papel do pai e sua família, seus agregados, dependentes e escravos funcionavam como extensão de sua vontade e de seu poder paternal, recebendo dádivas, apoio, conselhos, indicações de como agir e proceder, recebendo também críticas, "castigos" e correções, é o que chamamos de *paternalismo*.

O paternalismo descreve relações sociais calcadas no pessoal e emanadas da figura do senhor, nas quais a dependência é um pressuposto. Trata-se de um mundo em que a verticalidade e a hierarquização das relações formavam a base da própria sociedade e estar sob o senhorio de outrem era o requisito primordial. Os estudos dessas relações têm demonstrado que a dinâmica do paternalismo é muito complexa e cheia de nuanças. Desde as últimas décadas do século XX, a historiografia tem atentado para o fato de que o paternalismo não pode ser tomado como único descritor da sociedade e de que as relações paternalistas figuram como um elemento de um quadro muito maior que forma a sociedade[37]. Segundo Sidney Chalhoub, há pelo menos cinco décadas de estudos em história social para demonstrar que o paternalismo em sua nova concepção é tomado como uma autodescrição da ideologia senhorial, um mundo idealizado, uma sociedade imaginária que os senhores se empenhavam para realizar no cotidiano[38]. Em sua aparência, a sociedade paternalista apresenta a imagem de harmonia social, de um poder senhorial incontestável, de uma vontade senhorial inviolável, pressupondo a noção de equilibro social, na medida em que remete ao sentido de aconchego familiar, de organização a partir de relações pessoais e de favores, exigindo o respeito e a gratidão[39].

As relações sociais descritas pelo paternalismo caracterizavam-se pela reciprocidade, uma vez que se davam pela construção de laços verticais entre senhores e subalternos, num sentido de "mão dupla", no qual quem estava acima cedia ou concedia benesses aos que estavam

---

[36] CHAUÍ, Marilena. *O que é ideologia*. São Paulo: Brasiliense, 1989. p. 10-11.

[37] Tais trabalhos são em muito influenciados pelas obras de GENOVESE, 1988; THOMPSON, E. P. Patrícios e Plebeus. *In*: THOMPSON, E. P. *Costumes em Comum*. São Paulo: Companhia das Letras, 1998a. p. 25-85.

[38] CHALHOUB, Sidney. *Machado de Assis* – Historiador. São Paulo: Companhia das Letras, 2006. p. 47.

[39] THOMPSON, 1998b.

embaixo, e os segundos retribuíam em gratidão e deferência. Para o senhor, a coesão social era dada pelo favor e pela relação aproximada entre ele e seus dependentes. Relação essa que tinha implicações normativas sugerindo calor humano, numa equação consentida por ambos os lados, o senhor tinha consciência de seus deveres e responsabilidades para com os dependentes e esperava como retorno a submissão e a subordinação dos seus[40].

Submissão e subordinação não significavam passividade por parte dos escravos e dos dependentes, esses indivíduos criavam sistemas próprios de crenças e valores, apropriavam-se das ideias de direitos e deveres paternalistas[41], recriando-as em seu favor e operando em um mundo diverso daquele idealizado pelos senhores[42]. O reconhecimento do poder senhorial não apagava a atuação dos escravos, nem tornava verdadeira a sua inviolabilidade[43], conformando-se aos elementos da *ideologia de dominação* esses indivíduos garantiam para si mesmos a possibilidade de inserção e aceitação nessa sociedade.

Essa ideologia de dominação da classe senhorial estabelecia-se por mecanismos de controle social, que mesclavam a demonstração de sua força em deter os avanços e a atuação mais radical dos subordinados, por ideais de direitos e deveres que lhes permitiam a identificação como mantedores de equilíbrio social e também por práticas – como os diferentes níveis de tratamento, privilégios e as promessas de alforria – que ofereciam aos escravos a perspectiva de um futuro diferente daquele da escravidão. Segundo James C. Scott, a expectativa de mudança de estado social dos indivíduos é um importante elemento para a manutenção da subordinação e, no caso das sociedades escravistas, as promessas de liberdade funcionavam como meio para a perpetuação da subordinação, à medida que eram eficientes promotores de boa produção e ao mesmo tempo da obediência[44]. Entretanto, essa subordinação não significa a justificação ou a legitimação da dominação, muito menos a produção

---

[40] *Ibidem*, p. 30.

[41] SCOTT, Rebecca J. Exploring the meaning of freedom: postemancipation societies in comparative perspective. *Hispanic American Historical Review*, v. 68, n. 3, p. 407-428, 1988; THOMPSON, E. P. *Costumes em Comum*. São Paulo: Companhia das Letras, 1998b. p. 25-85; CHALHOUB, 2006.

[42] GENOVESE, 1988.

[43] Sobre a inviolabilidade do poder senhorial *Cf.*: CHALHOUB, Sidney, *Visões da liberdade*: uma história das últimas décadas da escravidão na corte. São Paulo: Cia. das Letras, 1990.

[44] SCOTT, James C. *Domination and the Arts of Resistance*: hidden transcripts. New Haven; London: Yale University Press, 1990. p. 82-83.

de uma *hegemonia*[45] ideológica senhorial. Para o cientista social a conformidade gerada pela expectativa da liberdade criava uma imagem de interiorização da ideologia dominante e não uma interiorização efetiva, pois apesar de sua subordinação o escravo não passava a acreditar que a dominação era justa e legitima[46] e um exemplo disso é a própria luta e constante busca para dar fim ao cativeiro.

Dessa feita, o fato de o escravo aceitar o pacto proposto pelo senhor correspondendo em obediência e bom comportamento a fim de alcançar o seu desejo, a liberdade, garantia o domínio senhorial e perpetuava as relações sociais existentes, mas não significava que esses mesmos escravos passassem a acreditar na dominação como algo natural[47]. Essa conformidade, mas não interiorização, exigia dos senhores a reafirmação permanente de seu poder. Nesse aspecto, a construção de laços paternalistas e a estratificação da sociedade em vários níveis de poder[48], sempre tendo como eixo de sustentação um grande senhor, funcionavam como aliados do senhor em sua conquista e manutenção do domínio.

É essa equação que permitia a dona Maria Rosa de Toledo, viúva e sem outros herdeiros que não os netos, senhora e proprietária de um único escravo, exercer seu senhorio em uma esfera familiar e em suas disposições testamentárias transferir seu poder aos jovens herdeiros, prorrogando a subordinação e dependência de Tibúrcio.

Segundo seu testamento, essa senhora mal conhecia os netos, filhos de seu único filho já falecido, dizendo achar ser ambos "menores de idade" e ter sido informada de que eles moravam com a mãe em Cuiabá, em Goiás [sic][49]. Sendo Tibúrcio seu único escravo, poder-se-ia supor que – devido ao relacionamento mais próximo entre senhora e escravo e o quase desconhecimento entre dona Maria Rosa e seus herdeiros – a modalidade de alforria mais provável para esse caso não envolveria a prestação de

---

[45] Sobre o conceito de hegemonia *Cf*.: GRAMSCI, Antonnio. *Cadernos do Cárcere*. Rio de Janeiro: Civilização Brasileira, 2000-2002; GRUPPI, Luciano. *O conceito de Hegemonia em Gramsci*. Rio de Janeiro: Graal, 1978. p. 67-68.

[46] SCOTT, 1990, p. 85.

[47] Muito são os trabalhos que demonstram que os escravos não somente não acreditavam na dominação como algo natural como também resistiam a esse domínio das mais diversas formas, seja na esfera pública, com embates diretos com os senhores, seja em suas ações cotidianas. Para Campinas podemos citar os trabalhos de PIROLA, Ricardo Figueiredo. *A conspiração escrava de Campinas, 1832*: rebelião, etnicidade e família. Dissertação (Mestrado em História) – IFCH, Unicamp, Campinas, 2005; XAVIER, 1996; FERRAZ, Lizandra Meyer. *Testamentos, Alforrias e Liberdade*: Campinas, Século XIX. Monografia (Graduação em História) – IFCH, Unicamp, Campinas, 2006.

[48] GRAHAM, Richard. *Clientelismo e Política no Brasil do Século XIX*. Rio de Janeiro: Editora UFRJ, 1997.

[49] Testamento de Maria Rosa de Toledo, 15-01-1859. Testamentos Avulsos, cx. 03, n. 127.

serviços aos dois meninos. Entretanto, não parece ser essa a forma de agir e pensar dessa senhora, o que leva a indagar se tal condição imposta para a alforria não teria a intenção de criar vínculos de senhorio e dependência entre os netos e Tibúrcio. Criando condições para a construção de laços paternalistas entre eles, ela garantiria, por um lado, aos netos a condição de senhores e posteriormente de patronos e ao escravo o amparo e uma inserção tutelada no mundo dos livres.

Dona Maria Rosa de Toledo e outros senhores de escravos fizeram de seus testamentos um instrumento de poder sobre dependentes e escravos. A possibilidade ou proximidade da morte trazia a preocupação com o futuro e, assim, esse era o momento de programar a remissão de sua alma, pensar na distribuição de seus bens, garantir ou não a transmissão da propriedade e, principalmente, de seu senhorio. Verificar a importância do momento de legar aos seus a continuidade do "mundo" em que viviam e analisar esses indivíduos é algo que pretendemos realizar nas páginas que se seguem.

A historiografia vem discutindo a manumissão como um campo entre os interesses dos senhores, com a sua necessidade de manter o controle social e a dependência, e a conquista do escravo "arrancada" no dia a dia, negociando, rebelando-se, fazendo-se imprestável, acumulando pecúlio e apelando à justiça[50]. Vem também caminhando cada vez mais para o universo do liberto, discutindo a alforria por ângulos econômicos, demográficos, das relações familiares de escravos e libertos, das suas diferentes formas e modalidades e principalmente da relação senhor-escravo, mas continua latente a necessidade de novos estudos que tratem universo do senhor de escravos. Compreender os senhores de escravos, como operam os mecanismos de que eles abriam mão para manter as estruturas vigentes e os significados que eles impunham ao ato de libertar um escravo é o objetivo deste trabalho.

A concessão da alforria era um momento de extrema importância dentro da relação senhor-escravo, marcava mudanças nessa relação alterando as bases em que se dava o domínio dos primeiros sobre os segundos sem, contudo, romper totalmente os laços que ligam esses indivíduos. Nas páginas que se seguem verificaremos essa prática a partir da atuação e das impressões senhoriais entre 1855 e 1871, na cidade de Campinas.

As décadas de 1850 e 1860 foram marcadas por profundas mudanças na escravidão e nas relações entre senhores e escravos: com o fim do

---

[50] *Cf.*: CHALHOUB, 1990; XAVIER, 1996; BELLINI, 1988; BERTIN, 2004.

tráfico atlântico de escravos em 1850, as formas de configuração, manutenção e crescimento das escravarias foram alteradas; com o desenrolar da Guerra Civil Americana e a abolição da escravidão para aquele país, foram propostos novos enquadramentos para o debate sobre a emancipação escrava; a atuação dos escravos em ações na justiça, que buscavam a sua liberdade[51], tornou-se mais constante e as atuações dos que advogavam as causas da liberdade cada vez mais politizadas. Tais mudanças lançaram para o centro dos debates os perigos inerentes a essa forma de dominação e a necessidade de discussões sobre a manutenção da escravidão. Colocaram também a alforria no centro de discussões, envolvendo juristas, parlamentares, jornalistas e abolicionistas[52]. O senhor apresentava-se como polo principal dessa questão, o seu direito à manutenção de propriedade e à indenização pela perda do escravo era considerado inconteste nesse período.

É exatamente esse momento – meados da década de 1850 e decorrer da década de 1860 – em que as discussões estavam em efervescência, no qual homens como Perdigão Malheiro[53] estavam tentando formalizar práticas até então relegadas ao campo do pessoal e do direito costumeiro e que antecede à primeira lei imperial a tratar diretamente da emancipação, Lei de 28 de setembro de 1871, que elegemos para verificar as posturas senhoriais ante a alforria. Essa escolha se dá na tentativa de verificar a ocorrência de reflexos desses debates nos discursos dos senhores ao concederem a alforria aos seus escravos. Assim, escolhemos como recorte temporal os anos compreendidos entre 1855 e 1871, nos quais ocorreram os principais debates e produções escritas sobre a alforria, seus significados e a maneira como devia ser praticada e entendida na sociedade escravista brasileira.

Optamos por estudar o município de Campinas devido à sua importância como rico e ascendente produtor de café no Oeste Paulista, por seu comércio em desenvolvimento, por sua vasta escravaria e pela riqueza da documentação sobre a escravidão disponível em acervos da cidade. Originado num pouso de tropas, o povoado pertencente a Jundiaí, foi elevado à categoria de Freguesia de Nossa Senhora da Conceição de Mato Grosso

---

[51] Cf. CHALHOUB, 1990; GRINBERG, Keila. *Liberata, a lei da ambiguidade*: as ações de liberdade da corte do Rio de Janeiro, século XIX. Rio de Janeiro: Relume-Dumará, 1994.

[52] PENA, Eduardo Spiller. *Pajens da casa Imperial*: jurisconsultos e escravidão no Brasil do século XIX. Campinas: Editora da UNICAMP; CECULT, 2001; AZEVEDO, Elciene. *O Orfeu e Carapinha* – a trajetória de Luis Gama na imperial cidade de São Paulo. Campinas: Editora da Unicamp, 1999.

[53] MALHEIRO, Perdigão. *A escravidão no Brasil*: ensaio histórico, jurídico, social. Petrópolis: Vozes; Brasília: INL, 1976. v. 2.

em 1773 e em 14 de dezembro de 1797 recebeu as honras de Vila, adotando o nome de São Carlos. Menos de 50 anos depois, em 05 de fevereiro de 1842, a já prospera Vila de São Carlos foi elevada à categoria de cidade, retomando o nome de Campinas[54]. Segundo Alaor M. Guimarães, em seus primórdios a economia estava baseada em pequenas roças e a população era bem diminuta[55]. Em fins do século XVIII e no decorrer da primeira metade do século XIX, a produção de café teve início e desenvolveu-se paulatinamente, estando em meados do oitocentos a pleno vapor[56].

Impulsionada pela demanda de exportação do café, a economia campineira cresceu rapidamente nas décadas de 1850 e 1860. Com o desenvolvimento econômico veio o aumento demográfico da escravaria, do comércio e da indústria e as melhorias dos transportes com rotas de tropas diretas ligando Campinas ao porto de Santos, com a inauguração da estrada de ferro Santos-Jundiaí (1866) e a fundação (1867) e inauguração (1872), em Campinas, da Companhia Paulista de Estrada de Ferro[57]. A modernidade trazida pelo café podia ser facilmente identificada em vários campos da sociedade, como na educação, com a fundação dos internatos Colégio São João Baptista e Colégio Florence, ambos no início da década de 1860, e na imprensa, com a fundação em 1858 do periódico *Aurora Campinense* e mais tarde do *Diário de Campinas*[58].

Além de um grande produtor de café, foi na década de 1860, também, que Campinas começou a despontar como um importante entreposto comercial com casas internacionais que negociavam diretamente com a Europa[59]. Em sua passagem pela cidade em 1860, o embaixador suíço registrou as seguintes impressões sobre o comércio campineiro:

> Desde muito tempo Campinas se firmou como importante centro comercial de algumas comarcas distantes, tanto da Província como também de Minas Gerais, que para ela enviam seus produtos, tais como algodão, toucinho, feijão, queijo etc., recebendo, em troca, sal, ferramentas, artigos importados da Europa. Só da comarca de Franca chegam 500 a 700 vagões, que são enviados da cidade para Santos e

---

[54] GUIMARÃES, Alaor Malta. *Campinas:* dados históricos e estatísticos. Campinas: Livraria Brasil, 1953. p. 23-24.

[55] PUPO, Celso Maria de Mello. *Campinas, seu berço e juventude.* Campinas: Publicações da Academia Campinense de Letras, 1969. p. 56-140.

[56] *Ibidem.*

[57] *Ibidem*, p. 152-153.

[58] *Ibidem*, p. 145-155.

[59] *Ibidem*, p. 155.

> Rio de Janeiro em carretas de tropas e mulas. Este comércio tomará novo incremento quando for servido por estrada de ferro [...].[60]

Assim, Campinas contava com uma escravaria extensa e um comércio em crescimento, o que possibilita contrapor experiências senhoriais diversas, na medida em que poderemos encontrar e examinar grandes e pequenos proprietários de terras, senhores urbanos e rurais. Para analisar os homens e as mulheres que viveram nessa sociedade, elegemos como fontes principais os testamentos do Tribunal de Justiça de Campinas (TJC), depositados no Centro de Memória da Unicamp (CMU).

O fundo do TJC conta com uma imensa documentação produzida no decorrer de todo o século XIX e para nossos propósitos os testamentos e inventários *post mortem* ali depositados são fontes ricas. Os primeiros, por serem produzidos como atos de última vontade dos senhores, por trazerem suas recomendações e doações e por terem sido escritos no recorte elegido, foram utilizados como as fontes principais e de forma serial. Para os anos entre 1855 e 1871, encontramos 216 testamentos depositados no TJC[61], produzidos por 220 testadores[62] moradores de Campinas e região. Já os inventários originados da morte do testador e a abertura do testamento – que geralmente era incluso no processo –, por terem suas datas muitas vezes fora de nosso recorte temporal, foram tomados como fontes complementares, os inventários foram consultados quando necessários, mas não de forma serial.

Com o objetivo de compreender a ideologia e as posturas senhoriais diante da alforria, nossa análise foi dividida em quatro momentos. Dedicamos o primeiro capítulo para a construção dos perfis dos testadores campineiros atentando para categorias como: sexo, idade, condição matrimonial, naturalidade, nacionalidade, ascendência e descendência etc. Verificamos também as doações testamentárias em geral, de escravos e de promessas de alforrias. Dessa maneira, pôde-se verificar – a partir da partilha dos bens e das doações ali anotadas – a política senhorial de manutenção da propriedade, as motivações e as estratégias que os senhores utilizavam para garantir a continuidade de seu poder sobre os herdeiros e os futuros libertos.

---

[60] TSCHUDI, Johann Jakob von. *Viagem às províncias do Rio de Janeiro e São Paulo*. São Paulo: Martins, 1953. p. 173.

[61] Distribuídos em Testamentos Avulsos e em Livros de Registros.

[62] A diferença entre o número entre testamentos e os senhores analisados ocorre porque há testadores com mais de um testamento, produzidos em momentos diferentes, e pela existência de vários testamentos de mão conjunta.

Embora este seja um trabalho voltado para o estudo dos senhores, não há como nos furtar à análise dos outros envolvidos no ato alforria, sendo a manumissão uma prática inserida no interior de uma relação não há como compreendê-la unilateralmente. Assim, o segundo capítulo é reservado aos escravos doados em terças partes e alforriandos para a construção dos seus perfis, todavia, a proposta aqui é verificar as escolhas senhoriais por esses indivíduos. Assim, esse capítulo foi dedicado à montagem dos perfis dos escravos doados e que receberam promessas de liberdade, pelas categorias declaradas pelos senhores (sexo, cor, condição matrimonial, local de origem, entre outros); à análise das escolhas senhoriais por esses indivíduos; à tentativa de compreender as relações entre essas doações, senhores e legatários. Outro ponto proposto por esse capítulo foi o de realizar uma análise das promessas de alforria, a partir do cruzamento de sua frequência, volume e justificativas com a constituição dos doadores – por sexo, herdeiros, condição matrimonial. Encerramos esse texto com a verificação das modalidades de. alforria encontradas nos testamentos e com a comparação entre os dados obtidos para o período de 1855-1871 e os resultantes de outras pesquisas sobre as práticas de alforria em Campinas.

Dedicamos o terceiro capítulo à análise da própria alforria com base em seu conceito no século XIX e na perspectiva senhorial, focalizando a sua relação com a vontade senhorial, com a ideologia paternalista, com aquilo que pretendia para os seus. Nossa proposta nesse capítulo foi observar a alforria, os laços que a própria doação pressupunha estabelecer e as contrapartidas que lhes eram intrínsecas. Para isso recorremos a dicionários[63], à obra de Malheiro[64], às *Ordenações Filipinas*[65] e aos próprios testamentos dos senhores campineiros.

A proposta principal desse capítulo é compreender a alforria no universo das trocas de dádivas e contradádivas, fazendo-se necessário para isso recorrer à discussão estabelecida na antropologia a partir da obra de Marcel Mauss[66]. E, por fim, o terceiro capítulo apresenta-se como espaço

---

[63] AULETE, Caldas. *Diccionario contemporaneo da lingua portugueza*. Lisboa: Parceria Antonio Maria Pereira, 1925; BLUTEAU, Raphael. *Vocabulário Portuguez e Latino*. Coimbra: Collegio das Artes da Companhia de Jesus; Lisboa: Officina de Pascoal da Sylva, 1712-1789. Disponível em: https://www.bbm.usp.br/pt-br/dicionarios/vocabulario-portuguez-latino-aulico-anatomico-architectonico/. Acesso em: 30 jan. 2025; SILVA, Antonio de Moraes. *Diccionario da lingua portugueza*. Rio de Janeiro: Fluminense, 1922.

[64] MALHEIRO, 1976.

[65] ORDENAÇÕES Filipinas. [1870]. Edição de Cândido Mendes de Almeida. Brasília: Senado Federal, 2012. v. 1 a 4. Disponível em: http://www1.ci.uc.pt/ihti/proj/filipinas/l4p863.htm. Acesso em: 1 dez. 2024.

[66] MAUSS, Marcel. *Ensaio sobre a dádiva*. Lisboa: Edições 70, 1988.

para discussão da própria concepção senhorial da alforria, por meio da análise das fontes pudemos verificar que para os senhores de escravos campineiros a alforria era uma doação, operando no mesmo campo das trocas de dádivas.

Finalmente nos aventuramos no quarto capítulo a seguir a trajetória de uns dos testadores libertantes campineiros. Para isso elegemos aquele que, além de possuir um dos testamentos mais interessantes, conseguiu congregar, nesse documento, várias das marcações do mundo paternalista apresentadas nos capítulos precedentes. Trata-se do capitão José Pedro de Siqueira.

Com base na análise do testamento e do inventário do capitão José Pedro de Siqueira, foi possível não apenas observar a ocorrência dos múltiplos elementos que constituíam a sociedade paternalista como também verificar a relação entre os projetos senhoriais para o futuro, registrados no testamento, e a atuação de seu herdeiro – para quem a vontade do testador só se fizera nos campos em que o interesse monetário não fosse prejudicado. Tal análise demonstrou a existência de limites para a extensão da vontade senhorial, limites muitas vezes amparados pelas leis, outras vezes apenas aspirados e não necessariamente concluídos por sua herdeira.

Com o trabalho aqui empreendido pudemos adentrar o universo dos senhores de escravos campineiros e verificar como lidavam e praticavam as concessões de promessas de liberdade, suas expectativas quanto à continuidade do mundo em que viviam e de seu próprio poder.

CAPÍTULO 1

PERFIS SENHORIAIS

Num trabalho cuja proposta é realizar uma análise da ideologia dos senhores de escravos e de suas atuações no que se refere à prática da alforria, faz-se necessário antes de tudo estabelecer o que se toma por classe senhorial. Entendemos classe senhorial como aquela formada por senhores e proprietários de terras e (ou) escravos, indivíduos que exerciam poder sobre outros em vários aspectos de suas vidas e negócios. A classe senhorial no Brasil, na segunda metade do século XIX, era constituída de vários níveis de proprietários, indo desde o imperador, os grandes latifundiários e comerciantes até níveis mais baixos, nos quais encontramos pequenos produtores rurais, mercadores, indivíduos de poucas posses e proprietários de poucos ou mesmo de apenas um escravo.

Na sociedade imperial brasileira era a propriedade, principalmente de escravos, que conferia status social e garantia a diferenciação entre os despossuídos e os senhores. Embora a propriedade e o senhorio operassem como critérios de ascensão social, a sua obtenção em pequena escala não eliminava a dependência; assim, um pequeno senhor sempre estava ligado a outro ainda mais rico e influente. Mesmo operando em níveis diversos de riqueza e de influência, esses indivíduos estavam unidos pela defesa do princípio da "propriedade" e principalmente pela ideia de que detinham o poder e o direito de reger as vidas de outros indivíduos ou grupos, de decidir sobre e para eles[67].

Assim, não pretendemos apresentar uma classe coesa, e sim um grupo heterogêneo, com disputas e níveis diversos de poder e autoridade. Trata-se de uma classe que se manteve no poder por décadas a fio, fazendo garantir a sua vontade política e social, lidando com as contestações, modificando as suas estruturas e demandas de acordo com o desenrolar do século e das mudanças exigidas por ele.

O acesso ao poder nessa sociedade dava-se por meio da possibilidade de qualquer indivíduo se tornar também senhor, compartilhando

---

[67] GRAHAM, Richard. *Clientelismo e Política no Brasil do Século XIX*. Rio de Janeiro: Editora UFRJ, 1997. p. 49.

das mesmas ideias e dos mesmos mecanismos de manutenção do poder. Assim, afirmar que a classe senhorial possuía determinada característica é dizer que, embora ela não fosse compartilhada por toda a sociedade, a ideologia produzida pela classe senhorial era afirmada e reproduzida por aqueles que estavam em sua base[68] e, para esses últimos, o principal anseio era também tornar-se senhor. Dessa forma, os mecanismos de manutenção do poder eram instrumentados em vários níveis e operavam sobre os homens livres, pequenos proprietários e libertos, atando-os sob o domínio de outros senhores de maiores posses ou influência. Criava-se, deste modo, uma dinâmica social que permitia praticamente a todos exercer um tipo de poder sobre outrem, uma vez que todos esses indivíduos da classe senhorial, senhores e proprietários, grandes ou pequenos, ricos ou pobres, tinham a possibilidade de aplicar seu poder sobre aqueles que em teoria não possuíam nada, nem propriedade, nem direitos formais, nem a si mesmos: os escravos.

Para compreender o universo dos senhores de escravos em Campinas entre 1855 e 1871, faz-se necessário conhecer quem são esses indivíduos, verificando dados como sexo, idade, condição matrimonial, naturalidade, nacionalidade, se possuem ou não filhos, netos ou herdeiros forçados. Essas informações podem ser colhidas em seus testamentos, que também trazem as doações e as promessas de alforria que fizeram e quais foram as posturas senhorias que tomaram diante de seus herdeiros, bens, escravos e principalmente diante da escravidão.

1.1 Os testamentos

Cremos que o primeiro passo para o trabalho aqui empreendido seja o de apresentar a própria fonte. Encontramos depositados no Centro de Memória da Unicamp, para o período entre 1855 e 1871, 216 testamentos. Essa documentação faz parte do fundo do Tribunal de Justiça de Campinas (TJC) e pode ser consultada a partir de duas séries: testamentos avulsos e livros de registros. A grande maioria desses testamentos encontra-se listada nas duas séries, o que muitas vezes sanou os problemas de leitura dos documentos ilegíveis ou deteriorados, uma vez que pudemos consultar as duas séries. Esses testamentos são as disposições de última vontade de 220 indivíduos. Essa variação numérica ocorre por duas razões: há

---

[68] GRUPPI, Luciano. *O conceito de Hegemonia em Gramsci*. Rio de Janeiro: Graal, 1978. p. 67-68.

três testamentos pertencentes à mesma senhora, dona Florinda Lopes de Moraes, escritos em momentos diferentes, um sempre substituindo o outro[69]; e há seis testamentos feitos de mão conjunta[70].

As informações encontradas nessa documentação são variadas, pois os testamentos são documentos produzidos diretamente pelos indivíduos de acordo com as suas disposições e resoluções. São espaços onde cada testador expunha a sua vontade e os seus desígnios da forma que achasse melhor, atentando ou não para convenções. Podiam ser escritos de próprio punho e apresentados ao tabelião, redigidos pelo tabelião, pelo testamenteiro[71] ou por qualquer outro, a pedido do testador, com testemunhas, podiam ser ou não assinado por ele, dependendo de ele saber ler e escrever ou de estar em condições físicas para isso[72]. De forma geral, encontramos nos testamentos algumas informações comuns, como filiação, estado de saúde, condição matrimonial, naturalidade e descendência.

Os testamentos iniciam-se com fórmulas religiosas, com algumas variações: "Em nome do Padre, Filho, Espírito Santo, Amém"; "Em nome de Deus, Amém"; "Em nome da Santíssima Trindade, Padre, Filho, Espírito Santo, três pessoas distintas, um só Deus verdadeiro"; "Em nome da Santíssima Trindade, Padre, Filho e Espírito Santo; Jesus Maria José. Em nome do Padre, do Filho, do Espírito Santo Amém". Em alguns casos essa fórmula é deixada de lado e o testamento é iniciado simplesmente por "Eu, Fulano de Tal". A preocupação em demonstrar-se como apto e em seu juízo perfeito, mesmo quando enfermo, e de esclarecer que é por

---

[69] Testamento de Florinda Lopes Morais, 13/01/1860. Testamentos Avulsos, cx. 05, n. 137; Testamento de Florinda Lopes Morais, 08/07/1865. Testamentos Avulsos, cx. 05, n. 200. Ver também: Livro de Registro de Testamento 165 (18/01/1872 a 11/07/1873), n. 033; Testamento de Florinda Lopes Morais, 08/03/1868. Testamentos Avulsos, cx. 04, n. 226, TJC – Centro de Memória da Unicamp.

[70] Os testamentos de mão conjunta são aqueles feitos por dois indivíduos. Geralmente nesses casos os testadores instituem-se herdeiros mútuos e prevêem os caminhos para a herança após a morte dos dois. Na documentação analisada esses documentos foram escritos por casais sem filhos ou por irmãs solteiras: Testamento de Joaquim Antonio Fagundes e Joaquina Maria de Sant'Anna, 13/12/1857. Testamentos Avulsos, cx. 03, n. 117; Livro de Registro de Testamento 164 (11/09/1866 a 11/02/1971), n. 030. Testamento de José Rodrigues de Cerqueira Cezar e Anna Luisa do Amaral, 09/081861. Testamentos Avulsos, cx. 04, n. 158; Livro de Registro de Testamento 164 (11/09/1866 a 11/02/1871), n. 08. Testamento de José Machado de Campos Aranha, tenente e Iria Balbina de Campos, 22/08/1861. Testamentos Avulsos, cx. 04, n. 159; Testamento de Joaquina Maria de Jesus e Anna Maria de Jesus, 14/05/1862. Testamentos Avulsos, cx. 04, n. 165; Livro de Registro de Testamento 164 (11/09/1866 a 11/02/1871), n. 036. Testamento de Alberto Olpaka e Anna Blandina Olpaka, 04/11/1871. Testamentos Avulsos, cx. 06, n. 271; Livro de Registro de Testamento 165 (18/01/1872 a 11/07/1873), n. 006. Testamento de Manoel de Oliveira Campos e Lucia Maria de Jesus, 29/11/1871. Testamentos Avulsos, cx. 06, n. 272; Livro de Registro de Testamento 165 (18/01/1872 a 11/07/1873), n. 0020, TJC – Centro de Memória da Unicamp.

[71] Testamenteiro: "aquele, a cujo cargo está executar a vontade do Testador". Cf. BLUTEAU, 1712-1789, p. 132.

[72] ORDENAÇÕES [...], 1870/2012, p. 900-907.

sua vontade que faz o testamento é uma constante. Após essa introdução geralmente encontramos aquilo que optamos por chamar de apresentação do testador, que oferece informações como: nome, filiação, naturalidade, religião, estado matrimonial, a existência ou não de filhos e netos.

Seguindo-se a essa apresentação aparecem as disposições em geral, que podem contar ou não com uma relação de bens, relações de dívidas, doações e recomendações a herdeiros e legatários, doações de liberdade, doações e recomendações aos escravos, libertandos e libertos, resoluções quanto ao sepultamento e sufrágio pela alma e a indicação dos testamenteiros. Pedidos para cumprimento de suas resoluções, a reafirmação de que essas são as disposições de sua última vontade e a indicação de quem escreveu e assinou geralmente concluem o testamento.

Devido à pluralidade de informações encontradas nessa fonte e por ser ela tida como "uma disposição ou declaração justa, ou solene da nossa vontade, sobre aquilo que queremos se faça depois de nossa morte"[73], os testamentos, além de permitirem um maior conhecimento dos seus produtores, assumem a característica de serem projetos para o futuro. Um porvir ao qual os testadores sabiam que não pertenceriam, mas em que acreditavam que sua vontade prevaleceria.

1.2 Os testadores – Campinas, 1855-1871

Embora sejam fontes com uma grande quantidade de informações, nem todos os dados dos testamentos são precisos ou completos, mesmo assim é possível construir um perfil dos senhores campineiros com base neles. Os dados mais incertos na leitura dos testamentos são os que dizem respeito à idade do testador, pois nessa documentação não parece haver uma preocupação em declará-la; apenas em poucos casos há a alusão à idade avançada ou ao fato de já estar velho ou idoso e temendo a morte. Dessa forma não há como construir, com base nos testamentos, um perfil etário dos senhores.

A verificação por sexo dos testadores campineiros apresenta um equilíbrio entre homens e mulheres, mas com uma predominância masculina, entre os 220 indivíduos analisados 104 eram mulheres e 116 homens. A partir desses números temos a seguinte proporção:

---

[73] Definição de testamento segundo o Jurisconsulto Modestino encontrada nas notas de Cândido Mendes de Almeida. ORDENAÇÕES [...], 1870/2012.

Gráfico 1 – Sexo dos testadores em Campinas, 1855-1871

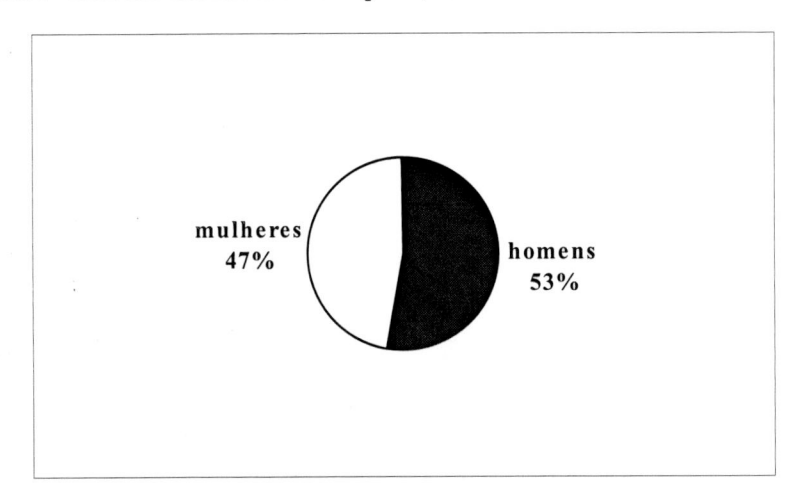

Fonte: Centro de Memória da Unicamp, Tribunal de Justiça de Campinas, 1855-1871[74]

Tais números demonstram que na cidade de Campinas, nos anos entre 1855-1871, a prática e a preocupação de confeccionar um testamento, de deixar resoluções sobre os seus bens e sobre os seus, era compartilhada por homens e mulheres de forma equilibrada.

Outro dado que a documentação permite verificar é aquilo que aqui chamaremos de condição matrimonial e para a qual estabelecemos cinco categorias: casado, viúvo, solteiro, divorciado – para o século XIX, o divórcio correspondia à separação de corpos, bens e habitação, não permitindo a anulação na igreja nem novo casamento aos cônjuges[75] – e não especificado. Nesta última estão listados aqueles cujos testamentos não permitiram conclusão sobre a condição matrimonial dos testadores. Para estabelecer essas categorias tomamos as atribuições diretas dos testadores e as alusões sobre esposas e casamentos passados ou presentes.

---

[74] Como já mencionado, no CMU os testamentos desse período podem ser localizados por meio da consulta de dois instrumentos de pesquisa: Testamentos Avulsos e Livros de Testamentos. Para um detalhamento dos documentos utilizados, ver item Fontes.

[75] Segundo Santos (2004, grifo do original): "A palavra divórcio era utilizada no direito canônico como sinônimo de separação de corpos, bens e habitação dos cônjuges, sem permitir novas núpcias e produzir a anulação do casamento. Assim, o *divortium a mensa et thorum* era a separação dos bens e coabitação dos casais. As causas para a efetivação de um processo de divórcio perpétuo, segundo a legislação, era: ocorrência do crime de adultério; abandono do lar; o não cumprimento das obrigações maritais e união carnal entre adulterinos. O processo de divórcio foi realizado pela Igreja durante todo o período colonial e imperial brasileiro, até perder força com o advento da República".

Quanto a esse aspecto da vida dos senhores campineiros, temos entre os testadores uma maior percentagem de casados (40%) e viúvos (25%). Os outros 25% dividem-se entre solteiros, divorciados e não especificados, conforme mostram os números no gráfico que segue:

Gráfico 2 – Condição matrimonial dos testadores, Campinas, 1855-1871

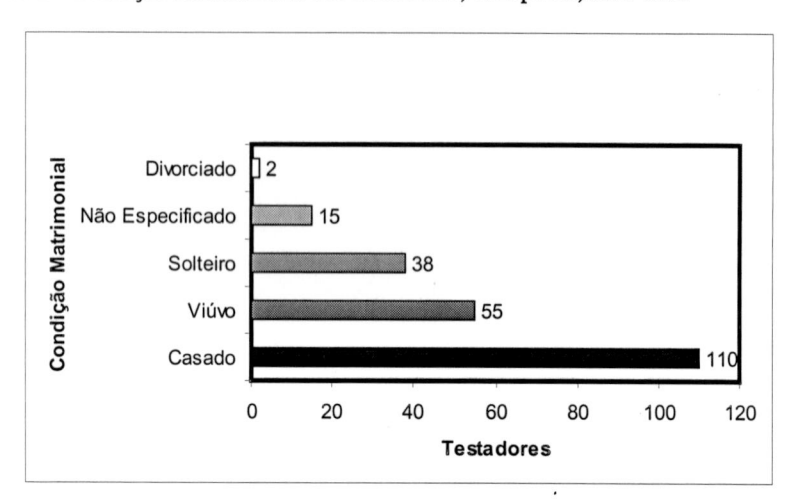

Fonte: Centro de Memória da Unicamp, Tribunal de Justiça de Campinas, 1855-1871

Essa superioridade de testadores casados ou viúvos pode refletir uma maior estabilidade e uma maior preocupação destes em garantir a transmissão de seus bens conforme seus desígnios. Talvez por estarem já mais estabelecidos na vida guardassem uma maior apreensão quanto ao futuro de seus bens, descendentes, dependentes e escravos, uma maior preocupação em deixar às claras a sua vontade, garantindo, assim, a segurança dos seus bens e a observação da sua vontade.

Quando passamos à análise da condição matrimonial por sexo, o que verificamos é a manutenção dessa tendência, pois a maioria entre as testadoras é constituída por casadas e viúvas. Das 104 senhoras, apenas sete não apresentam em seus testamentos dados que permitam identificar a sua condição matrimonial; das 100 com condição identificada, 47 eram casadas, 35 viúvas, 14 solteiras e apenas uma divorciada. Entre os homens encontramos praticamente o mesmo número de testamentos com impossibilidade de identificar a condição matrimonial do testador (oito) e entre os 108 com essa condição especificada temos 63 casados,

20 viúvos, 24 solteiros e, também, apenas um divorciado. Os gráficos que seguem permitem visualizar esses dados, percentualmente:

Gráfico 3 – Condição matrimonial dos homens – Campinas 1855-1871

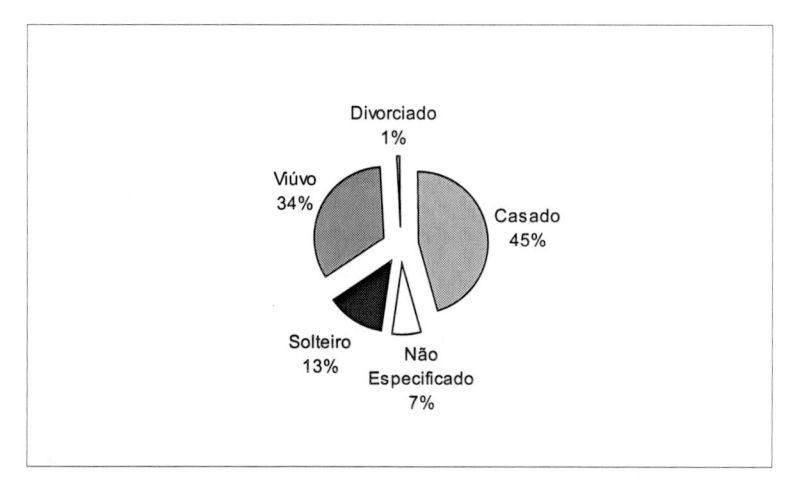

Fonte: Centro de Memória da Unicamp, Tribunal de Justiça de Campinas, 1855-1871

Gráfico 4 – Condição matrimonial das mulheres, Campinas 1855-1871

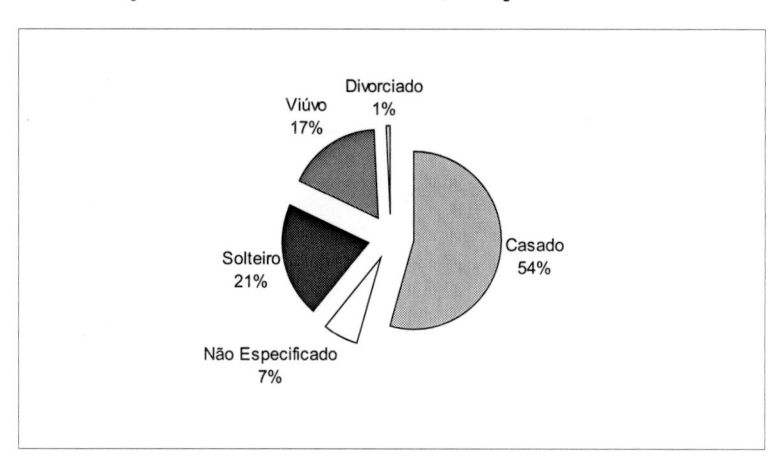

Fonte: Centro de Memória da Unicamp, Tribunal de Justiça de Campinas, 1855-1871

A partir da leitura dos testamentos também é possível examinar a origem dos testadores. Sobre esse aspecto foram observados dois elementos: o país e a cidade ou vila. Quanto à origem segundo o país, o que pudemos observar foi que os testadores eram majoritariamente nascidos no Brasil, dos 184 indivíduos que declaravam o seu local de nascimento, apenas 21 não eram brasileiros, como podemos verificar na tabela que segue:

Tabela 1 – Origem dos testadores, Campinas, 1855 a 1871

Local de origem	Número de testadores
Brasil	163
Portugal	11
Alemanha	02
Itália	01
Hungria	01
França	01
Costa da África	05
Não Identificado	55

Fonte: Centro de Memória da Unicamp, Tribunal de Justiça de Campinas, 1855-1871

A presença de maioria absoluta de brasileiros entre os testadores que declararam a sua nacionalidade pode levar a duas conclusões acerca da população da cidade de Campinas: a primeira de que a presença de estrangeiros não era muito corrente no período – nesse caso, a ascensão da cidade como polo cafeeiro e entreposto comercial não se apresentava como um chamativo para os estrangeiros, podendo a cidade ser muito mais promissora para a migração interna, como veremos mais à frente; a segunda de que não havia uma prática entre os estrangeiros residentes na cidade de deixar testamentos, o que se explicaria pela inexistência de herdeiros e parentes em Campinas e até no Brasil, ou por já terem deixado testamento em seus países de origem.

Entre os 220 senhores analisados, mais da metade (137 testadores) declarou o local de nascimento especificando o nome da cidade, vila, arraial ou freguesia e entre estes pelo menos dois terços eram oriundos da própria Província de São Paulo[76]. Essa amostragem, quando relacionada

---

[76] Não constam aqui os testadores africanos, pois todos declararam serem naturais da Costa da África, impossibilitando identificar a cidade, nação, país de origem.

ao montante dos testamentos lidos e analisados, uma vez que representa pouco mais de 50% dos casos, permite imaginar que, de acordo com as proporções encontradas, os testadores eram prioritariamente paulistas e, em segundo plano, campineiros. Foi possível verificar também que a variedade de locais de nascimento aponta para Campinas como uma cidade que chamava a atenção de migrantes, tornando a sua população bem plural. Na tabela a seguir temos a distribuição dos senhores segundo suas cidades de origem:

Tabela 2 – Naturalidade dos testadores, Campinas, 1855-1871

Origem dos testadores por cidade/vilas	
Cidade/Vila	Testador
Aldeia de São Miguel em São Paulo	01
Arassaiguama	01
Arraial de Baralhas da Província de Minas Gerais	01
Braga	01
Bragança	04
Cabo Verde – Província de Minas Gerais	01
Campinas	52
Campo Largo	01
Cananeia	01
Cuiabá	02
Fátima	01
Freguesia da Conceição de Guarulhos	02
Ilha Graciosa	02
Itu	14
Jundiaí	03
Lion	01
Lisboa	01
Mariana	01
Mogi Mirim	05
Mogi das Cruzes	01

Origem dos testadores por cidade/vilas	
Nazarethe	04
Parnaíba	07
Porto Feliz	03
Província de Meira	01
Província de São Paulo	01
Prússia	01
Rio de Janeiro	01
S. Paio de Moreira dos Cônegos	01
Santa Luzia – Província de Minas	01
Santo Amaro do Termo de Guimarães	01
Santos	01
São João de Atibaia	04
São Luis – Província de São Paulo	01
São Paulo	09
Tramutola – Província de Basilicala	01
Vila da Faxina	01
Vila de Cúria	01
Vila de São Roque	01
Vila Pouca	01
Total	137

Fonte: Centro de Memória da Unicamp, Tribunal de Justiça de Campinas, 1855-1871

Se tomarmos os números dessa tabela, constataremos que um terço dos testadores eram naturais de Campinas e os outros dois terços eram compostos de indivíduos vindos de outras cidades do interior de São Paulo, a maioria em um perímetro restrito, próximo a Campinas, como Jundiaí, Atibaia, Porto Feliz, Itu, Mogi Mirim e Parnaíba. Essa permanência de indivíduos vindos de outras localidades pode ser um reflexo da ascensão econômica campineira impulsionada pela lavoura do café e, também, pela dinamização do comércio interno e externo[77].

---

[77] PUPO, 1969, p. 56-140.

Verifica-se, ainda, que a incidência de testamentos escritos por libertos é mínima: no total de 220 testamentos[78], apenas oito pertenciam a ex-escravos, demonstrando que essa não foi uma prática muito exercida em Campinas, nos anos entre 1855 e 1871, por aqueles que alcançaram à liberdade[79].

Com base nos dados apresentados pudemos nos aproximar daqueles que decidiram registrar as suas últimas vontades, eram homens e mulheres predominantemente casados e brasileiros, católicos (apenas três testadores declararam-se protestantes) e descendentes legítimos de seus pais (somente 11 testadores disseram ser filhos naturais ou ter pais incógnitos). Em mais da metade dos testamentos os senhores preocuparam-se em encomendar suas almas ou registrar suas disposições quanto ao sepultamento.

Esses indivíduos, ao escreverem ou mandarem escrever seus testamentos, podiam ter as mais variadas motivações, mas eram levados a pensar na morte e na continuidade do mundo em que viviam. A escrita do testamento era o momento de acertar as contas com credores, devedores, com familiares e amigos; cumprir, registrar ou revogar promessas feitas; designar os caminhos que tomariam os seus bens; fazer recomendações sobre negócios e sobre a vida pessoal dos seus familiares, dependentes, escravos e libertos; premiar ou recompensar aos que os serviram, ajudaram ou bem trataram; tentar num último ato de caridade ou desprendimento; garantir a salvação de sua alma. Entretanto, por mais que o testamento fosse um espaço para o registro da vontade do testador, ele possuía limitações e regras impostas pela lei.

---

[78] A partir daqui trabalharemos com o número de testamentos contando apenas um dos três escritos por dona Florinda Lopes de Morais.

[79] Testamento de Ambrosio Amaral da Conceição, 08/05/1860. Testamentos Avulsos, cx. 04, n. 141; Livro de Registro de Testamento 163 (17/06/1859 a 11/06/1866), n. 037. Testamento de João Paulo Feijó, 22/10/1866. Testamentos Avulsos, cx. 05, n. 213; Livro de Registro de Testamento 163 (17/06/1859 a 11/06/1866), n. 034. Testamento de Thereza Custódia, 04/12/1871. Testamentos Avulsos, cx. 06, n. 273; Livro de Registro de Testamento 166 (04/09/1873 a 18/05/1876), n. 030. Testamento de Thereza Maria de Jesus, 05/10/1868. Testamentos Avulsos, cx. 03, n. 126; Livro de Registro de Testamento 163 (17/06/1859 a 11/06/1866), n. 033. Testamento de Joanna Teixeira, 13/02/1866. Testamentos Avulsos, cx. 05, n. 206; Livro de Registro de Testamento 166 (04/09/1873 a 18/05/1876), n. 017. Testamento de Antonio da Silva, 15/01/1857. Testamentos Avulsos, cx. 03, n. 107; Testamento de João Baptista Rosa, 12/01/1870. Testamentos Avulsos, cx. 03, n. 107; Livro de Registro de Testamento 163 (17/06/1859 a 11/06/1866), n. 015, TJC – Centro de Memória da Unicamp; Testamento de Manoel Mina do Amaral, 16/04/1857. Testamentos Avulsos, cx. 03, n.110; Livro de Registro de Testamento 163 (17/06/1859 a 11/06/1866), n. 019. TJC – Centro de Memória da Unicamp.

1.3 A partilha dos bens

Ao resolver fazer o seu testamento, qualquer pessoa deveria levar em conta as regras legais que determinavam a forma para dispor de seus bens. No Brasil do século XIX, elas eram emprestadas das *Ordenações Filipinas*, promulgadas em 1603[80]. Segundo suas determinações, era permitido a todos os homens livres ou tidos como livres maiores de 14 anos fazer testamento[81], sendo negado esse direito aos homens menores de 14 anos, às mulheres menores de 12 anos, aos loucos (cujo furor fosse contínuo), ao filho-famílias (aquele que está debaixo do poder do pai), aos hereges ou apóstatas, aos pródigos, aos escravos, aos religiosos professos, aos surdos e mudos de nascença e aos condenados à morte[82]. As *Ordenações Filipinas* garantiam aos testadores o direito de deliberar sobre a distribuição dos seus bens, no entanto essas deliberações estavam restritas às terças partes do conjunto dos bens.

Reza o Título XCVI do Livro IV das *Ordenações Filipinas*[83] que, após a morte do testador, deveria ser aberto um processo de inventário, no qual seus bens – que poderiam incluir bens de raiz, dinheiro em moeda corrente, escravos, móveis, utensílios, objetos de metal, animais, títulos e ações – seriam avaliados. O resultado dessa avaliação era chamado de monte-maior ou monte-mor, que correspondia ao total bruto dos bens possuídos por um casal ou por um indivíduo solteiro ou viúvo. Desse montante eram retiradas as dívidas e custas com o inventário, resultando no monte-menor ou espólio, que constituía a herança a ser distribuída[84].

Para os indivíduos casados no regime de meação, o monte-menor era dividido em dois, sendo uma parte destinada ao cônjuge. A outra metade deveria ser dividida em três partes iguais, das quais duas partes formavam a legítima, destinada a herdeiros ditos necessários ou forçados, e uma parte constituía a terça. No caso dos solteiros, os bens seriam divididos em três partes iguais, das quais duas partes eram destinadas aos herdeiros necessários ou forçados, se houvesse, e uma à terça[85].

---

[80] ORDENAÇÕES [...], 1870/2012.

[81] ORDENAÇÕES [...], 1870/2012. Livro IV, Título LXXX. "Dos testamentos, e em forma se farão".

[82] ORDENAÇÕES [...], 1870/2012, p. 908-915. Livro IV, Título LXXX. "Das pessoas, a que não é permitido fazer testamento".

[83] ORDENAÇÕES [...], 1870/2012, p. 954-968. Livro IV, Título XCVI. "Como se hão de fazer as partilhas entre os herdeiros".

[84] BACELLAR, Carlos de Almeida Prado. Família, herança e poder em São Paulo: 1765-1855. *Estudos CEDHAL*, São Paulo: FFLCH; USP, n. 7, 1991. p. 59.

[85] *Ibidem.*

A terça configurava a parte da qual o testador podia dispor livremente, dela deveriam ser retirados os encargos com a celebração de missas e o sepultamento, as doações a Igrejas e Irmandades, as doações aos pobres, os legados e as alforrias. Somente aos testadores sem a obrigatoriedade da meação e sem herdeiros necessários ou forçados era reservado o direito de disporem do total de seu monte-menor. Segundo Robert Slenes, a existência ou não desses herdeiros poderia ser um fator decisivo na hora de se conceder a alforria a um ou mais escravos, uma vez que aqueles que não tinham a quem deixar poderiam ser mais generosos nas concessões de liberdade e nas doações de legados aos escravos[86].

Assim, verificar a existência ou não desses herdeiros nos testamentos dos senhores campineiros é algo de grande relevância para este trabalho. Entre os testadores analisados encontramos uma maior incidência de senhores com herdeiros necessários nas seguintes proporções:

Gráfico 5 – Testadores com herdeiros necessários, Campinas, 1855-1871

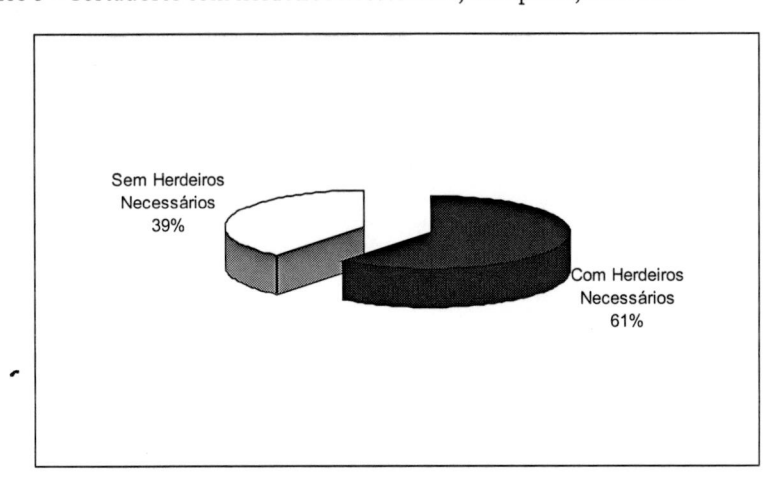

Fonte: Centro de Memória da Unicamp, Tribunal de Justiça de Campinas, 1855-1871

A legítima deveria ser repartida em partes iguais pelos herdeiros necessários, que poderiam ser de duas categorias: descendentes (filhos legítimos ou naturais[87] – reconhecidos como legítimos em cartório ou no

---

[86] SLENES, Robert W. Histórias do Cafundó. *In*: VOGT, Carlos; FRY, Peter. *Cafundó* – A África no Brasil – Linguagem e Sociedade. São Paulo: Companhia das Letras, 1996. p. 37-102. p. 82-83.

[87] Filho natural era a criança nascida da união de duas pessoas solteiras, entre as quais não havia impedimento religioso para o casamento. *Cf.* NAZZARI, Muriel. *O desaparecimento do dote*: mulheres, famílias e mudança

próprio testamento[88]; netos – caso os genitores já houvessem falecido[89]) e ascendentes (pai e mãe)[90]. Entre os 134 testadores com herdeiros necessários, a presença daqueles com pais ainda vivos e herdeiros era inexpressiva, representando apenas 5,1% dos casos:

Gráfico 6 – Categorias de herdeiros necessários, Campinas, 1855 a 1871

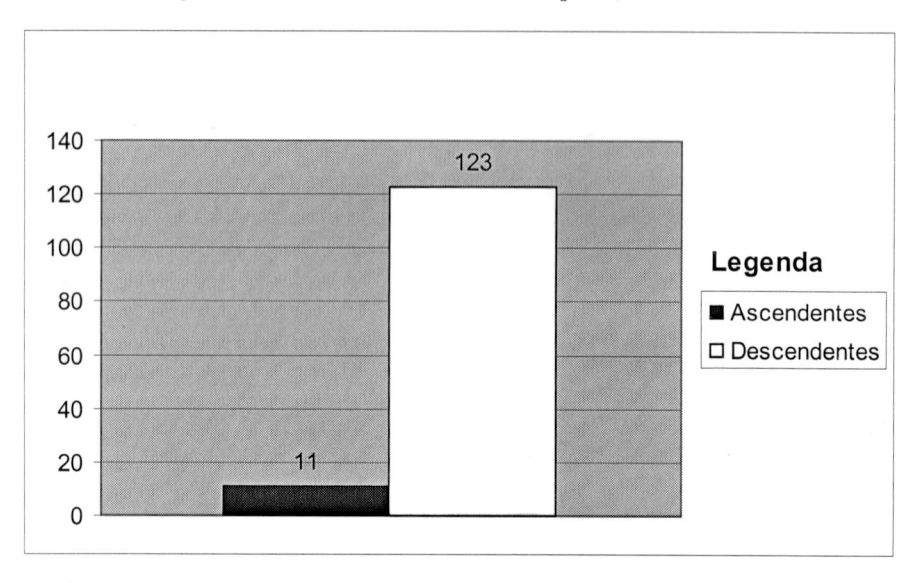

Fonte: Centro de Memória da Unicamp, Tribunal de Justiça de Campinas, 1855-1871

Segundo as *Ordenações Filipinas*, a precedência do direito à herança pertencia aos filhos, sendo seguidos por netos e, somente na ausência desses, os pais do falecido eram considerados herdeiros necessários, precedendo o pai à mãe[91]. Não tendo a pessoa falecida nem filhos, nem pais, e caso não houvesse deixado testamento, sua parte do espólio passava aos herdeiros colaterais[92]. A tabela que segue demonstra a distribuição dos herdeiros necessários por grupos de indivíduos:

---

social em São Paulo, 1600-1900. São Paulo: Companhia das Letras, 2001. p. 292.

[88] ARAÚJO, Maria Lucília Viveiros. *Os Caminhos da riqueza dos paulistanos na primeira metade do Oitocentos*. Tese (Doutorado em História Econômica) – FFLCH, Universidade de São Paulo, São Paulo, 2003. p. 59.

[89] NAZZARI, 2001, p. 297.

[90] *Ibidem*.

[91] ORDENAÇÕES [...], 1870/2012. Livro IV, Título XCVI. "Como se hão de fazer as partilhas entre os herdeiros".

[92] NAZZARI, 2001, p. 297.

Tabela 3 – Parentesco dos herdeiros necessários, Campinas, 1855 a 1871

Herdeiros ascendentes	Número de testamentos
Pai	04
Mãe	05
Pai e mãe	02
Subtotal	11
Herdeiros descendentes	**Número de testamentos**
Filhos	84
Filhos e netos	37
Filhos, netos e bisnetos	01
Netos	01
Subtotal	123

Fonte: Centro de Memória da Unicamp, Tribunal de Justiça de Campinas, 1855-1871

Tais dados, aliados àqueles sobre a condição matrimonial, demonstram que em sua maioria os testadores eram ou foram casados e com herdeiros necessários. Dos 134 senhores que deixaram testamento e que só puderam dispor de sua terça, posto que possuíam herdeiros forçados, 72 eram casados, 43 viúvos, um divorciado, 14 solteiros e sete não especificaram a sua condição matrimonial. Não encontramos testador viúvo com pai ou mãe como herdeiro necessário; entre os solteiros, seis possuíam filhos naturais e os reconheceram em testamento como legítimos herdeiros; uma testadora, dona Maria Rosa de Toledo[93], possuía apenas netos como herdeiros.

A fim de efetuar a verificação dos dados sobre quem seriam os herdeiros dos bens dos senhores campineiros que não possuíam ascendentes nem descendentes, dividimos os herdeiros por cônjuge, que engloba doações a maridos e mulheres (em dois casos também a instituição conjunta de cônjuge e sobrinho ou irmão); afilhados e sobrinhos; irmãos; instituição, incluídas Igrejas, Irmandades e a Santa Casa de Misericórdia; outros, na qual foram instituídos herdeiros sobre os quais nem testador nem testamento indicam relação de parentesco ou grau de afinidade; e não instituído. A partir dessas categorias os números encontrados foram:

---

[93] Testamento de Maria Rosa de Toledo, 15-01-1859. Testamentos Avulsos, cx. 03, n. 127; Livro de Registro de Testamento 163 (17/06/1859 a 11/06/1866), n. 026, TJC – Centro de Memória da Unicamp.

Tabela 4 – Herdeiros instituídos pelos testadores, Campinas, 1855-1871

Herdeiro instituído	Número de testamentos
Cônjuge	31
Afilhados e sobrinhos	09
Irmão	09
Instituições	05
Outros	15
Não instituído	17
Total	86

Fonte: Centro de Memória da Unicamp, Tribunal de Justiça de Campinas, 1855-1871

Percebemos, com base nesses dados, uma tendência entre os testadores sem herdeiros forçados de deixar seus bens para pessoas próximas, como cônjuges, irmãos, sobrinhos e afilhados, mas encontramos também 20,7% de indivíduos que optaram por não instituir herdeiros, reservando-se apenas o direito de legar nominalmente os seus bens. Quando observamos esses números tomando como base a condição matrimonial dos testadores, verificamos que todos os indivíduos casados instituíram como herdeiros seus cônjuges, sendo as outras categorias mais contempladas por viúvos e solteiros. Para essa análise tomamos apenas os casados, solteiros e viúvos por apresentarem-se com mais expressividade no total dos testadores sem herdeiros forçados, assim, temos um total de 79 testadores que dividiram seus herdeiros entre:

Tabela 5 – Tipos de herdeiros instituídos por condição matrimonial dos testadores, Campinas, 1855-1871

Herdeiro instituído	Testadores casados	Testadores viúvos	Testadores solteiros
Cônjuge	29	00	00
Cônjuge + afilhado	01	00	00
Cônjuge + irmão	01	00	00
Afilhado e sobrinho	00	03	04
Instituição	01	01	01

Herdeiro instituído	Testadores casados	Testadores viúvos	Testadores solteiros
Irmão	00	01	08
Outros	02	04	08
Não instituído	04	03	06
Total	38	12	27

Fonte: Centro de Memória da Unicamp, Tribunal de Justiça de Campinas, 1855-1871

Observando o pequeno grupo de testadores libertos encontramos cinco indivíduos sem herdeiros forçados e três com herdeiros (filhos e netos). Entre esses testadores está João Baptista Rosa, liberto, que não declarou sua naturalidade nem o nome de seu ex-senhor, mas era casado com Florinda Rosa, pai de cinco filhos ainda escravos (Jacintho, Brandina, Moyses, Anna, Rosa). Para proteger seus bens de prováveis abusos dos senhores de seus filhos, instituiu como herdeira sua esposa nos seguintes termos:

> [...] Declaro que os filhos acima declarados são escravos e que por essa triste posição o direito não lhes permitir sucessão, ou de permitir por ela em favor de seus senhores, nestes casos os bens que eles deviam pertencer em herança ficarão pertencendo a minha referida mulher ficando assim os senhores dos mesmos sem direito algum aos meus bens [...].[94]

João Baptista Rosa, em suas disposições testamentárias, demonstra conhecimento dos limites impostos aos seus filhos pela condição de cativos e, ao não declarar sua prole como legítima herdeira, utiliza as restrições aos escravos em seu favor. Reconhece o lugar social e legal imposto aos seus filhos, garantindo que essa condição não retiraria da família os bens que adquiriu em vida.

Finalmente, observamos a preocupação em deixar claras as disposições quanto ao enterro e os sufrágios pela alma – em missas, esmolas aos pobres e escravos, doações a igrejas e irmandades – em mais dos testamentos na cidade de Campinas durante o período analisado: 63% dos testamentos[95] apresentam disposições a esse respeito, sendo os valores deduzidos da terça.

---

[94] Testamento de João Baptista Rosa, 12/01/1870. Testamentos Avulsos, cx. 03, n. 107.

[95] Foram encontradas disposições sobre esmolas e sufrágios em 150 dos 220 testamentos analisados.

1.4 As doações em terças partes

Para compreender a alforria e as posturas senhoriais diante da alforria nos testamentos dos moradores de Campinas nos anos entre 1855 e 1871, tomaremos por base não o montante dos bens dos testadores, seja em monte-maior ou em monte-menor, e sim a presença de promessas de alforrias nas doações feitas por eles. Essas concessões, geralmente, ocorriam no interior da terça desses indivíduos, sendo legadas a quem os testadores desejassem. Adotaremos então as doações diretas feitas nos testamentos na forma de legado, seja a herdeiros forçados ou instituídos ou a outros indivíduos, tendo como foco sempre os bens que os senhores se preocuparam em legar e as formas como foram concedidos.

A primeira amostragem diz respeito aos diversos bens doados nos testamentos tendo como base as seguintes categorias: bens de raiz (casas, terras, terrenos, sítios, chácaras, estalagens); moeda corrente (que considera os valores em réis a serem entregues aos legatários); escravos (concedidos permanentemente ou com cláusulas de servir por determinado tempo ou até a morte dos beneficiários); promessas de alforrias[96] (com ou sem condição de servir a legatários); outros – animais, móveis, trastes e roupas pessoais e de cama, utensílios, joias e objetos sacros, que, devido à pouca ocorrência, foram listados na mesma categoria. Quanto aos tipos de bens deixados em legado, os números encontrados para os 216 testamentos analisados foram os seguintes:

---

[96] Embora as promessas de alforria não sejam consideradas por nós como bens, elas foram inclusas nessa categoria para uma melhor visualização das doações feitas em testamento e, também, na tentativa de estabelecer relações entre elas e as outras doações feitas pelos senhores campineiros.

Gráfico 7 – Tipo de bens doados nos testamentos, Campinas, 1855-1871

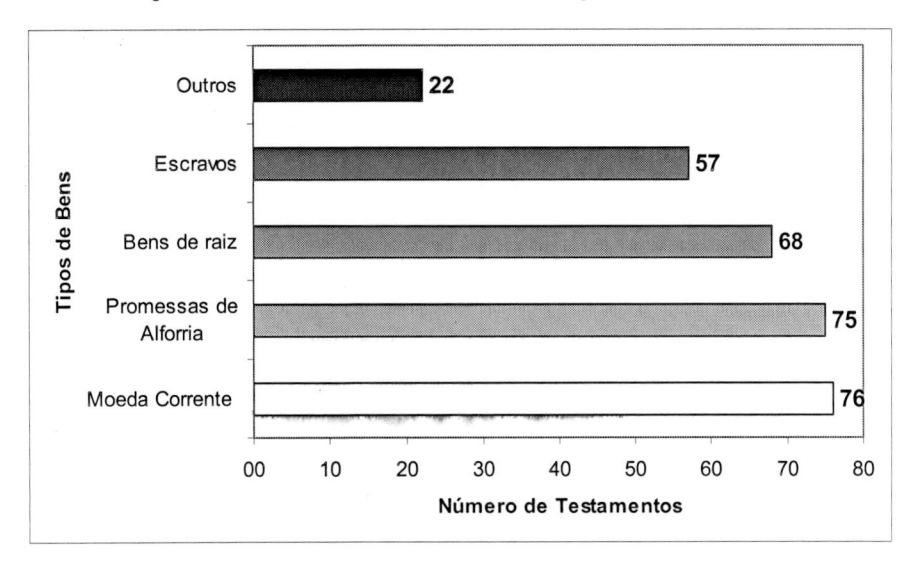

Fonte: Centro de Memória da Unicamp, Tribunal de Justiça de Campinas, 1855-1871

Com base nesses números podemos averiguar que há uma leve predominância de testamentos em que são feitas promessas de liberdade e doações em moeda corrente, contudo, podemos perceber que há um equilíbrio na ocorrência dos quatro tipos de doações mais importantes (escravos, bens de raiz, moeda corrente e promessas de liberdade), o que não significa que no momento da quantificação desses bens esse quadro se mantenha, uma vez que os dados dizem respeito ao número de testamentos em que cada tipo de doação aparece e não à quantidade ou aos valores doados.

Quanto aos bens doados em pequena escala e colocados na categoria "outros", os números encontrados foram: cinco doações de animais – vacas, cavalos, éguas e mulas; três de roupas; duas de utensílios de casa e de ofício; cinco de joias; duas de mobília; cinco de objetos sacros. Quanto aos bens de raiz, moeda corrente, escravos e promessas de alforria, há a necessidade de examinar cada categoria de doações separadamente, para uma melhor visualização das tendências das doações entre os testadores analisados.

1.4.1 Doações de bens de raiz e moeda corrente

Nos 68 testamentos que apresentaram doações de bens de raiz, os senhores campineiros dispuseram de um total 81 bens. Ao analisar essas concessões, verificamos que há uma dissociação entre a propriedade da casa e do terreno no qual ela está construída. Alguns senhores, ao legarem suas propriedades, procuravam deixar claro aquilo que estava inserido ou não na doação, por exemplo, doar a casa e o quintal, a casa e o terreno, a casa e o pedaço de terreno na frente ou, ainda, uma estalagem e as terras anexas. Esse é o caso de dona Maria Felicíssima de Abreu Soares, viúva, que em 02 de outubro de 1867, entre outros legados, deixou para sua neta Joaquina Soares Proença uma "casa situada na Rua do Rosário e parte do quintal fronteiro, necessário para despejo e outras necessidades domésticas"[97].

Cerca de 30% de senhores deixaram esses bens para os próprios filhos, como legado para além daquilo que lhes pertenceriam em suas legítimas, e a mesma porcentagem de senhores deixaram esses bens para indivíduos como aparentados, caseiros, crianças ou outros, em retribuição a serviços ou ao bom tratamento que lhes deram. Os outros 40% ficam divididos entre irmãos (15%), netos (10%) e escravos (15%). Dessa forma, temos 55% por cento – ou mais se tomarmos também os aparentados – dos bens de raiz mantidos no interior da família do doador, indicando uma inclinação desses senhores em manter a propriedade no âmbito familiar, o que se confirma quando analisamos mais de perto essas doações. A análise da documentação demonstrou a seguinte divisão dos 81 bens de raiz legados para os anos entre 1855 e 1871:

Tabela 6 – Tipos de bens de raiz doados, Campinas, 1855-1871

Bens de raiz	Quantidade de bens
Casa	38
Casa + Terreno	05
Estalagem + Terras	01
Chácara	01
Sítio	04
Terreno	12
Terras	16
Parte da Casa	02

[97] Testamento de Maria Felicíssima de Abreu Soares, 02/10/1867. Testamentos Avulsos, cx. 05, n. 221; Livro de Registro de Testamento 164 (11/09/1866 a 11/02/1871), n. 045, TJC – Centro de Memória da Unicamp.

Quarto	01
Parte do Sítio	01
Total	81

Fonte: Centro de Memória da Unicamp, Tribunal de Justiça de Campinas, 1855-1871

Além da separação entre terreno e casa, encontramos doações que envolviam partes de um bem, conforme podemos verificar na Tabela 6, alguns senhores deixavam em legado as partes que lhes cabiam em determinadas propriedades. Nos dois primeiros casos – parte do sítio e parte da casa – os testadores alegaram-se proprietários apenas de parte dos bens legados, transferindo esse quinhão para seus beneficiários. Já o quarto foi legado por Joanna Justina da Santa Cruz, viúva e sem filhos, à preta Luiza em 19 de maio de 1864. Essa senhora declarou em seu testamento:

> A parte que tenho na casa de Joaquim Cardoso dos Santos Bahia. Deixo para ele mesmo com a condição de nunca tirarem por dívida e nem poder vender. Deixo para a preta Luiza da casa do mesmo Bahia o quarto que tenho pegado a casa do mesmo Bahia, por sua morte fica a casa para a Santa Casa para a alugar para suas despesas.[98]

Dona Joanna Justina também registrou em seu testamento a existência, em mãos de seu testador, de uma carta de liberdade a ser entregue por sua morte ao seu escravo Virginio, de 10 anos de idade, a quem também instituía como herdeiro de seus bens. As doações de partes de bens de raiz, como as duas feitas por dona Joanna Justina da Santa Cruz, podem indicar duas situações vividas pelos testadores: a primeira de que esses bens foram recebidos em herança ou legados e, assim, eram transferidos com a mesma configuração, metade ou apenas uma parte do imóvel; a segunda de que a dificuldade em se obter esses tipos de bens levava os indivíduos menos abastados a se unirem em suas aquisições.

A tendência entre os testadores campineiros era a doação de apenas um bem de raiz por testamento, sendo poucos os casos de senhores que doaram dois ou mais desses bens. Essas doações geralmente vinham acompanhadas de cláusulas restritivas quanto ao uso dos bens. Cerca de 60% dos bens doados não podiam ser vendidos, tomados por dívi-

---

[98] Testamento de Joanna Justina da Santa Cruz, 19/05/1864. Livro de Registro de Testamento 164 (17/06/1859 a 11/06/1866), n. 072, TJC – Centro de Memória da Unicamp.

das do legatário ou do cônjuge ou hipotecados, devendo ser passados à descendência desses ou retornar aos herdeiros dos testadores por morte do legatário. Esse é o caso do capitão José Pedro de Siqueira, que, após enumerar as suas doações, impõe aos legatários as seguintes condições:

> [...] Todas as deixas que tenho feito ficam declaradas neste meu testamento, bem como alguma outra que ainda me lembre em fazer ficam sujeitas as seguintes condições: nunca poderão os objetos por mim doados serem nem vendidos, nem hipotecados, nem tomados por dívidas ou outro qualquer pretexto, só poderão ser arrendadas ou trocadas, mas neste último caso deve preceder avaliação dos objetos a trocar por avaliadores juramentados pelo Juiz competente, e nunca poderá fazer troca sem que seja dos bens de raiz por bens de raiz, e de valores iguais [...].[99]

Uma prática que sugere a busca por manter intacto o patrimônio doado. Prevendo os possíveis perigos que a sua fazenda poderia correr em mãos de seus novos donos, esses indivíduos muniam-se de cláusulas restritivas para defender a diminuição ou a perda de bens que compunham o espólio. Prática que, aliada à tendência dos testadores de manter as doações dos bens no âmbito familiar, demonstra claramente que manter a propriedade era uma preocupação dos senhores campineiros, mostra também que havia para o século XIX em Campinas um padrão para a transferência de bens.

A preocupação em garantir a propriedade aos herdeiros é uma constante tanto entre os testadores com grande volume de doações, como o capitão José Pedro de Siqueira, solteiro, com herdeiro forçado, que em seu testamento doa duas casas, 10 alqueires de plantação de milho, 19 promessas de alforrias e dinheiro[100], quanto nos que legam poucos bens. Esse é o caso de dona Maria Thereza de Jesus, viúva, natural de Bragança, com herdeiros forçados, que em sua terça deixou a sua casa na Rua do Comércio para sua filha Josefa, mulher de Francisco Borges da Costa, devendo a casa retornar aos seus herdeiros por morte de Josefa[101].

Tal postura no momento da transmissão de bens aponta para uma política senhorial no que se refere à manutenção da propriedade, política

---

[99] Testamento de José Pedro de Siqueira, capitão, 16/10/1863. Testamentos Avulsos, cx. 04, n. 182; Livro de Registro de Testamento 164 (11/09/1866 a 11/02/1871), n. 016, TJC – Centro de Memória da Unicamp.

[100] Ibidem.

[101] Testamento de Maria Thereza de Jesus, 26/10/1855. Testamentos Avulsos, cx. 03, n. 096, TJC – Centro de Memória da Unicamp.

essa que criava mecanismos como as restrições apresentadas ou, ainda, estratégias como a de legar o bem em usufruto. Um exemplo dessa prática nos é dada por Vicente Leite Camargo, solteiro, que declarou possuir sete filhos naturais reconhecidos por escritura pública e mais um que reconheceu em testamento, filhos tidos com Gertrudes, a quem deixou em sua terça o usufruto da casa que possuía na Rua do Comércio, devendo o bem, por morte da mãe, retornar aos oito herdeiros[102]. Essa doação provavelmente tinha como intuito garantir o amparo à mãe de seus filhos, isso sem riscos de que um novo relacionamento e, principalmente, um casamento privasse seus filhos e herdeiros daquilo que lhes era de direito.

Outro senhor a deixar uma casa em usufruto foi o coronel José Franco de Andrade, viúvo, com herdeiros forçados, que em 23 de dezembro de 1863 legou a Maria Franco do Carmo o usufruto de sua casa situada na esquina da Rua do Teatro, que deveria retornar aos seus herdeiros por morte da legatária. Entretanto, o retorno desse bem podia não ser tão simples como em outros casos, uma vez que apenas a casa pertencia ao coronel, o terreno era propriedade da legatária. Para garantir a seus herdeiros a propriedade futura dessa casa e, também, do terreno o coronel José Franco determinou que deveria ser pago aos herdeiros de Maria Franco do Carmo quinhentos mil réis pelo terreno e, em caso de recusa dos herdeiros da legatária em receber tal valor, a fim de que tudo ficasse para seus herdeiros, o terreno deveria ser pago por um arbitramento[103].

Já para as doações em moeda corrente as concessões eram mais distribuídas e os valores eram legados aos filhos, netos, bisnetos, afilhados, sobrinhos, genros, igrejas, esmolas, escravos, libertos e outros. Para a amostragem dos valores legados, dividimos as doações por faixas de valores entre 50 mil réis e mais de cinco contos de réis:

Tabela 7 – Doações em moeda corrente, Campinas, 1855-1871

Valor total em réis por testamento	Número de testamentos	Legatários	Soma das doações
Até 50$000 réis	11	22	476$000 réis
Até 100$000 réis	07	18	635$600 réis

[102] Testamento de Vicente Leite de Camargo, 26/07/1864. Testamentos Avulsos, cx. 05, n. 189; Livro de Registro de Testamento 163 (17/06/1859 a 11/06/1866), n. 074, TJC – Centro de Memória da Unicamp.

[103] Testamento de José Franco de Andrade, coronel, 23/12/1863. Testamentos Avulsos, cx. 04, n. 185; Livro de Registro de Testamento 163 (18/01/1872 a 11/07/1873), n. 012, TJC – Centro de Memória da Unicamp.

Até 200$000 réis	06	11	1:115$000 réis
Até 300$000 réis	07	18	1:895$000 réis
Até 500$000 réis	05	14	2:119$000 réis
Até 1:000$000 réis	06	30	4:370$000 réis
Até 2:000$000 réis	16	76	23:485$007 réis
Até 3:000$000 réis	07	43	15:525$000 réis
Até 5:000$000 réis	06	56	23:408$000 réis
Mais de 5:000$000 réis	05	28	95:956$000 réis
Totais	76	316	168:984$607réis

Fonte: Centro de Memória da Unicamp, Tribunal de Justiça de Campinas, 1855-1871

Conforme a Tabela 7, há certo equilíbrio entre o número de doações e o de beneficiários nas faixas de valores mais baixos, o que demonstra que senhores detentores de terças menores costumavam legar valores em moeda corrente a poucos, concentrando as doações nos valores mais altos possíveis. Já entre os senhores cujas doações ficaram acima de um conto de réis, há um número muito maior de legatários que de doadores, demonstrando que a tendência entre esses senhores era doar menos a um número maior de pessoas.

Tais posturas acabam por manter a maioria das doações concentradas em valores entre 100 e 300 mil réis, o que se torna exceção apenas entres os senhores com doações acima de cinco contos de réis, nesses casos o que temos são poucos testadores com uma média de três a quatro beneficiários por testamento, recebendo cada legatário valores acima de um conto de réis, sendo o maior legado doado a um mesmo indivíduo de 20 contos de réis – pelo capitão Camillo Xavier Bueno da Silveira, casado, sem herdeiros forçados, a Rudencio Xavier Bueno da Silveira.

O capitão Camillo Xavier Bueno da Silveira é o testador com maiores doações em moeda corrente, totalizando 28 contos de réis deixados a sete beneficiários, sendo Rudencio o maior deles. Ao fazer tal doação, o testador não expôs seus motivos nem indicou se havia parentesco entre ambos, embora o fato de terem o mesmo sobrenome possa ser uma indicação disso[104]. Conquanto tenha deixado o legado em seu testamento

---

[104] Testamento de Camillo Xavier Bueno da Silveira, capitão, 16/12/1867. Testamentos Avulsos, cx. 05, n. 223; Livro de Registro de Testamento 165 (18/01/1872 a 11/07/1873), n. 001, TJC – Centro de Memória da Unicamp.

apenas determinado que deveria ser entregue após a venda de sua casa e o pagamento de suas dívidas, o capitão, 15 dias depois, fez um codicilo[105] confirmando a doação, mas impondo condições para a utilização e manutenção do legado por Rudencio[106].

No codicilo, o testador determinou que o valor de 20 contos de réis (diminuídos os ônus impostos pela lei) deveria ser aplicado na compra de Apólices de Dívida Pública a serem entregues a Rudencio e delas só usufruiria dos rendimentos. Estabeleceu, ainda, que a propriedade das apólices fosse conservada, alienação proibida e que por morte de Rudencio fosse transferida aos descendentes dele – na falta destes deveriam ser revertidas aos herdeiros ou descendentes ainda vivos do capitão.

Tal como no caso do capitão Camillo Xavier Bueno da Silveira, outros senhores impuseram sobre as doações em moeda corrente condições para o uso e a manutenção do dinheiro legado: ficar sob a guarda dos tutores que cuidariam de sua educação ou depositadas no Juiz de Órfãos, no caso de menores; ficar em mãos de familiares do senhor para serem administradas aos poucos, serem entregues após certo prazo, servirem de adjutório para compra da alforria, no caso de escravos e alforriandos; serem colocadas a prêmio; serem aplicadas na compra animais ou de bens de raiz.

Dessa maneira, por meio das cláusulas de restrição à venda, à hipoteca e à retirada por dívidas, dos legados em usufruto, da limitação a administração de dinheiro ou pela determinação de que os bens deviam manter-se apenas com os descendentes e não com maridos e esposas destes, os senhores campineiros encontravam caminhos e meios para manter os bens nas mãos de seus herdeiros e parentes próximos, garantindo a propriedade. Por outro lado, ao impor tais cláusulas restritivas à administração dos legados, garantiam que sua vontade sobrevivesse à sua morte, pois, embora a posse fosse transferida por meios legais – pelo testamento e posterior inventário –, o domínio sobre o bem doado e o poder sobre a gestão desse bem era negada a esses legatários.

---

[105] Segundo as *Ordenações Filipinas*, "Codicilo é uma disposição de última vontade sem instituição de herdeiro. E por isso se chama codicilo, ou cédula, por diminuição, que quer dizer pequeno testamento, quando uma pessoa dispõe de alguma coisa, que se faça depois de sua morte sem tratar nele de diretamente instituir ou deserdar a algum, como se faz nos testamentos". Cf. ORDENAÇÕES [...], 1870/2012. Livro VI, Título LXXXVI. "Dos Codicilos".

[106] Codicilo de Camillo Xavier Bueno da Silveira, capitão, 31/12/1867. Livro de Registro de Testamento 165 (18/01/1872 a 11/07/1873), n. 001, TJC – Centro de Memória da Unicamp. Contam ainda no mesmo Livro de Testamentos mais dois codicilos feitos nos anos de 1870 e 1871, o último dias antes do falecimento do testador.

1.4.2 Escravos doados e promessas de alforria

Como a proposta deste capítulo é construir um perfil dos senhores de escravos, tendo como ponto de partida os seus testamentos e as resoluções neles encontradas, as páginas que seguem não tratarão do perfil da escravaria ou dos libertos, mas analisarão as doações de escravos e de alforrias presentes nos testamentos, bem como suas relações com o restante das doações. Um estudo mais detalhado das características desses indivíduos será feito no capítulo seguinte.

Dentro da proposta de verificar as doações concedidas em terças partes, tomando como base apenas os bens legados pelos testadores campineiros, o primeiro aspecto analisado, quanto aos escravos doados, é aquele que se refere ao beneficiário da doação. Nos 57 testamentos com ocorrência de doações de escravos, 37 senhores possuíam herdeiros forçados e apenas 20 não os possuíam, a seguir temos a distribuição dessas doações por legatário:

Tabela 8 – Legatários que receberam escravos doados em terças, Campinas, 1855-1871

Legatário	Escravos doados
Filho	90
Neto	45
Outros	37
Cônjuge	32
Sobrinho	13
Irmão	05
Cunhado	03
Bisneto	02
Afilhado	01
Genro	01
Total	229

Fonte: Centro de Memória da Unicamp, Tribunal de Justiça de Campinas, 1855-1871

Os 57 senhores deixaram em legado 229 indivíduos, cedidos geralmente a familiares, sendo os filhos, netos e cônjuges os principais beneficiários. Os números encontrados e registrados na Tabela 8 demonstram uma tendência entre os senhores em manter os escravos no âmbito familiar, legando-os aos seus entes mais próximos. Essas doações geralmente vinham acompanhadas de restrições e, da mesma maneira que as dos bens de raiz, a elas eram impostas cláusulas que proibiam a venda, a hipoteca ou a retirada por dívida. Acompanhavam também essas concessões recomendações sobre o destino das "crias" das escravas legadas, geralmente aplicando sobre elas as mesmas restrições. Essas restrições e recomendações revelam aqui também a preocupação em manter a propriedade, assim, legar um escravo a um parente, afilhado ou conhecido era legar a ele o status de proprietário e restringir sua venda, hipoteca ou tentar evitar a perda por dívida era garantir esse lugar social.

Observamos a ocorrência ou não de outras doações entre os senhores que legaram escravos em suas terças e o que pudemos apurar foi que poucas vezes a doação dos escravos vinha sozinha, já que nos 57 testamentos foram encontradas as seguintes doações de outros tipos de bens:

Gráfico 8 – Tipos de bens doados nos testamentos com doação de escravos, Campinas, 1855-1871

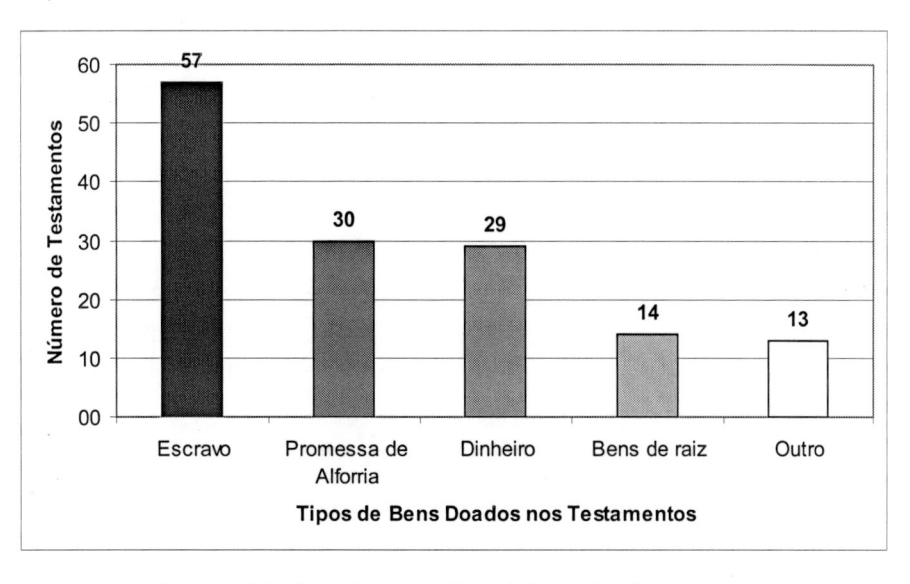

Fonte: Centro de Memória da Unicamp, Tribunal de Justiça de Campinas, 1855-1871

Devido à pluralidade dos tipos de bens doados na categoria "outros", optamos por deixá-la de lado e observar mais de perto a ocorrência e as relações entre as doações de escravos e de outros tipos de bens. No que se refere à doação de bens de raiz, encontramos nos 57 testamentos analisados a seguintes porcentagens:

Gráfico 9 – Doações de escravos e bens de raiz, Campinas, 1855-1871

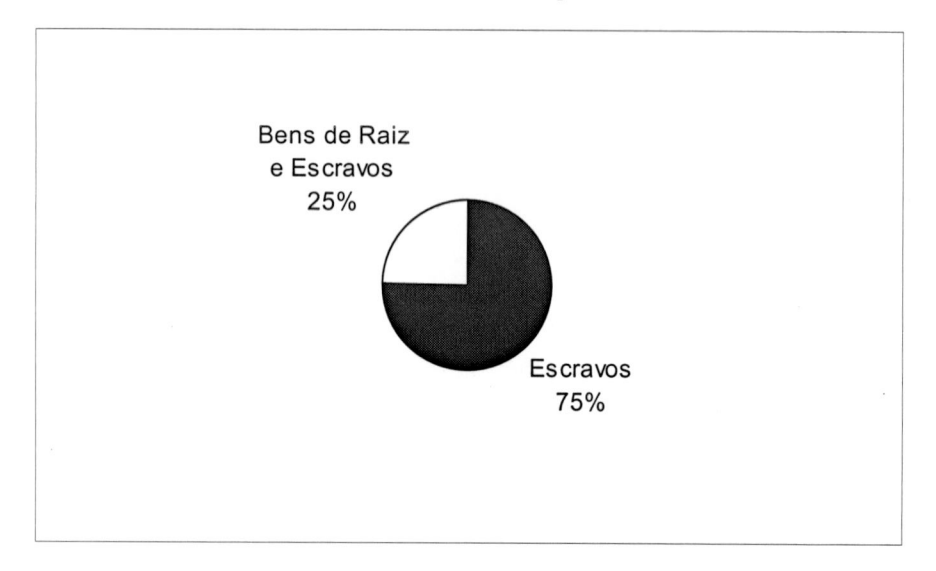

Fonte: CMU, Tribunal de Justiça de Campinas, Testamentos entre 1855-1871

Conforme demonstra o Gráfico 9, apenas um quarto dos testadores que deixam em legado escravos também deixam algum tipo de bem de raiz. Nos 14 testamentos em que ocorreram doações tanto de escravos como de bens de raiz, foram legados 21 desses bens divididos da seguinte forma:

Tabela 9 – Tipos de Bens de Raiz Legados em Testamentos com Doações de Escravos, Campinas, 1855-1871

Bens de raiz	Quantidade de bens
Casa	08
Casa + Estalagem	01
Casa + Terreno	04

Bens de raiz	Quantidade de bens
Sítio	02
Chácara	01
Terreno	02
Terras	03

Fonte: Centro de Memória da Unicamp, Tribunal de Justiça de Campinas, 1855-1871

Com esses 21 bens de raiz foram legados 80 escravos, mas o interessante é que, embora ocorram no mesmo testamento essas doações, não parecem ter qualquer relação uma com a outra. Não encontramos, por exemplo, doação de terras, chácara, fazenda e dos escravos dela, nem de casa e dos escravos da casa, esses testadores dispõem desses dois tipos de bens separadamente, algumas vezes contemplando o mesmo legatário, outras não.

Entre os testamentos com doações de bens de raiz simultâneas à doação de escravos, há apenas um em que ocorre doação de terras para escravos e um testamento cujas doações não foram consideradas neste trabalho[107]. Trata-se do testamento de Antonio de Barros Penteado, que doa a seu irmão e herdeiro, João Correa de Campos, o serviço de todos os seus escravos pelo período de quatro anos, após os quais ficariam livres e "declarados sem contramestre algum, como se nascessem de ventre livre"[108]. Além da promessa de liberdade condicionada à prestação de serviços ao legatário, esses escravos receberam a doação de uma parte de terras que seu senhor possuía em Mogi Mirim, com a condição de:

> [...] de não poderem vender a pessoas estranhas e nem ainda a ninguém poderá vender se algum deles assim querer sair do sítio nesse caso o mandarão avaliar e feita a conta proporcional os que ficarem no sítio pagarão a parte do que saiu mas modicamente [...].[109]

---

[107] Embora citados e inseridos no total da documentação, não computamos aqui os números de bens doados em testamento por Antonio de Barros Penteado, uma vez que seu testamento deveria ser cumprido em Mogi Mirim, onde foi feito o seu inventário. Assim, não foi possível identificar nem o número de escravos cujos serviços ele deixou em legado ao irmão nem o número de promessas de liberdade que essa doação abrangia, posto que no testamento ele se referisse a todos os escravos sem indicações de quem ou quantos eram. Entretanto, optamos por não excluí-lo totalmente deste trabalho devido às informações importantes que ele continha.

[108] Testamento de Antonio de Barros Penteado, 17/10/1863. Testamentos Avulsos, cx. 04, n. 183; Livro de Registro de Testamento 163 (17/06/1859 a 11/06/1866), n. 064, TJC – Centro de Memória da Unicamp.

[109] *Idem.*

Ainda entre os testadores que legaram bens de raiz e escravos em testamento, temos que a maioria deles doou menos de cinco escravos e apenas três mais de 10. A maior doadora de escravos encontrada nessa documentação é dona Maria Felicíssima de Abreu Soares, que deixou em legado aos seus vários netos e afilhados um total de 35 escravos, além de deixar a uma de suas netas uma casa e o terreno que lhe servia como quintal[110].

Já quanto às doações em moeda corrente e aos escravos, dos mais de 160 contos de réis doados no geral dos testamentos, os senhores campineiros dispuseram de cerca de 82 contos de réis no total das doações em testamentos, que também legavam escravos. Os valores encontrados para as faixas já estabelecidas são os seguintes:

Tabela 10 – Legados em moeda corrente nos testamentos com doações de escravos, Campinas, 1855-1871

Valor total em réis por testamento	Número de testamentos	Número de legatários	Soma das doações
Até 50$000 réis	03	05	110$000 réis
Até 100$000 réis	02	04	200$000 réis
Até 200$000 réis	02	05	400$000 réis
Até 300$000 réis	02	03	575$000 réis
Até 500$000 réis	00	00	000 réis
Até 1:000$000 réis	02	15	1:460$000 réis
Até 2:000$000 réis	07	17	10:105$007 réis
Até 3:000$000 réis	02	15	4:950$000 réis
Até 5:000$000 réis	03	32	11:608$000 réis
Mais de 5:000$000 réis	03	15	52:950$000 réis
Totais	26	111	82:358$007 réis

Fonte: Centro de Memória da Unicamp, Tribunal de Justiça de Campinas, 1855-1871

Entre essas doações, a menor foi de 16 mil réis, feita por dona Maria Francisca da Anunciação, em 12 de setembro de 1856, para suas irmãs Anna e Eufrásia, sendo oito mil réis a cada uma[111], e a maior de 25 con-

---

[110] Testamento de Maria Felicíssima de Abreu Soares, 02/10/1867. Testamentos Avulsos, cx. 05, n. 221.

[111] Testamento de Maria Francisca da Anunciação, 12/09/1856. Testamentos Avulsos, cx. 03, n. 106; Livro de Registro de Testamento 163 (17/06/1859 a 11/06/1866), n. 019, TJC – Centro de Memória da Unicamp.

tos de réis, efetuada por Alda Brandina de Camargo Andrade, em 18 de agosto de 1871, aos filhos e filhas de Theodoro Leite Penteado – Floriana, Barbara, Delfina, Maria das Dores e Cândido –, sendo cinco contos de réis a cada um deles[112]. Essa senhora, além do valor em moeda corrente, legou a cada uma das filhas de Theodoro uma escrava e a Floriana também os serviços de Quitéria até que esta completasse 40 anos. Dona Alda Brandina de Camargo Andrade, solteira, sem herdeiros forçados, apresenta-se como uma das testadoras com maior volume de doações, uma vez que, além dos 25 contos de réis e das cinco escravas (incluindo Quitéria), deixou em legado mais nove escravos e, entre eles, três com promessa de alforria.

Assim como dona Alda Brandina de Camargo Andrade, outros 29 senhores deixaram seus escravos a legatários e concederam alforrias. A análise dos testamentos desses 30 senhores demonstra que 33% do total de promessas de alforria feitas no período estudado foram concedidas por senhores que também deixaram escravos em legado. Nesses testamentos encontramos as seguintes doações:

Gráfico 10 – Doações de escravos e promessas de alforria, Campinas, 1855-1871

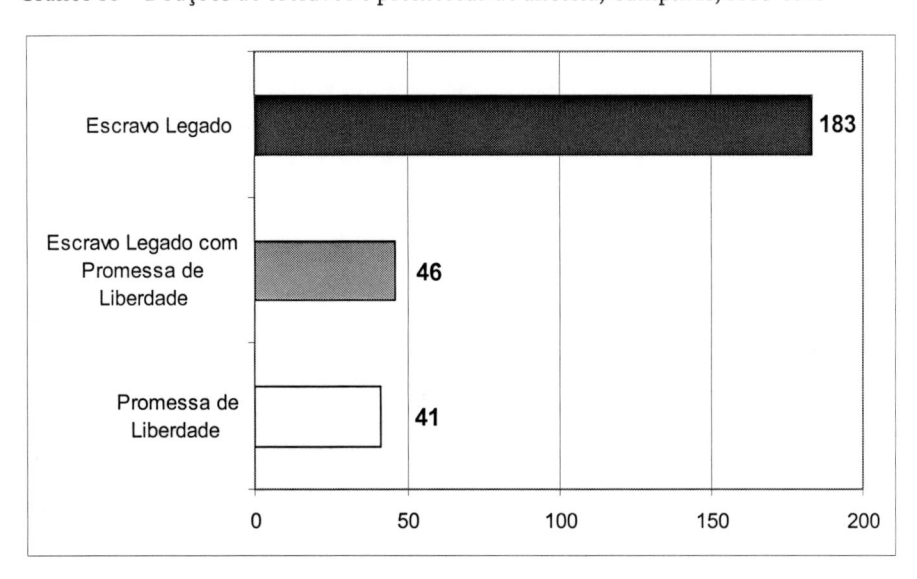

Fonte: Centro de Memória da Unicamp, Tribunal de Justiça de Campinas, 1855-1871

---

[112] Testamento de Alda Brandina de Camargo Andrade, 18/08/1871. Testamentos Avulsos, cx. 06, n. 266, TJC – Centro de Memória da Unicamp.

Esses testamentos apresentam dois grupos de alforriandos, os que não entraram em legado – cuja manumissão teria lugar com a morte de seu senhor – e os que entraram em legado – com a promessa de alforria condicionada à prestação de serviços aos legatários por determinado período. O primeiro grupo é composto de 41 indivíduos, que, com a morte de seus senhores, deveriam tornar-se forros, recebendo ou não recomendações quanto às suas condutas. O segundo grupo, onde se encontram os quatro escravos de dona Alda Brandina de Camargo Andrade, é composto de 46 indivíduos que receberam de seus senhores a promessa de que após servirem os legatários até a morte deles ou por determinado tempo de serviço se tornariam livres. Assim como no caso de Tibúrcio[113], temos nessas 46 promessas duplas doações, pois há tanto uma doação do escravo ou de seus serviços ao legatário quanto a doação da alforria, ao próprio escravo, que de bem doado passa a legatário.

Em apenas uma dessas 46 doações o senhor previu o cancelamento da promessa de alforria. É o caso de Lourenço Antonio Leme, que, em 18 de outubro de 1863, em sua terça, entre outras doações, legou a seu filho Antonio o escravo crioulo Moisés, até que este completasse a idade de 40 anos de idade nos seguintes termos:

> [...] Deixo o escravo crioulo Moises a meu filho Antonio, que o servirá até completar quarenta anos de idade, e depois o mesmo meu filho lhe passará carta de liberdade, porém se se tornar vicioso não gozará da liberdade e continuará a servir o dito meu filho [...].[114]

A preocupação de Lourenço Antonio Leme com a possibilidade de o escravo ficar vicioso não se restringia apenas a Moisés, posto que esse senhor também impôs a possibilidade de reescravização pelo mesmo motivo a Vicente (integrante do grupo de escravos que não entraram em legado). Lourenço concedeu a promessa de liberdade a Vicente como recompensa aos serviços prestados, com a condição de viver acostado com dona Escolástica Maria da Conceição, esposa do testador, pelo tempo que ela vivesse. Reza seu testamento que dona Escolástica deveria manter o escravo junto a si pagando-lhe jornal módico em retribuição aos serviços

---

[113] Testamento de Maria Rosa de Toledo, 15-01-1859. Testamentos Avulsos, cx. 03, n. 127.

[114] Testamento de Lourenço Antonio Leme, 18/10/1863. Testamentos Avulsos, cx. 04, n. 181; Livro de Registro de Testamento 163 (17/06/1859 a 11/06/1866), n. 093, TJC – Centro de Memória da Unicamp.

prestados e, em caso do desvio moral do liberto e da aquisição de vícios, essa senhora devia tomá-lo como escravo novamente[115].

Outro senhor a registrar a possibilidade de revogação da alforria devido a possíveis vícios contraídos pelos futuros libertos é Francisco Egydio de Souza Aranha, que, em 19 de maio de 1856, descontadas as disposições quanto ao seu enterro e sufrágios por sua alma, reservou a metade de sua terça para libertar vários de seus crioulos, deixando recomendações à esposa e testamenteiros sobre as medidas a serem tomadas no caso de os libertos se tornarem viciosos:

> [...] quando destes primeiros crioulos peguem em algum vício minha mulher ou meu testamenteiro os puxará para o serviço por três meses, e depois ficarão na mesma liberdade e quando continuar por um ano se com isso não se emendarem ficará esse vicioso cativo até a vida de minha mulher a quem encomendo que quando algum cativo caia em miséria por doença, também puxe a si para o tratar até morrer e a mesma recomendação faço ao meu testamenteiro, e não poderão estes escravos que ficam forros se apartarem deste município enquanto a vida de minha mulher, e de meu testamenteiro [...].[116]

A tentativa de manter os libertos sob controle e inseri-los em um mundo de dependentes é algo comum nesses testamentos, entretanto, a utilização de ameaça de revogação da alforria como meio de garantir a retidão e o bom comportamento dos libertos é algo que aparece pouco nas fontes analisadas, uma vez que entre os 75 testamentos nos quais foram feitas promessas de liberdade somente esses dois senhores apresentaram essa postura.

Quando verificamos a ocorrência da doação de manumissões e de outros bens, o que temos é:

---

[115] *Ibidem.*

[116] Testamento de Francisco Egydio de Souza Aranha, 18/05/1856. Testamentos Avulsos, cx. 03, n. 101; Livro de Registro de Testamento 163 (17/06/1859 a 11/06/1866), n. 038, TJC – Centro de Memória da Unicamp.

Gráfico 11 – Tipos de bens doados nos testamentos com promessas de liberdade, Campinas, 1855-1871

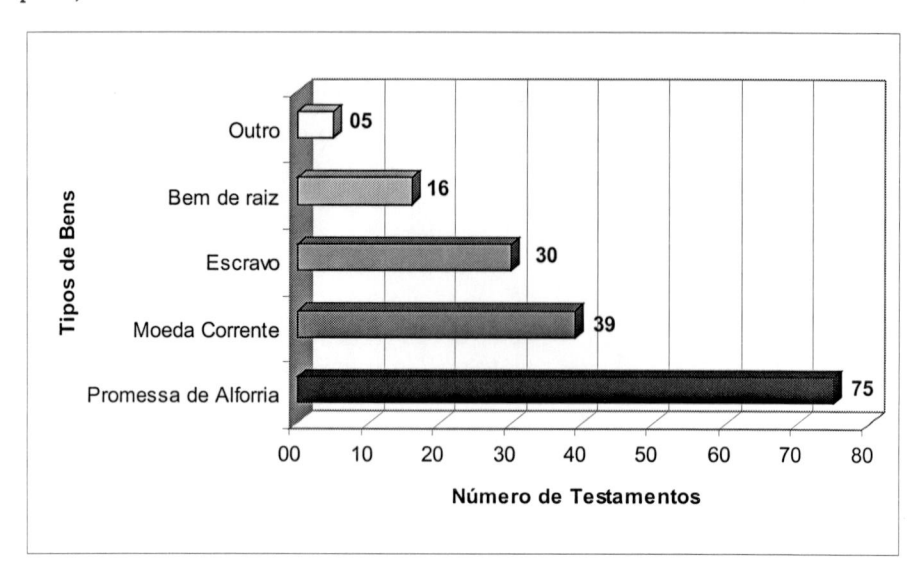

Fonte: Centro de Memória da Unicamp, Tribunal de Justiça de Campinas, 1855-1871

Os dados revelam uma maior incidência de senhores que doavam legados em moeda corrente e um número menor de testadores que legam bens de raiz e outros bens em relação aos testamentos em que os escravos eram legados. A análise mais aproximada de cada uma dessas categorias pode revelar se essa também é uma tendência para valores e quantidades de bens doados.

Receberam promessa de alforria nos 75 testamentos, no período entre 1855 e 1871, 260 escravos. Destes apenas 46 entraram em legado, ficando obrigados a prestar serviços aos legatários até a morte destes ou por determinado período. Entre esses libertandos, a maioria teve a liberdade condicionada a prestar serviços a filhos e cônjuges de seus senhores:

Tabela 11 – Legatários que receberam alforriandos, Campinas, 1855-1871

Legatário	Escravos doados
Filho	11
Neto	02
Outro	13

Cônjuge	17
Sobrinho	02
Irmão	01
Total	46

Fonte: Centro de Memória da Unicamp, Tribunal de Justiça de Campinas, 1855-1871

Assim como nos casos de doação de escravos e bens de raiz, a tendência entre os senhores campineiros era a de manter os escravos entre seus familiares. Provavelmente com interesses que iam além da garantia de propriedade aos legatários e da manutenção de sua gerência sobre os bens, mesmo após a morte. Isso porque manter esses indivíduos em cativeiro poderia promover a continuidade do senhorio sobre os alforriandos, reforçando os laços de dependências entre futuros libertos e legatários.

Quando observamos as doações conjuntas de bens de raiz e promessas de alforrias, o que temos, em relação aos bens doados nos 16 testamentos em que estas aparecem, é o seguinte:

Tabela 12 – Tipos de bens de raiz legados em testamentos com promessas de alforrias, Campinas, 1855-1871

Bens de raiz	Quantidade de bens
Casa	08
Casa + Terreno	03
Estalagem + Terras	01
Sítio	02
Terreno	01
Terras	03

Fonte: Centro de Memória da Unicamp, Tribunal de Justiça de Campinas, 1855-1871

Tais números demonstram que os indivíduos que prometiam a liberdade a seus escravos em testamento na maioria das vezes não eram os mesmos que distribuíam bens de raiz aos legatários. A análise desses testamentos mostra que apenas poucos indivíduos concediam terras, terrenos, casas e, também, promessas de alforrias. Foram esses poucos senhores que distribuíram um número maior de promessas de liberdade conjuntas e bens de raiz a futuros libertos. Um desses senhores é Antonio de Barros Penteado, que deixou terras em Mogi Mirim para seus libertos condicionais[117]. Outra é dona Maria Ângela da Conceição, que legou as partes que possuía no sítio Valinhos ao casal Narciso e Rita e aos seus três filhos, por motivo de gratidão aos bons serviços prestados[118]; a terceira, dona Florinda Lopes de Moraes, concedeu promessa de liberdade a um grupo de nove escravos, legando-lhes um pedaço de terras estimado em 10 alqueires com plantações de milho[119]; e o último, capitão José Pedro de Siqueira, doou 10 alqueires de plantação de milho e a alforria aos seus 19 escravos[120]. Todos esses casos serão tratados mais adiante, no segundo capítulo.

Já para as doações de manumissões e moeda corrente no mesmo testamento, encontramos:

Tabela 13 – Legados em moeda corrente nos testamentos com promessas de alforria, Campinas, 1855-1871

Valor total em réis por testamento	Número de testamentos	Número de legatários	Soma das doações em réis	Promessas de alforria
Até 50$000 réis	04	09	130$000 réis	05
Até 100$000 réis	02	02	200$000 réis	02
Até 200$000 réis	03	05	365$000 réis	03
Até 300$000 réis	03	11	810$000 réis	12
Até 500$000 réis	03	08	1:259$000 réis	10
Até 1:000$000 réis	05	18	3:920$000 réis	15
Até 2:000$000 réis	11	36	18:601$007 réis	64
Até 3:000$000 réis	02	11	4:175$000 réis	03
Até 5:000$000 réis	01	01	4:000$000 réis	05
Mais de 5:000$000 réis	05	19	95:775$000 réis	28
Totais	39	120	129:235$007 réis	147

Fonte: Centro de Memória da Unicamp, Tribunal de Justiça de Campinas, 1855-1871

---

[117] Testamento de Antonio de Barros Penteado, 17/10/1863. Testamentos Avulsos, cx. 04, n. 183

[118] Testamento de Maria Ângela da Conceição, 25/05/1856. TJC – Testamentos Avulsos, cx. 03, n. 102, Centro de Memória da Unicamp.

[119] Testamento de Florinda Lopes de Morais...

[120] Testamento de José Pedro de Siqueira, capitão, 16/10/1863. Testamentos Avulsos, cx. 04, n. 182.

Segundo os dados da Tabela 13, podemos observar que entre os 15 testadores arrolados nas faixas de valores mais baixos (de 50 a 500 mil réis) temos uma média entre dois e três legatários por testamento e nos testamentos nas faixas mais altas a média fica entre de três a quatro legatários por testamento, demonstrando que nos testamentos com promessa de liberdade aqueles que dispunham de valores menores em moeda corrente o faziam para poucos e aqueles que doavam altos valores também. O aspecto mais interessante dessas doações é aquele que se refere à relação entre a doação em moeda corrente e as promessas de alforria: das 147 promessas feitas nesses testamentos, 115 foram feitas pelos senhores com doações maiores que 500 mil réis e 32 nos entre 50 e 500 mil réis.

A análise dos 24 testamentos nos quais ocorreram as 147 promessas de alforria demonstra que 12 desses senhores também legaram bens de raiz e que os senhores com doações acima de um conto de réis são também aqueles que conferem maior número de manumissões. Os testadores com maiores volumes de promessas de liberdade são o capitão José Pedro de Siqueira, Joaquim José dos Santos Camargo e Camillo Xavier Bueno da Silveira: o primeiro deixou em legado o valor de 1:400$000 réis (três legatários) e concedeu promessa de alforria a todos os seus 19 escravos[121]; o segundo legou 2:000$000 réis (dois legatários) e promessa de liberdade a 15 escravos[122]; já o terceiro legou 28:000$000 réis (sete legatários) e alforriou 11 escravos[123].

Já as 32 alforrias concedidas nos testamentos que legaram menor valor em moeda corrente foram concedidas por 15 senhores, sendo a maior doação feita por dona Maria Custódia de Oliveira Nunes, que concedeu alforria a sete escravos, legado em moeda corrente de 300$000 réis (dois legatários), além de deixar para sua filha Januária duas casas[124]. Outra doação expressiva foi a de dona Maria Ângela da Conceição, que concedeu alforria a cinco escravos, deixou 459$000 réis em moeda corrente (sete legatários) e a parte de terras que possuía no sítio denominado Valinhos aos futuros libertos[125]. Todos esses dados indicam que há entre os indivíduos mais abastados a prática de não apenas doar maiores valores, mas também de conceder mais dádivas.

---

[121] *Ibidem.*

[122] Testamento de Joaquim José dos Santos Camargo, 04/09/1857. Livro de Registro de Testamento 163 (17/06/1859 a 11/06/1866), n. 060, TJC – Centro de Memória da Unicamp.

[123] Testamento de Camillo Xavier Bueno da Silveira, capitão, 16/12/1867. Testamentos Avulsos, cx. 05, n. 223.

[124] Testamento de Maria Custódia de Oliveira Nunes, 21/01/1870. Testamentos Avulsos, cx. 06, n. 249; Livro de Registro de Testamento 164 (11/09/1866 a 11/02/1871), n. 046, TJC – Centro de Memória da Unicamp.

[125] Testamento de Maria Ângela da Conceição, 25/05/1856. TJC – Testamentos Avulsos, cx. 03, n. 102, Centro de Memória da Unicamp.

Entre os senhores com doações abaixo de 300 mil réis, o volume de alforrias ficou entre um e dois alforriados, ocorrendo doação de bem de raiz apenas em um testamento. Trata-se de dona Anna Joaquina de Oliveira, que concedeu promessa de alforria à sua escrava Antonia, deixou em moeda corrente um valor de 165$000 réis (dois legatários) e concedeu a uma de suas filhas a metade de uma casa[126]. O conjunto das doações de dona Anna Joaquina e a forma como dispôs de seus bens demonstram que suas posses não eram muitas, o que fica ainda mais claro quando verificamos as cláusulas que acompanham essas doações: a metade da casa em usufruto e a alforria com condição de que Antonia pagasse o valor de 800 mil réis no prazo de dois anos ou, não conseguindo fazê-lo, que trabalhasse por 15 anos para qualquer um dos herdeiros de sua senhora.

Joaquina, filha da testadora, que recebeu a metade da casa como legado, deveria usufruir do bem enquanto vivesse e após a sua morte essa dádiva deveria retornar aos herdeiros de sua mãe – esse usufruto ainda estava condicionado a que pelo período de um ano a filha vivesse de "modo honesto" e ao lado do marido. Todavia, o mais interessante em suas doações diz respeito à condição imposta à alforria de Antonia, segundo o testamento, o valor de 800 mil réis a ser pago pela escrava deveria ser devolvido ao monte de sua senhora, o que indica que tal doação excederia o valor da terça quando somado às outras doações.

Para dona Anna Joaquina e para os outros senhores com poucos bens, a alforria poderia representar um alto encargo a ser retirado da terça, apresentando-se em alguns casos como o valor total da terça, o que pode explicar o pequeno número de promessas de alforria entre os senhores com pequenas doações em dinheiro. Pode explicar também a quase inexistência de doações em dinheiro, bens de raiz, escravos e alforrias ocorrendo ao mesmo tempo nesses testamentos. Já para os grandes senhores e proprietários, as doações de várias promessas de liberdade podiam representar apenas uma pequena parcela da terça, como é o caso dos 11 escravos que receberam promessa de alforria no testamento do capitão Camillo Xavier Bueno da Silveira, cuja escravaria era constituída em 1871, ano de sua morte, de 271 indivíduos[127].

---

[126] Testamento de Anna Joaquina de Oliveira, 16/03/1860. Testamentos Avulsos, cx. 04, n. 139; Livro de Registro de Testamento163 (17/06/1859 a 11/06/1866), n. 036, TJC – Centro de Memória da Unicamp.

[127] ROCHA, Cristiany Miranda. *Histórias de Famílias Escravas Campinas, século XIX*. Campinas: Editora da Unicamp, 2004. p. 92.

Assim como as alforrias podiam representar encargos variados no montante dos bens, os significados dessas doações e as formas como elas foram construídas ao longo dos anos – na relação senhor-escravo – também podiam ser os mais variados. Pequenos, médios e grandes proprietários operavam de maneira diferente no trato de seus familiares, dependentes e escravos, cada qual atuando dentro do universo de domínio que o seu status permita.

Desse modo, conceder a liberdade podia representar para o senhor um ato de caridade, amizade ou de reconhecimento por aqueles que serviram ao longo dos anos, um meio de recompensar e premiar o bom comportamento de alguns de maneira exemplar ou, ainda, o resultado de acordos e negociações. Entretanto, representava acima de tudo um ato da vontade e da disposição senhorial em conceder ao escravo a inserção no mundo dos libertos.

A análise dos dados contidos nos testamentos produzidos em Campinas, nos anos entre 1855 e 1871, nos permitiu a constituição de um primeiro quadro sobre os senhores de escravos campineiros, a construção de seu perfil e a apresentação das doações testamentárias, estabelecendo relações entre essas doações, seus herdeiros, seus escravos e as alforrias. Tal estudo nos permitiu também verificar a existência de uma política senhorial de manutenção da propriedade pela eleição de cônjuges, filhos e netos como os principais legatários de seus bens e da imposição de cláusulas restritivas sobre os bens doados.

Percebemos nessa análise a preocupação senhorial de que determinados bens permanecessem nas mãos de seus escolhidos, mas, por outro lado, a dificuldade de esses senhores abrirem mão de seu domínio sobre os bens doados. A fusão do senhorio e da posse, características da sociedade paternalista, muitas vezes acionadas pelos próprios senhores para assegurar o seu lugar social e o seu domínio, é aqui desmembrada. A mesma classe senhorial que buscava garantir a precedência no direito à terra em casos de disputas com pequenos posseiros na primeira metade do século XX, utilizando como princípio para esse direito ser "senhor e possuidor" das terras contestadas[128], aqui realiza esse descolamento das duas ideias.

Isso porque o "ser senhor" implicava muito mais que ter a propriedade, dizia respeito ao domínio sobre ela e sobre os indivíduos ligados

---

[128] MOTTA, Márcia Maria M. *Nas Fronteiras do Poder – conflitos de terras e direito agrário no Brasil de meados do século XIX*. Rio de Janeiro: Vício de Leitura; Arquivo Público do estado do Rio de Janeiro, 1998.

a ela[129], sejam familiares, parentes, agregados ou escravos. No momento de legar os seus bens os senhores não se desfaziam daquele que, segundo Antonio Manoel Hespanha, era o elemento fundamental para o entendimento do senhorio: o "poder"[130]. Eles continuavam legislando sobre os bens doados e sobre a vida daqueles a quem ligavam esses bens por meio da doação.

---

[129] *Ibidem*, p. 38.

[130] HESPANHA, Antonio Manoel. *Direito Luso-Brasileiro no Antigo Regime*. Florianópolis: Fundação BOITEUX, 2005. Disponível em: http://www.hespanha.net/papers/2005_o-direito-luso-brasileiro-no-antigo-regime.pdf. Acesso em: 1 dez. 2024.

CAPÍTULO 2

ESCRAVOS DOADOS, ALFORRIANDOS E PROMESSAS DE LIBERDADE

Entre o montante das doações feitas nos 216 testamentos encontrados no Tribunal de Justiça de Campinas para o período entre 1855 e 1871, há dois tipos de doações que se diferenciam das demais: escravos e promessas de alforria. Diferença que não se dá apenas entre essas doações e as outras feitas nas terças partes, mas também entre as duas. Na primeira temos a transferência de propriedade de indivíduos para outros indivíduos – os escravos, que, com a morte de seu senhor, passavam a pertencer a outro senhor, geralmente parente próximo do falecido. Muitas vezes essa transferência poderia representar a necessidade de refazerem-se arranjos até então constituídos entre senhores e escravos ou a possibilidade da continuidade dos laços até então estabelecidos. Assim, essa passagem poderia se apresentar como vantajosa tanto para os escravos doados quanto para os legatários que os recebiam.

Já no segundo caso temos as promessas de alforrias que conferiam aos escravos resgate de sua própria liberdade, tornando-os libertos, embora constem nos testamentos como doações as manumissões, não podem ser consideradas necessariamente como bens. Na verdade, as promessas de liberdade eram de doações com um caráter de complexidade muito maior, uma vez que por um lado o escravo era propriedade do senhor, mas aquilo que era objeto da doação, não. A liberdade tida como um direito natural e, portanto, inerente ao homem, não podia ser comprada nem vendida[131] e, consequentemente, não podia se tornar um bem, mas por motivos diversos essa liberdade poderia ser retirada do indivíduo, criando a possibilidade de que ele se tornasse propriedade[132]. Assim, ao ter efetivada a alforria prometida em testamento, o escravo não se transformava

---

[131] MALHEIRO, Perdigão. *A escravidão no Brasil*: ensaio histórico, jurídico, social. Petrópolis: Vozes; Brasília: INL, 1976. v. 2.

[132] ROCHA, Manoel Ribeiro. Etíope Resgatado, Empenhado, Sustentado, Corrigido, Instruído e Libertado. *In*: ROCHA, Manoel Ribeiro. *Cadernos do Instituto de Filosofa e Ciências Humanas nº 21*. Campinas: IFCH-UNICAMP, 1991. p. 13-14.

em proprietário de si mesmo, mas sim resgatava a liberdade que lhe fora tirada, convertendo-se em "senhor" de sua vontade.

Ao escrever seus testamentos, já pensando na morte e prevendo a transmissão de bens, os senhores delegavam a outrem o poder sobre seus escravos e, também, buscavam assegurar a continuidade dos laços de dependência entre aqueles que pretendiam libertar e seus herdeiros.

Com a morte do testador, todo um ciclo de dominação e dependência deveria ser encerrado e reiniciado. As personagens mudavam, escravos trocavam de senhor ou tornavam-se livres. Prever em que bases essas mudanças ocorreriam fazia parte das preocupações testamentárias dos campineiros. Assim, observar de forma mais aproximada o que os senhores estipulavam para esses dois grupos de indivíduos – escravos legados e libertandos – e analisar a existência ou não de padrões para essas doações pode permitir uma maior aproximação das práticas senhoriais acerca da transmissão de bens e da alforria, da manutenção de seu poder e da própria ideologia senhorial.

A proposta para as páginas que seguem é a de construir um perfil dos escravos doados e dos futuros libertos com base em suas características de sexo, idade, condição matrimonial, origem, além das condições impostas às doações de que eram objeto. O objetivo não é adentrar o universo do escravo ou construir uma análise demográfica desses grupos, mas sim tentar compreender as escolhas senhoriais por esses indivíduos e as estratégias utilizadas pelos senhores para garantir a propriedade e o domínio para seus descendentes, herdeiros e legatários.

É objetivo também deste capítulo realizar uma análise mais detalhada dos alforriandos e das promessas de alforria, a fim de verificar as relações entre as doações feitas e o perfil dos senhores, as principais justificativas para essas doações e as modalidades de promessas de alforrias concedidas pelos senhores. Pretendemos, ainda, demonstrar as possibilidades e limitações da utilização dos testamentos como fontes para construir uma análise das manumissões, de escravos, libertandos e senhores.

2.1 Os escravos doados em terças partes

Em 57 testamentos, os senhores deixaram para seus legatários um ou mais escravos, num total de 229 doações. Em apenas dois casos os escravos tiveram seus ofícios declarados pelo testador: Estanislau, carapina (carpinteiro), escravo de Serafim Gomes Moreira, deixado em usufruto para sua legatária, devendo com a morte desta ser entregue aos herdeiros de seu senhor[133]; José, pedreiro, escravo de dona Reginalda Delfina de Andrade, legado a Francisca, filha de dona Reginalda[134].

Essa quase inexistência de registro em relação aos ofícios dos escravos nos testamentos demonstra uma falta de preocupação senhorial em destacar as "qualidades" ou as habilidades profissionais dos escravos legados. Poucos também foram os senhores que se preocuparam em registrar, em testamento, a idade, mesmo que aproximada, de seus escravos doados e, quando o fizeram, suas informações foram imprecisas. A documentação apresenta indícios de um número mais elevado de adultos, mas optamos por arrolar as faixas etárias segundo indicações senhoriais, como menção da idade, e indicativos como criança, menor e crioulinho. Do total de 229 escravos doados, apenas 13,5% (31 escravos) puderam ser encaixados em alguma faixa etária e a maioria era composta de crianças (71%). Das 21 crianças, apenas cinco tiveram suas idades declaradas pelos senhores, todas na faixa entre 0 e 9 anos, as outras 16 foram apontadas por eles como menores, crioulinhos e mulatinhos. Embora a simples classificação de menor, crioulinho ou mulatinho não garanta que esses escravos tivessem idade inferior a 10 anos, acreditamos que ao declará-los menores seus senhores indicaram que se tratava de indivíduos ainda não inseridos no mundo adulto (muito variável no século XIX) e, principalmente, no mundo do trabalho.

Os senhores indicaram a idade de somente três indivíduos entre os 10 e 20 anos e dois entre os 30 e 50 anos de idade. Além desses cinco indivíduos, encontramos mais quatro que, embora não tenham a idade declarada, tiveram registrada por seus senhores a idade em que deveriam receber a alforria: Antonio, escravo de Anna Joaquina Cândida Gomide, que recebeu promessa de alforria após servir até os 23 anos[135]; Ezequiel, escravo de Joaquim Gonçalves Gomide, que deveria prestar serviços até os 30 anos[136]; Moisés, escravo de Lourenço Antonio Leme,

---

[133] Testamento de Serafim Gomes Moreira, 22/09/1869. Testamentos Avulsos, cx. 06, n. 245; Ver também: Livro de Registro de Testamento 164 (11/09/1866 a 11/02/1971), n. 044, TJC – Centro de Memória da Unicamp;

[134] Testamento de Reginalda Delfina de Andrade, 12/019/1868. Testamentos Avulsos, cx. 06, n. 231; Ver também: Livro de Registro de Testamento 165 de 18/01/1872 a 11/07/1893, n. 006, TJC – Centro de Memória da Unicamp.

[135] Testamento de Anna Joaquina Cândida Gomide, 18/07/1856. Testamentos Avulsos, cx. 03, n. 105; Ver também: Livro de Registro de Testamento 163 (17/06/1859 a 11/06/1866), n. 011, TJC – Centro de Memória da Unicamp.

[136] Testamento de Joaquim Gonçalves Gomide, 03/12/1862. Testamentos Avulsos, cx. 04, n. 173; Livro de Registro de Testamento 163 (17/06/1859 a 11/06/1866), n. 066, TJC – Centro de Memória da Unicamp.

e Quitéria, escrava de Alda Brandina de Camargo Andrade, por sua vez, entrariam em gozo da liberdade ao completar 40 anos[137]. Informar a idade dos escravos doados também não aparece entre as preocupações senhoriais nos testamentos e nesses poucos casos o que podemos perceber é uma tendência em apenas informar que o escravo doado ainda é menor ou criança, ficando a idade e mesmo a mera indicação de serem eles adultos ou estarem em idade produtiva para os levantamentos feitos no inventário.

Outro conjunto de informações bastante escasso nos testamentos é aquele sobre a condição matrimonial dos escravos doados em terças partes. Entre os 229 escravos doados, apenas 21 tiveram a sua condição matrimonial declarada por seus senhores, distribuídos da seguinte maneira: 12 casados, um viúvo e oito solteiros. Apenas seis escravos tiveram os seus filhos apontados nesses testamentos – nenhum deles com a condição matrimonial declarada por seus senhores – e em quatro desses casos os pais e filhos foram doados ao mesmo legatário.

Os resultados obtidos pela observação dos dados que se referem ao local de nascimento dos escravos doados são mais expressivos: foi possível identificar de forma geral a origem de 76 indivíduos. Esses 76 escravos tiveram os seus nomes acompanhados de alguma identificação ou diferenciação, que eram dadas pelo próprio senhor e que podiam ser referentes a: cor, etnia, local de nascimento ou porto de embarque (no caso de africanos), o que nos permitiu de certa forma delimitar o país de nascimento. Assim, com base nessas referências, identificamos que entre os escravos legados em testamento a maioria absoluta era de brasileiros, com uma quantidade de escravos apontados como oriundos da África bastante inexpressiva, conforme podemos verificar no gráfico a seguir:

---

[137] Testamento de Alda Brandina de Camargo Andrade, 18/08/1871. Testamentos Avulsos, cx. 06, n. 266, TJC – Centro de Memória da Unicamp; Testamento de Lourenço Antonio Leme, 18/10/1863. Testamentos Avulsos, cx. 04, n. 181; Livro de Registro de Testamento 163 (17/06/1859 a 11/06/1866), n. 093, TJC – Centro de Memória da Unicamp.

Gráfico 12 – Origem informada dos escravos doados em terças partes, Campinas, 1855-1871

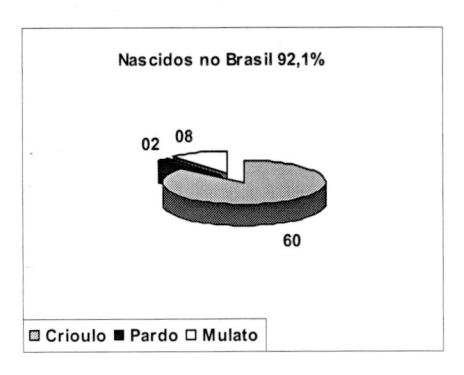
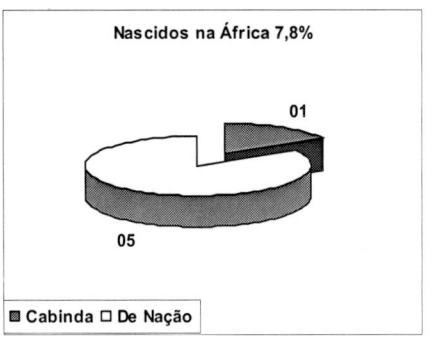

Fonte: Centro de Memória da Unicamp, Tribunal de Justiça de Campinas, 1855-1871

Apenas duas senhoras e três senhores declararam serem os escravos doados africanos e Bento José dos Santos declarou dois escravos como José Cabinda e Umbelina de nação[138], os outros quatro senhores legaram um escravo, todos denominados como "de nação". Esses números tomados proporcionalmente para o montante dos escravos doados apontam para uma incontestável maioria de indivíduos nascidos no Brasil, mas também pode significar um cuidado dos senhores em não declarar a origem africana de seus escravos, especialmente os jovens e adultos, não se comprometendo, assim, com o tráfico ilegal praticado a partir de 1831[139].

Quando observamos a constituição da escravaria doada em testamento tomando como base o quesito sexo, temos 139 escravas e 90 escravos doados em Campinas, entre os anos 1855 e 1871. Esses números geram as seguintes proporções:

---

[138] Testamento de Bento José dos Santos, 01/09/1858. Testamentos Avulsos, cx. 03, n. 124 , TJC – Centro de Memória da Unicamp.

[139] Segundo Eisenberg, há para os últimos 30 anos do século XIX uma maior incidência de silêncio sobre a naturalidade africana. Para o nosso recorte, esse silêncio parece confirmar a existência de um receio do senhor em declarar a procedência africana de seu escravo. EISENBERG, 1989a, p. 270-274.

Gráfico 13 – Sexo dos escravos doados em testamento, Campinas, 1855-1871

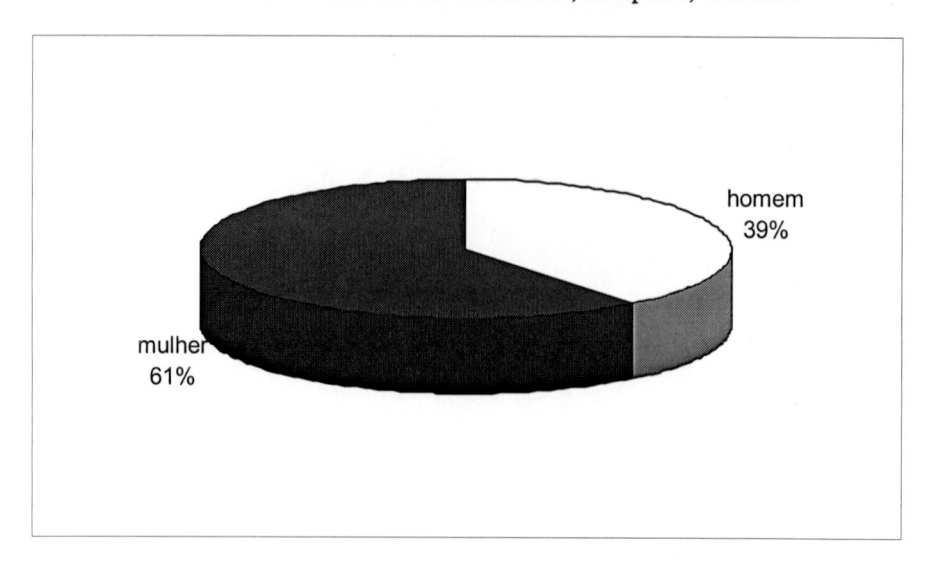

Fonte: Centro de Memória da Unicamp, Tribunal de Justiça de Campinas, 1855-1871

Como podemos verificar pelos números desse gráfico, os senhores legaram uma quantidade expressivamente maior de mulheres, o que não significa a existência de uma superioridade numérica feminina entre a escravaria em Campinas, mas sim que as escravas se apresentavam como as preferidas de seus senhores no momento da doação. Entre os escravos por nós tidos como crianças, a preferência senhorial também foi a de legar mais meninas (15) que meninos (seis). Cruzando os dados sobre o sexo dos alforriados com o lugar de nascimento, temos para as mulheres 37 crioulas, quatro mulatas e duas de nação e para os homens 23 crioulos, quatro mulatos, dois pardos, um cabinda e três de nação.

A doação de escravas apresenta-se como superior tanto entre os senhores quanto entre as senhoras, demonstrando que para ambos os sexos essa era uma prática comum. Entretanto, quando observamos essas doações com base no sexo do doador, percebemos que a prática de doar escravos era muito maior entre as mulheres, uma vez que 75% das doações foram feitas por elas. As doações estão distribuídas da seguinte forma:

Gráfico 14 – Sexo dos escravos doados em testamentos por senhores e senhoras, Campinas, 1855-1871

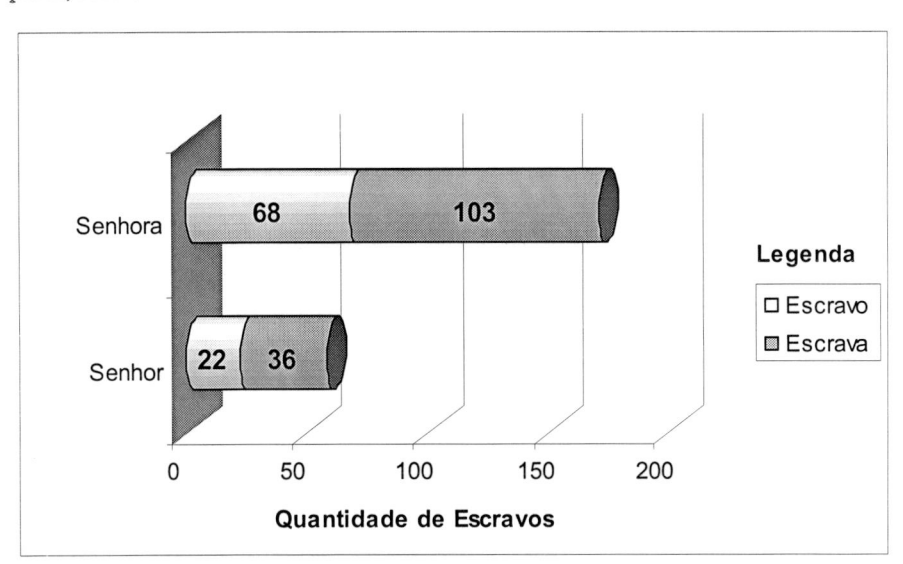

Fonte: Centro de Memória da Unicamp, Tribunal de Justiça de Campinas, 1855-1871

Conforme podemos verificar por meio do Gráfico 14, as senhoras de escravos de Campinas, entre 1855 e 1871, legaram um número consideravelmente maior de escravos que os senhores. Elas também, no momento de realizar tais doações, optaram por transferir aos seus beneficiários principalmente as escravas. A prática de utilizar os testamentos para designar quem, entre os herdeiros e legatários, seria o novo senhor das escravas aponta para uma preocupação de que não apenas as escravas, mas também os seus futuros filhos se mantivessem nas mãos dos escolhidos de seus senhores. Essa tentativa de manter a propriedade era reforçada por cláusulas restritivas à disposição e alienação dos cativos pelos herdeiros e por declarações explícitas dos senhores quanto ao destino dos futuros filhos dessas escravas.

Cerca de 22% das doações de escravas (38) incluíam cláusulas em relação às futuras "crias". Esse é o caso de Rita, escrava que dona Maria Joaquina de Camargo legou a sua neta Francisca, com a condição de não ser vendida, "não ser tirada por dívida"[140], devendo passar aos descendentes

---

[140] "Não ser tirada por dívida" é uma das cláusulas restritivas mais comuns encontradas nos testamentos. Geralmente os senhores declaram que os legados não serão tirados por dívidas nem pretéritas, nem presentes,

de Francisca e, no caso da inexistência destes, tanto a escrava quanto seus futuros filhos deveriam passar aos irmãos da legatária[141].

Com base na documentação foi possível estabelecer três tipos de doações de escravos nos testamentos: sem cláusulas restritivas, na qual o senhor apenas transmitia seu escravo a um legatário ou herdeiro, sem estabelecer condição para o domínio exercido pelos novos senhores sobre os escravos – nessa categoria encontram-se 81 doações; com cláusulas restritivas, em que o senhor, ao realizar a concessão, enumerava uma ou mais condições para a posse dos novos senhores e, também, as feitas em usufruto – nessa categoria constam 102 doações; com promessa de liberdade, aquelas que chamamos de duplas doações, nas quais o senhor lega o escravo ou seus serviços (até a morte do legatário, por tempo determinado ou até que o escravo completasse certa idade) e confere ao próprio escravo a promessa de alforria após o cumprimento desse período – nessa categoria temos 46 doações. No gráfico a seguir estão as doações por sexo dos escravos doados:

Gráfico 15 – Tipos de doações nos testamentos por sexo dos escravos, Campinas, 1855-1871

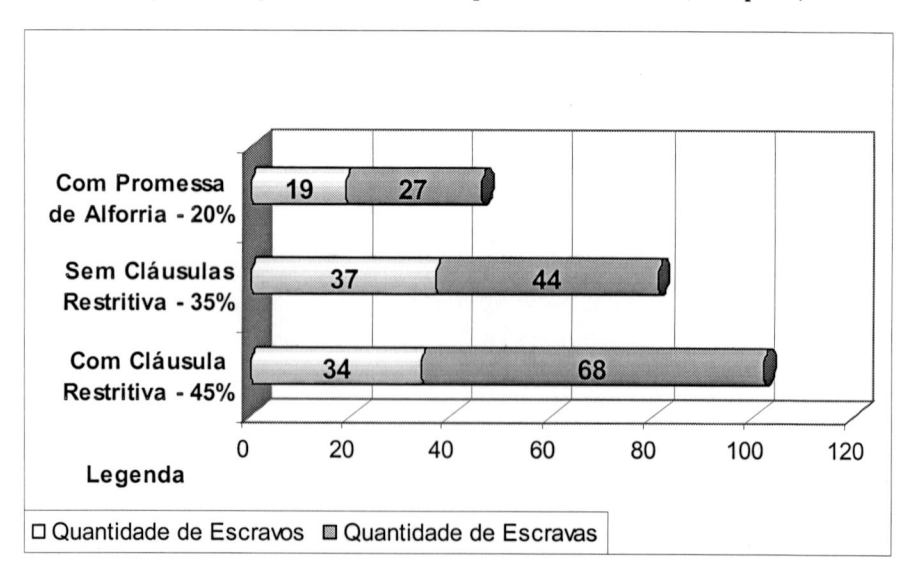

Fonte: Centro de Memória da Unicamp, Tribunal de Justiça de Campinas, 1855-1871

nem futuras, seja do legatário ou de seu cônjuge (existente ou futuro).
[141] Testamento de Maria Joaquina de Camargo, 18/10/1865. Testamentos Avulsos, cx. 05, n. 202, TJC – Centro de Memória da Unicamp.

Por esse gráfico, podemos verificar que as doações com cláusulas restritivas eram as mais comuns entre os senhores campineiros, sendo nessa categoria também encontrado o maior desequilibro entre os sexos dos indivíduos doados. Enquanto para as concessões sem cláusulas restritivas e as com promessas de alforria o que temos é uma escolha equilibrada entre os homens e mulheres doados, no momento de impor condições à administração futura dos cativos recebidos pelos legatários os testadores claramente o faziam de forma mais corrente sobre as escravas. Assim, os testadores campineiros não apenas doavam mais mulheres como também o faziam com maiores restrições que aos homens. Mais ainda, quando verificamos que 55% das restrições envolviam os futuros filhos das escravas, preocupavam-se em manter as "reprodutoras naturais da escravidão" sob o domínio de seus eleitos, provavelmente no intuito de garantir a transmissão aos herdeiros dos legatários.

Aqui as cláusulas restritivas, assim como no caso dos bens de raiz e moeda corrente, garantiam manutenção da propriedade sobre os escravos e mesmo cerceando a gerência e a administração desses cativos – com a proibição da venda ou a hipoteca, por exemplo –, garantiam o prolongamento das relações pessoais entre os legatários e os escravos doados, criando novos laços de senhorio. Por outro lado, a maior incidência de doação de escravas e a tendência apresentada pelos senhores em registrar permanência no cativeiro dos filhos ainda não nascidos demonstra uma preocupação em projetar a continuidade da própria escravidão e em garantir a extensão do seu domínio, e do domínio dos seus, para muito além de suas mortes.

Todos os dados apresentados demonstram que os senhores de escravos campineiros, ao escreverem seus testamentos, não se preocupavam em especificar as características físicas, de nascimento, matrimoniais, familiares e profissionais de seus escravos. Talvez a pouca ocorrência dessas informações possa ser explicada por duas possibilidades: a primeira de que o testamento, espaço para as disposições de última vontade dos senhores, sendo um documento geralmente curto, não exigia uma maior especificação das características dos bens legados (entre eles os escravos), principalmente porque esses bens, mais tarde, após a sua morte, seriam arrolados no inventário; e a segunda de que, por serem geralmente os herdeiros e legatários próximos dos testadores, como demonstramos no capítulo anterior, eles provavelmente já conheciam esses escravos.

Podemos imaginar que, sendo esses escravos conhecidos dos legatários, a identificação por idade, por ofício, por condição matrimonial e mesmo as de nascimento apareçam como um complemento, fruto da necessidade de distinguir esses escravos entre os outros, uma maneira de fazer, não conhecer, mas reconhecer o escravo doado. Se partirmos da ideia de que esses escravos eram conhecidos dentro das relações de seus senhores, a descrição de todas as suas características fazia-se desnecessária, mas muitas vezes dizer ser o escravo doado "João crioulo", "Maria mulata", "Francisco de nação", "André de dois anos mais ou menos" ou "Felicidade esposa de Prudêncio" podia ser para o senhor o modo de marcar diferenças reconhecidas dentro de seu grupo de relações.

Percebe-se também que a principal preocupação dos senhores estava centrada em transmitir os escravos aos seus e projetar a sua vontade sobre a administração futura dessa propriedade. Dentro dessa perspectiva senhorial, as cláusulas restritivas – à venda, à hipoteca, ao direito dos cônjuges de seus herdeiros – a doação em usufruto e a promessa de liberdade aos escravos doados tinham por um lado o intuito de garantir a propriedade e a continuidade dos laços de dominação e dependência entre seus escravos e legatários e, por outro lado, de demonstrar a extensão do poder senhorial e sua crença de que a sua vontade e domínio sobrevivesse à morte.

De tal modo, a projeção senhorial dos caminhos que deveriam seguir não apenas os escravos doados, mas também as imposições e restrições feitas aos seus filhos, cônjuges, afilhados, netos, sobrinhos, aparentados, entre outros, demonstra a crença de que da obediência às recomendações feitas em testamento poderia depender a própria continuidade da dinâmica paternalista, uma vez que em um mundo permeado pela dominação e pela dependência aceitar e cumprir as disposições do antigo senhor poderia servir ao novo senhor como um exemplo de obediência a ser seguido por todos aqueles que estavam sob os seus cuidados[142].

2.2 Os escravos que receberam promessas de alforria em testamento

O segundo grupo de doações "especiais" é formado por indivíduos que receberam de seus senhores, em testamento, a promessa de liberdade. Pelo ato da doação senhorial esses indivíduos passaram a enquadrar-se em duas categorias dentro do testamento: por um lado

---

[142] CHALHOUB, 2006, p. 19-23.

são "bens" – a sua liberdade é oferecida como dádiva e a doação deve ser feita dentro das possibilidades monetárias de seu senhor, quer a alforria seja paga pelo escravo ou não; por outro lado, tornam-se legatários na medida em que se tornam beneficiários de seus senhores, recebendo a sua liberdade.

No total dos 216 testamentos deixados pelos senhores campineiros, encontramos 75 em que os senhores conferiam promessas de liberdade a 260 escravos, das mais variadas formas e utilizando várias justificativas para tal ato.

Assim como no caso dos escravos doados, as informações sobre o ofício dos libertandos são raras nos testamentos. Foram declarados apenas dois carpinteiros (carapinas) e um feitor. Outra informação sobre os alforriandos pouco encontrada nos testamentos foi a idade, apenas 34 indivíduos puderam ser encaixados em alguma faixa etária. Aqui também as crianças aparecem em maior número, 67,6%: oito com idades abaixo de 10 anos; nove identificados como menores; seis como crianças. Entre os adultos, dois tiveram as idades declaradas entre 20 e 30 anos; três entre 31 e 52 anos; cinco como idosos. Desses 94 libertandos, nove pertenciam ao mesmo senhor, o Capitão José Pedro de Siqueira, que, embora não tenha precisado as idades de seus escravos, separou do seu grupo de alforriandos os idosos (quatro) e as crianças (cinco) no momento de impor condições à manumissão.

É interessante notar que entre esses libertandos apenas quatro eram africanos, sendo que apenas Francisco de nação, escravo de João Antunes Pereira, teve sua idade declarada por seu senhor: 52 anos mais ou menos[143]. Os outros três escravos – Joaquim de nação, escravo de Anna Clara Leite[144]; Ignácio de nação e Angélica de nação, escravos do capitão José Pedro de Siqueira[145] – foram apontados apenas como velhos ou idosos. Assim como esses quatro africanos, outros alforriandos tiveram o seu nome acompanhado de alguma identificação ou diferenciação que permitiu estabelecer o local de nascimento de 85 indivíduos.

Os senhores de escravos campineiros também eram reticentes ao declarar a origem de seus libertandos: apenas 32% dos alforriandos tiveram a origem registrada pelos testadores. Quando o fizeram, preocuparam-se

---

[143]   Testamento de João Antunes Pereira, 23/03/1871. Testamentos Avulsos, cx. 06, n. 261; Ver também: Livro de Registro de Testamento 165 de 18/01/1872 a 11/07/1893, n. 015, TJC – Centro de Memória da Unicamp.

[144]   Testamento de Anna Clara Leite, 18/05/1860. Testamentos Avulsos, cx. 04, n. 142, TJC – Centro de Memória da Unicamp.

[145]   Testamento de José Pedro de Siqueira, capitão, 16/10/1863. Testamentos Avulsos, cx. 04, n. 182; Livro de Registro de Testamento 164 (11/09/1866 a 11/02/1871), n. 016, TJC – Centro de Memória da Unicamp.

em declarar a origem africana de seus libertandos com maior frequência que de seus escravos, talvez porque em sua maioria esses escravos eram adultos, já que não há indicação da existência de crianças ou menores africanos entre os libertandos. Outra explicação possível seria que, com a liberdade dada a partir de sua morte, o senhor talvez se eximisse de qualquer culpa por possuir um escravo ilegal[146].

Gráfico 16 – Origem informada dos escravos que receberam promessa de liberdade nascidos no Brasil, Campinas, 1855-1871

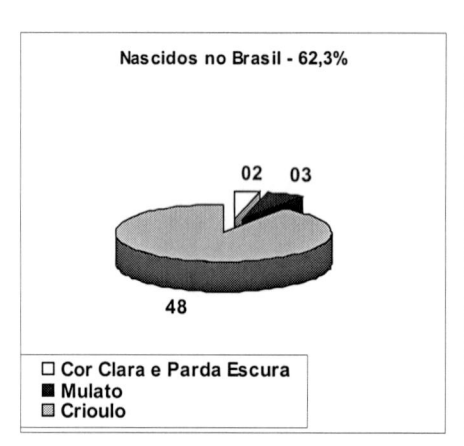 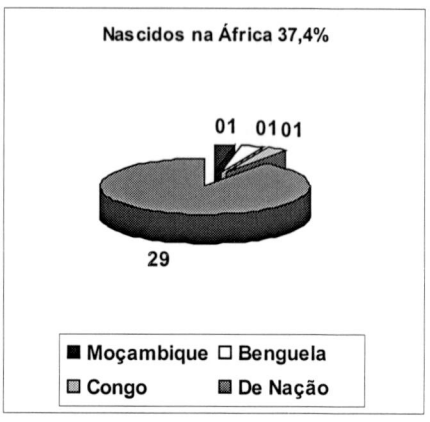

Fonte: Centro de Memória da Unicamp, Tribunal de Justiça de Campinas, 1855-1871

Como podemos verificar, entre os libertandos encontramos um número expressivamente superior de indivíduos apontados como africanos (32) em relação ao número de escravos doados (seis). Encontramos também aqui uma diferença menor entre os nascidos no Brasil e na África. Para os nascidos no Brasil, tomamos com indicadores as declarações de serem mulatos e crioulos fornecidos pelos testadores e em dois casos há a indicação da idade aliada à cor. É o caso dos escravos do capitão Antonio Rodrigues Duarte Ribas[147]: um de mais ou menos 2 anos de idade, identificado como de cor clara, e Pedro, de 15 meses, de cor parda escura. Já para os nascidos na África, assim como para o caso dos escravos doados em terças partes, tomamos como referência

---

[146] Não que isso no período por nós analisado fosse um grande problema entre os senhores, posto que as ações de liberdade "clamando" pela lei de 1831 só ganhariam força na sociedade brasileira do século XIX, a partir da década de 1870, e também porque a matrícula só seria exigida após o 28 de setembro de 1971.

[147] Testamento de Antonio Rodrigues Duarte Ribas, capitão, 2/07/1870. Testamentos Avulsos, cx. 06, n. 254; Livro de Registro de Testamento 165 (18/01/1872 a 11/07/1873), n. 002, TJC – Centro de Memória da Unicamp.

indicações de serem "de nação" e por terem como acompanhamento aos seus nomes locais daquele continente.

Quando observamos o sexo dos testadores que prometeram a liberdade aos indivíduos agrupados nos gráficos 17 e 18, temos os homens como maiores doadores tanto para aqueles nascidos no Brasil quanto na África. Entre os 53 libertandos nascidos no Brasil, 37 receberam promessa de alforria de 17 senhores; entre os africanos, 22 tiveram sua promessa de liberdade conferida por sete testadores. Enquanto entre as senhoras as promessas de liberdade, tanto a brasileiros quanto a africanos, são praticamente uma por testadora: oito senhoras indicaram ser africanos 10 de seus libertandos e 12 senhoras apontaram 13 alforriandos como nascidos no Brasil. Nesse cruzamento encontramos ainda um casal que conferiu liberdade a sete crioulos filhos de suas escravas.

Os dados sobre o sexo dos alforriandos também trazem uma variação expressiva em relação aos escravos doados, enquanto nestes últimos predominam as mulheres, aqui são os homens quem aparecem em maior número. Das 260 alforrias prometidas em testamentos, 143 foram para indivíduos do sexo masculino e 117 do sexo feminino. O gráfico a seguir demonstra os percentuais dessas doações:

Gráfico 17 – Sexo dos alforriandos, Campinas, 1855-1871

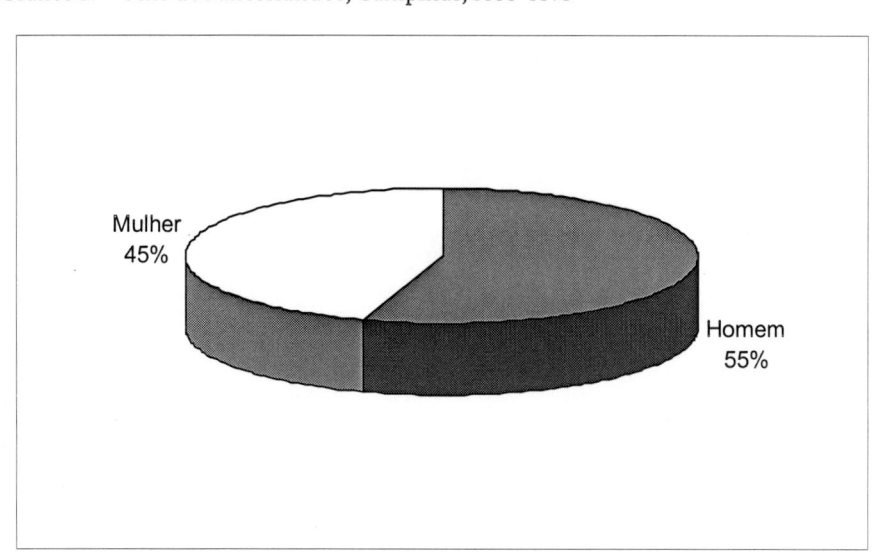

Fonte: Centro de Memória da Unicamp, Tribunal de Justiça de Campinas, 1855-1871

Esses números aparentemente vão de encontro à historiografia que aponta as mulheres como as principais beneficiárias da alforria devido ao seu menor preço de mercado; à existência de um movimento dos próprios escravos de valorização da alforria feminina, posto que a escravidão feminina representava por meio de seu ventre a reprodução da própria escravidão; a uma maior possibilidade de as mulheres acumularem pecúlio devido ao trabalho doméstico, à maior mobilidade e à maior proximidade com os senhores; a uma maior facilidade de estabelecer laços afetivos ou sexuais com seus senhores[148].

Argumentos esses que foram construídos principalmente pela análise de cartas de alforrias[149], mas nem sempre são comprovados pelo cruzamento de outros documentos que registram as alforrias. Nesse aspecto, Regina Xavier, com base na análise das Ações de Liberdade, impetradas no Tribunal de Justiça de Campinas, e no cruzamento com outras fontes como testamentos, inventários, processos de divórcio, jornais, livros de impostos sobre o comércio, ações de cobrança de dívidas, entre outros, conclui que embora sejam esses argumentos clássicos eles não se comprovaram na análise das fontes variadas[150].

Embora nas fontes utilizadas as promessas de alforria a mulheres sejam inferiores às concedidas aos homens, destacamos que a margem dessa diferença é pouco expressiva: apenas 26 indivíduos, o que demonstra uma tendência de esses senhores alforriarem as mulheres, principalmente se tivermos em mente a grande superioridade numérica de escravos do sexo masculino.

Entretanto, a análise dessa documentação demonstra a quase inexistência de indícios de que as concessões às mulheres tenham sido motivadas por algumas das explicações oferecidas pela historiografia. Devido à pouca preocupação senhorial em registrar as atividades exercidas por seus libertandos e libertandas, não há como verificar se as escravas alforriadas exerciam algum tipo de trabalho doméstico ou se alugavam seus serviços pagando jornais a seus senhores ou, ainda, se eram escravas de eito.

Nos 75 testamentos com promessa de liberdade, apenas um tinha como cláusula o pagamento ou a prestação de serviços por parte da alfor-

---

[148] Sobre esse assunto, certifique-se em: MATTOSO, 1988; EISENBERG, Peter. 1989a; CHALHOUB, 1990; KARASCH, Mary C. *A vida dos escravos na cidade do Rio de Janeiro (1808-1850)*. Tradução de Pedro Maia Soares. 2. ed. São Paulo: Companhia das Letras, 2000.

[149] MATTOSO, 1972, 1988; SCHWARTZ, 1974; EISENBERG, 1989a; KARASCH, 2000.

[150] XAVIER, 1996.

rianda[151] e quatro exigiam pagamento em moeda corrente aos herdeiros do senhor – somente um dizia respeito a mulheres[152]. Apenas em dois casos encontramos alusão a um relacionamento sexual entre o senhor e uma escrava e em nenhum deles a beneficiária da alforria foi aquela com quem o senhor manteve o relacionamento.

O primeiro deles é o de João Correa de Campos, que reconhece dois filhos tidos, após ficar viúvo, com sua ex-escrava Anna. É possível que Anna tenha alcançado a alforria devido a esse relacionamento, mas no testamento não há indicação disso. Os filhos aparentemente já eram livres e, ao reconhecê-los, João Correa os instituiu como legítimos herdeiros, tal qual Manoel, seu filho legítimo. Em testamento, João Correa também concedeu alforria a três escravas com as quais nenhum relacionamento constituiu[153]. O outro caso é o de Joaquim Roberto Alves, que utiliza seu testamento para declarar que concedeu liberdade a Anna Joaquina, por acreditar ser ela sua filha, fruto de um relacionamento com Aguida, escrava de dona Maria Fausta, moradora da cidade de São Paulo[154].

Assim, no que diz respeito à possibilidade de estabelecer laços afetivos, apostamos na ideia de que se eles existiram baseavam-se em "gratidão e consideração", mas descartamos a possibilidade da existência de um grande número não declarado de manumissões concedidas em decorrência de relações sexuais entre senhores testadores e escravas que receberam a promessa de alforria em testamento.

No que se refere às diferenças entre senhores e senhoras em relação a conceder promessas de liberdade, o que encontramos é uma maior tendência dos homens em utilizar seus testamentos para concedê-las. No gráfico que segue foi incluída a categoria casal, que não aparecia entre os testadores que doaram escravos, uma vez que nenhum dos cinco casais que fizerem testamento de mão conjunta doou escravos em sua terça parte, mas três deles concederam promessas de alforria aos seus escravos:

---

[151] Testamento de Anna Joaquina de Oliveira, 16/03/1860. Testamentos Avulsos, cx. 04, n. 139; Livro de Registro de Testamento163 (17/06/1859 a 11/06/1866), n. 036, TJC – Centro de Memória da Unicamp.

[152] Testamento de João Correa de Campos, 09/10/1969. Testamentos Avulsos, cx. 06, n. 247; Livro de Registro de Testamento 164 de 11/09/1866 a 11/02/1871, n. 042, TJC – Centro de Memória da Unicamp.

[153] Testamento de João Correa de Campos, 09/10/1969. Testamentos Avulsos, cx. 06, n. 247.

[154] Testamento de Joaquim Roberto Alves, 28/10/1860. Testamentos Avulsos, cx. 04, n. 148, TJC – Centro de Memória da Unicamp.

Gráfico 18 – Sexo dos escravos que receberam promessas de alforria em testamentos por senhores e senhoras, Campinas, 1855-1871

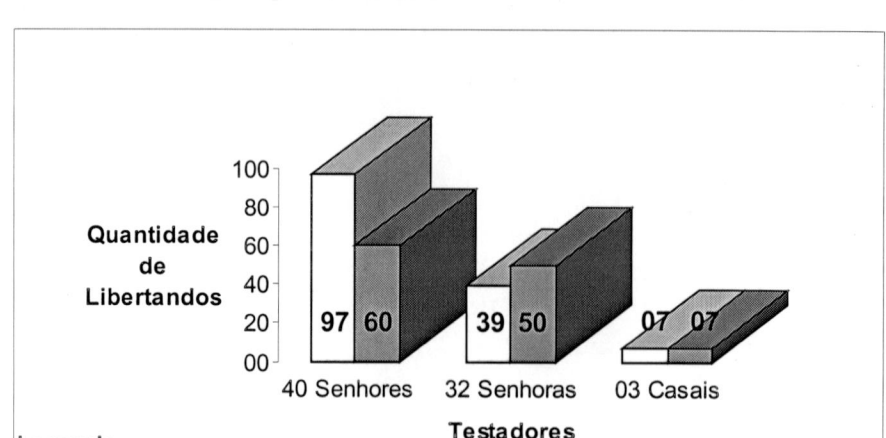

Fonte: Centro de Memória da Unicamp, Tribunal de Justiça de Campinas, 1855-1871

Entre os testadores libertantes, os homens eram maioria – 40 senhores, 32 senhoras, três casais –; eles não apenas doavam mais alforrias, mas também as concediam em maior número aos indivíduos do sexo masculino, 61% de suas doações, enquanto entre as senhoras e os casais essas doações eram mais equilibradas. Quando observamos a quantidade de promessas de alforrias concedidas em um mesmo testamento, verificamos que eram os homens também quem concediam o maior número de alforrias coletivas: Joaquim José Cardoso, 26 promessas de alforria[155]; capitão José Pedro da Siqueira, 19 promessas de alforria[156]; Francisco Egydio de Souza Aranha, 17 promessas de alforria[157]; Joaquim José dos Santos Camargo, 15 promessas de alforria[158]; capitão Camillo Xavier Bueno da Silveira, 11 promessas de alforria[159]. Entre

---

[155] Testamento de Joaquim José Cardoso, 14/04/1863. Testamentos Avulsos, cx. 04, n. 178; Livro de Registro de Testamento 163 (17/06/1859 a 11/06/1866), n. 065, TJC – Centro de Memória da Unicamp.

[156] Testamento de José Pedro de Siqueira, capitão, 16/10/1863. Testamentos Avulsos, cx. 04, n. 182; Livro de Registro de Testamento 164 (11/09/1866 a 11/02/1871), n. 016, TJC – Centro de Memória da Unicamp.

[157] Testamento de Francisco Egydio de Souza Aranha, 18/05/1856. Testamentos Avulsos, cx. 03, n. 101; Livro de Registro de Testamento 163 (17/06/1859 a 11/06/1866), n. 038, TJC – Centro de Memória da Unicamp.

[158] Testamento de Joaquim José dos Santos Camargo, 04/09/1857. Livro de Registro de Testamento 163 (17/06/1859 a 11/06/1866), n. 060, TJC – Centro de Memória da Unicamp.

[159] Testamento de Camillo Xavier Bueno da Silveira, capitão, 16/12/1867. Testamentos Avulsos, cx. 05, n. 223; Livro de Registro de Testamento 165 (18/01/1872 a 11/07/1873), n. 001, TJC – Centro de Memória da Unicamp.

as mulheres as alforrias coletivas também acontecem com certa frequência, entretanto a quantidade de promessas de liberdade feitas pela mesma senhora é menor que as acima: Florinda Lopes de Morais, nove promessas[160]; Anna Maria do Patrocínio, sete promessas[161]; Maria Custódia de Oliveira Nunes, seis promessas[162]; Anna Vistarda Pires Teixeira, seis promessas[163] nomeadas no testamento e 15 alforrias efetivas no inventário[164].

Quanto à condição matrimonial dos alforriandos, os números também são mais elevados que entre os escravos, enquanto entre os escravos doados em testamentos encontramos 21 indivíduos com a condição matrimonial declarada, entre os libertandos o número encontrado foi de 57 indivíduos, sendo 40 casados, um viúvo e 16 solteiros.

Com base na verificação dos dados encontrados nos testamentos, podemos estabelecer que, assim como no caso dos escravos deixados em legado, declarar as características físicas, a idade, o ofício dos futuros libertos e o local de nascimento não estavam entre as prerrogativas senhoriais no momento de registrar as suas disposições de última vontade. Acreditamos que aqui também essas características aparecem como um modo de distinguir esses escravos dos outros, um meio de reforçar as escolhas senhoriais entre aqueles que já conheciam os futuros libertos ou mesmo de separar os escolhidos no interior da escravaria, principalmente nos casos dos senhores com um grande número de escravos, em que geralmente apenas o nome poderia causar confusão, posto que muitos eram os nomes comuns entre os escravos. No caso das alforrias prometidas, a principal preocupação era estipular as condições em que a alforria seria concedida, expressando algumas vezes justificativas, recomendações e até mesmo restrições ao pleno gozo da liberdade pelos seus escravos.

---

[160] Testamento de Florinda Lopes Morais, 13/01/1860. Testamentos Avulsos, cx. 05, n. 137; Testamento de Florinda Lopes Morais, 08/07/1865. Testamentos Avulsos, cx. 05, n. 200; Livro de Registro de Testamento 165 (18/01/1872 a 11/07/1873), n. 033; Testamento de Florinda Lopes Morais, 08/03/1868. Testamentos Avulsos, cx. 04, n. 226, TJC – Centro de Memória da Unicamp.

[161] Testamento de Anna Maria do Patrocínio, 16/11/1868. Testamentos Avulsos, cx. 06, n. 234; Livro de Registro de Testamento 164 de 11/09/1866 a 11/02/1871, n. 040 e 041, TJC – Centro de Memória da Unicamp.

[162] Testamento de Maria Custódia de Oliveira Nunes, 21/01/1870. Testamentos Avulsos, cx. 06, n. 249; Livro de Registro de Testamento 164 (11/09/1866 a 11/02/1871), n. 046, TJC – Centro de Memória da Unicamp.

[163] Testamento de Anna Vistarda Pires Teixeira, 01/12/1861. Testamentos Avulsos, cx. 04, n. 161; Livro de Registro de Testamento 163 (17/06/1859 a 11/06/1866), n. 054, TJC – Centro de Memória da Unicamp.

[164] Inventário de Anna Vistarda Pires Teixeira, ano 1862, 1º Ofício, cx. 163, processo 3485.

2.3 As promessas de liberdade nos testamentos

Uma vez conhecidos os perfis dos três grupos de indivíduos envolvidos nas doações em testamentos, a saber, senhores – cujo perfil construímos no primeiro capítulo – escravos e alforriandos, realizaremos nas páginas que seguem uma análise mais aproximada das promessas de liberdade efetuadas nessa documentação. Para isso examinaremos essas promessas a partir dos senhores que as conferem – aliando características como sexo, condição matrimonial, existência ou não de herdeiros forçados e cruzando com os escravos que as recebem; das justificativas senhoriais e dos possíveis relacionamentos e negócios entre senhores e escravos que elas possam indicar; de sua frequência e variações no decorrer dos anos que contemplam este trabalho; e, também, das modalidades de alforrias concedidas.

Embora tenhamos 75 testamentos nos quais manumissões são prometidas, contamos com 78 senhores, pois temos nesse grupo três casais. Quando observamos as promessas de alforria tendo como foco os senhores, encontramos apenas 25 senhores com o país de nascimento declarado – 24 nascidos no Brasil e um em Ilha Graciosa. Em apenas um caso não pudemos verificar a condição matrimonial do senhor e entre os 77 testamentos com essa condição declarada temos: 40 casados[165], 23 viúvos, 13 solteiros e um divorciado. Conforme já pudemos verificar, os homens eram maioria entre os testadores libertantes, sendo responsáveis por 143 promessas alforrias, enquanto as mulheres concederam 117 promessas de liberdade, além disso, os principais alvos dessas alforrias eram os escravos do sexo masculino. Quando cruzamos os dados sobre a condição matrimonial, o sexo, a existência ou não de herdeiros forçados e as promessas de alforrias, temos o seguinte:

---

165 Optamos aqui por arrolar os casais com testamento de mão conjunta separadamente para a contagem de casados e de homens e mulheres nas tabelas que seguem. Assim, trabalharemos com o total de 78 senhores.

Tabela 14 – Perfil dos testadores que concederam promessas de liberdade, Campinas, 1855-1871

Condição matrimonial dos testadores	Testador	Testadora	Herdeiro forçado	Promessas de alforria
Casado	20	14	23	94
Viúvo	10	13	17	67
Solteiro	09	04	03	58
Divorciado	01	------	------	26
Casal	03	03	------	14
Não Especificado	------	01	01	01
Totais	43	35	44	260

Fonte: Centro de Memória da Unicamp, Tribunal de Justiça de Campinas, 1855-1871

Assim, com base em todos os dados apresentados até aqui, podemos estabelecer que em Campinas, nos anos entre 1855 e 1871, os principais doadores de manumissões em testamentos eram indivíduos que possuem ou já possuíram algum arranjo matrimonial, casados ou viúvos.

São poucos os senhores de escravos que justificavam as promessas de liberdade que faziam a seus escravos alegando a gratidão pelos serviços prestados ou o afeto: apenas 11 casos. Isso não quer dizer tais sentimentos não façam parte das motivações senhoriais, mas sim que em seus testamentos os senhores campineiros, ao contrário dos senhores baianos analisados por Bellini para o período colonial[166], não se viam obrigados nem inclinados a fazer declarações de carinho e agradecimento, nem a deixar registrado o valor de doações aos escravos.

Dona Joanna Francisca Martins é um desses poucos senhores, pois concede a promessa de liberdade declarando ter por motivação a gratidão ao seu escravo João Moçambique. Essa senhora libertou três escravos em seu testamento: João crioulo, Maria e João Moçambique. A alforria concedida a João crioulo valeria a partir do dia da escrita do testamento, porém, tratava-se de uma alforria condicional e o liberto deveria servir a sua senhora até a morte dela, para somente depois gozar plenamente de sua liberdade. Maria tornar-se-ia livre com a morte de sua senhora sem condição alguma. Quanto a José Moçambique, as disposições da senhora

---

[166] BELLINI, 1988, p. 73-86.

foram feitas nos seguintes termos: "[...] quero que se dê liberdade ao meu escravo José Moçambique ficando acostado com minha filha Gertrudes para zelar do mesmo em gratidão ao bem que me serviu [...]"[167].

Aqui, além de conceder a alforria, a senhora providenciou ao futuro liberto o amparo para a nova vida, colocando-o sob o zelo e proteção de sua filha, portanto, podemos imaginar que João Moçambique, após muitos anos de serviços a dona Joanna Francisca, tenha conseguido conquistar a confiança e o afeto dela. Dona Joana Francisca, viúva, cujos herdeiros forçados eram sua filha Gertrudes Maria das Dores (mãe de Joaquim e Cândida) e a neta Gertrudes, filha de Anna Rodrigues de Oliveira (filha falecida de dona Joanna), em seu testamento elege a primeira e seus filhos como beneficiários de sua terça parte. Além de conceder as três promessas de liberdade, dona Joanna também ratifica a doação do crioulinho Marcelino à filha Gertrudes e deixa em sua terça ao neto Joaquim o escravo Amaro e o remanescente de sua terça à neta Cândida[168].

Tais doações demonstram muito da influência dos diferentes níveis de relações pessoais nas escolhas senhoriais no momento de disporem os seus bens. Em primeiro lugar podemos perceber que, ao colocar a filha Gertrudes, e seus filhos, no centro de suas doações, deixando à outra herdeira apenas aquilo que lhe cabia em sua legítima, dona Joanna possivelmente está contemplando com as doações aqueles que lhe são mais próximos e com os quais estabeleceu maiores laços de afinidade. Mesmo entre pais, filhos, netos e parentes próximos a maior proximidade e o cultivo de relações mais afetuosas podia garantir um maior amparo no futuro.

Assim também funcionavam as relações entre os senhores e seus escravos. Se observarmos a postura de dona Joanna em suas doações, com base na escolha dos seus escravos, percebemos que alguns são escolhidos para viver sob o domínio de seus herdeiros mais chegados, enquanto outros recebem a alforria e, nesse caso, cada um de maneira diferente. Maria simplesmente tem a promessa deixada em testamento sem maiores explicações de dona Joanna, o que apesar de não apontar diretamente para uma relação mais próxima entre as duas já a distingue dos outros escravos que permaneceriam cativos. A alforria concedida a João crioulo aparece no testamento como possível resultado de uma negociação entre

---

[167] Testamento de Joanna Francisca Martins, 28/08/1862. Testamentos Avulsos, cx. 04, n. 168; Livro de Registro de Testamento 163 de 11/09/1866 a 11/02/1871, n. 022, TJC – Centro de Memória da Unicamp.

[168] *Ibidem.*

senhora e escravo. Acreditamos que os termos da negociação e a concessão da alforria condicionada à morte da testadora sejam anteriores ao testamento, sendo este utilizado para registrar de forma legal acordos feitos entre os dois.

E, finalmente, ao prometer a alforria a João Moçambique, dona Joanna Francisca registra não apenas a sua gratidão, afeto e reconhecimento pelos serviços prestados, como também providencia para que sua filha o receba e acolha, cuidando e zelando do liberto. Por um lado, confia em Gertrudes para cumprir as suas resoluções e, por outro, insere João Moçambique no mundo dos livres sob a tutela de alguém. Essa inserção pode representar duas coisas: a crença da senhora de que sozinho o escravo teria dificuldades de manter-se, e aqui a explicação dada pela historiografia apontaria a crença senhorial da inaptidão dos escravos em gerir a própria vida, o que não cremos ser o caso, uma vez que os outros escravos receberam promessas de liberdade sem tal preocupação aparente; e a conquista do amparo pelo próprio escravo após anos de serviço e obediência à sua senhora, garantindo a segurança no incerto mundo dos libertos.

Outra promessa de alforria concedida devido a relações aproximadas entre senhor e escravo é encontrada no testamento de Manoel de Oliveira Campos e Lucia Maria de Jesus, no qual prometem liberdade ao escravo Benedicto. Esses dois senhores deixaram seu testamento de mão conjunta e, como não possuíam herdeiros forçados, instituíram-se herdeiros mútuos e universais com a única condição de que aquele que sobrevivesse ao outro deixasse Benedicto liberto: "[...] visto não ser de nossa vontade que este escravo, que criamos como filho, sirva a outrem e sim nossa vontade que fique liberto [...]"[169].

Aqui temos um exemplo claro de como se processava a visão senhorial de mundo em relação àqueles que lhes pertenciam: atestar a existência de laços afetivos tão próximos como aqueles divididos por pais e filhos para com um escravo não anulava a escravidão de Benedicto, os sentimentos e a afeição estavam separados da ideia de igualdade – assim como na relação pai e filho –, tratava-se de uma afeição desigual, de cima para baixo[170], a expressão do "amor" paternal apresentava-se a Benedicto como a possi-

---

[169] Testamento de Manoel de Oliveira Campos e Lucia Maria de Jesus, 29/11/1871. Testamentos Avulsos, cx. 06, n. 272; Livro de Registro de Testamento 165 (18/01/1872 a 11/07/1873), n. 0020, TJC – Centro de Memória da Unicamp.

[170] XAVIER, Ângela Barreto; HESPANHA, António Manuel. As Redes Clientelares. *In*: MATTOSO, José. *História de Portugal*: vol. 4 - o antigo regime 1620-1807. Lisboa: Editorial Estampa, 1993. p. 385.

bilidade de se tornar livre sem, contudo, eliminar os laços da sujeição e do cativeiro até a morte de Manoel de Oliveira Campos e Lucia Maria de Jesus. Mais ainda, para esses senhores os laços que os uniam a Benedicto, "por o terem criado como um filho", não admitiam que o escravo fosse colocado sob o julgo de outrem – não permitiam que Benedicto pertencesse a outro senhor, assim como os filhos possuem apenas um pai.

Outro aspecto sobre as promessas de alforria diz respeito às concessões a grupos familiares, entre os 260 libertandos há quatro casos de promessas de alforria a irmãos, somando um total de 10 indivíduos com esse grau de parentesco; quatro casais sem indicações da existência de filhos; seis casais com seus filhos enumerados e nomeados (14 indivíduos); duas escravas receberam promessas de alforria com os seus filhos (quatro escravos) e 16 tiveram a promessa de liberdade estendida aos futuros filhos que pudessem ter no período entre a doação no testamento e a alforria efetiva (14 mulheres e dois homens).

Neste último grupo encontramos cinco alforriandas que tiveram apenas a indicação de que a alforria estender-se-ia a todos os filhos, exceto aqueles deixados em legado por sua senhora. Trata-se das escravas de Anna Vistarda Pires Teixeira, que conferiu em testamento promessas de alforrias aos seus escravos: Eva, Benedicta, Maria crioula e seu marido, Matheus de nação, Sebastiana crioula e Joaquina. Segundo suas disposições, os filhos de Eva (exceto Úrsula, deixada em legado), Maria crioula, Benedicta e Joaquina (exceto David e Paulina, deixados em legado) deveriam tornar-se libertos com suas mães, assim como os filhos que Sebastiana viesse a ter[171]. Essas promessas de alforria, que se efetivariam após a morte de dona Anna Vistarda, geraram a alforria de nove filhos de suas escravas, totalizando 15 manumissões[172].

Embora os números apresentados para as doações de pais e filhos sejam pequenos quando comparados ao montante da documentação, quando somamos essas promessas contando casais, irmãos, pais e filhos, temos aproximadamente 40% dos alforriandos inseridos em um grupo familiar e mais em um grupo que alcançou a alforria simultaneamente. Essas cifras demonstram que a promessa de alforria a grupos familiares em testamentos era um exercício que na prática poderia produzir um número de alforrias bastante significativo.

---

[171] Testamento de Anna Vistarda Pires Teixeira, 01/12/1861. Testamentos Avulsos, cx. 04, n. 161.
[172] *Ibidem.*

Em um caso único na documentação analisada o capitão Antonio Rodrigues Duarte Ribas – 43 anos, solteiro, com herdeiro forçado (a mãe) – vivia, segundo ele, "vida de casado" com Escolástica Maria de Miranda Ribas, para quem deixou a sua terça parte dos bens – que entre suas disposições e doações de alforrias, libertou o ventre de todas as suas escravas nos seguintes termos: " [...] Declaro mais que são livres todos os filhos das escravas que forem nascendo, isto é serão libertos todos os filhos ou filhas das minhas escravas sem condição alguma [...]"[173].

Tal disposição senhorial caminha em sentido contrário às promessas de alforria concedidas pela maioria dos testadores, que ou escolhiam entre suas escravas aquelas que teriam seus filhos também libertos (como dona Anna Vistarda), ou procuravam delimitar o prazo para os futuros filhos das escravas condicionais deixarem de ser escravos.

Um exemplo do segundo caso é dona Maria Custodia de Oliveira Nunes, que em seu testamento, entre outras disposições, prometeu liberdade a seis escravos: Antonio, Anna, Luiza, Francelina, Rosa e Leandro. Aos quatro últimos impôs a condição de que servissem a seus herdeiros pelo período de 10 anos, período no qual deveriam receber uma mensalidade de cinco mil réis mensais cada um. Dona Maria Custodia também estipulou que se os escravos legados tivessem filhos esses permaneceriam escravos até completarem a idade de 20 anos, não seguindo assim a liberdade dos pais após os 10 anos[174].

Outro exemplo é o de dona Maria Michelina de Camargo Prado, que, entre outros escravos doados aos seus filhos, conferiu em legado à sua filha Catarina a escrava Octavia até que completasse 25 anos. Se, durante o período em que estivesse sob o serviço de Catariana, Octavia tivesse filhos, esses permaneceriam escravos enquanto durasse o cativeiro da mãe[175]. Tanto dona Maria Custodia quanto dona Maria Michelina procuraram demarcar exatamente o terreno no qual os futuros libertos viveriam e, também, que caminhos seguiriam os futuros filhos de seus libertos condicionais, usando o testamento para determinar se o ventre seguiria ou não a liberdade da mãe.

Já o capitão Antonio Rodrigues Duarte Ribas, ao manter cativas suas escravas, mas dar-lhes a liberdade de ventre, aparentemente "rema

---

[173] Testamento de Antonio Rodrigues Duarte Ribas, capitão, 2/07/1870. Testamentos Avulsos, cx. 06, n. 254.

[174] Testamento de Maria Custódia de Oliveira Nunes, 21/01/1870. Testamentos Avulsos, cx. 06, n. 249.

[175] Testamento de Maria Michelina de Camargo Prado, 11/05/1871. Testamentos Avulsos, cx. 06, n. 262; Livro de Registro de Testamento 165 de 18/01/1872 a 11/07/1973, n. 029. TJC – Centro de Memória da Unicamp.

contra a maré" e pode ser tido simplesmente como um excêntrico entre os seus ou como um ser destoante. Entretanto, sua postura torna-se mais interessante quando verificamos a data de seu testamento: 27 de julho de 1870. Pouco menos de um ano antes das discussões parlamentares da Lei Rio Branco, o capitão concedeu a suas escravas um dos principais focos de atritos entre os parlamentares que votaram a lei de 28 de setembro de 1871[176]: o ventre livre.

Esse senhor pode, na verdade, estar mais consciente que ambas as senhoras acima e a maioria dos testadores por nós analisados da necessidade de preservar o poder sobre seus dependentes, provavelmente por já estar inteirado das discussões sobre a "emancipação do elemento servil", que muito antes dos debates parlamentares de 1871 já eram correntes na sociedade e nos meios políticos do Império[177].

Ao libertar o ventre de suas escravas Thereza, Telvianda, Josefa e Maria, o capitão Antonio Rodrigues Duarte Ribas antecipou-se às possíveis mudanças, que poderiam ou não ser impostas à sociedade e que poderiam assumir formas diversas, retirando de suas escravas um direito a ser adquirido. Assim, a liberdade de ventre atuaria como um reforçador da dependência de suas escravas e possivelmente dos futuros filhos, criando laços de gratidão entre eles e o senhor[178].

Outro aspecto observado na documentação são os números de escravos libertos e libertandos que receberam legados. Encontramos esses legados em apenas 18 testamentos, que contemplaram 78 indivíduos: 19 escravos, quatro libertos e 55 alforriandos. Essas doações eram bastante variáveis, englobando valores em moeda corrente, terras, dinheiro a ser aplicado em bem de raiz, roupas de uso pessoal e de cama e animais.

---

[176] O que pode ser constatado pela leitura das Discussões Parlamentares acerca da lei de 28 de setembro de 1871. Disponível em: http://www2.camara.gov.br/publicacoes. Acesso em: 1 dez. 2024.

[177] PENA, 2001.

[178] O caso do capitão Antonio Rodrigues Duarte Ribas e as conclusões sobre sua postura nessas doações fazem parte de pesquisa anterior da autora e estão inclusas na monografia de final do curso de Bacharel em História: PEDRO, Alessandra. *As Alforrias e o poder senhorial em Campinas (1865-1875)*. Monografia (Graduação em História) – IFCH, Unicamp, Campinas, 2006.

Tabela 15 – Legados deixados a escravos, libertos e alforriandos em testamentos, Campinas, 1855-1871

Legado	Número de testamentos	Legatários escravos	Legatários libertos	Legatários alforriandos
Moeda Corrente	13	19	03	21
Animal	01	------	01	------
Bens de Raiz	03	------	------	33
Vestuário	01	------	------	01
Totais	18	19	04	55

Fonte: Centro de Memória da Unicamp, Tribunal de Justiça de Campinas, 1855-1871

Podemos perceber pela tabela que, entre os poucos senhores que deixaram legados a escravos, libertos e libertandos, as doações em moeda corrente foram as mais comuns e as que contemplaram o maior número de indivíduos, somando 55% das doações. Nesses legados, valores variavam de dois mil réis[179] a cinco contos de réis[180] e em três testamentos os senhores indicaram de que maneira o dinheiro deveria ser aplicado. São os casos de Florinda Lopes de Morais, que concedeu promessa de alforria ao crioulo Manoel, deixando-lhe 60 mil réis para ser aplicado na compra de um cavalo[181]; Maria Custódia de Oliveira Nunes, que deixou em legado às "libertas Izidora e Antonia cem mil réis a cada uma para ser aplicado por seu testamenteiro na compra de algum bem de raiz"[182]; Manoel de Araujo Rosa, que, além de prometer a liberdade a Rita e Casemira, deixou-lhes dois contos de réis para que seu testamenteiro comprasse uma casa para elas morarem, com a condição de que:

> "[...] por forma alguma poderão dispor nem por dívida ou qualquer outra transação ficando por morte delas a seus herdeiros com as mesmas condições; e se os não tiverem voltarão para os meus herdeiros que a esse tempo existirem [...].[183]

---

[179] Doados por dona Anna Jacinta do Carmo a cada um dos oito escravos, João Evangelista de Matos e aos escravos Severo, Rafael, Francisca, Margarida, Francisca Nova, David e Lourenço. Testamento de Anna Jacinta do Carmo, 02/08/1861. Avulsos, cx. 04, n. 157; Livro de Registro de Testamento 163 (17/06/1859 a 11/06/1866), n. 042, TJC – Centro de Memória da Unicamp.

[180] Deixados a Ventura, em mãos de um tutor, pela baronesa de Monte-mor Francisca de Paula Andrade. Testamento de Francisca de Paula Andrade, baronesa de Monte-mor, 10/02/1866. Testamentos Avulsos, cx. 05, n. 205, TJC – Centro de Memória da Unicamp.

[181] Testamento de Florinda Lopes Morais, 08/03/1868. Testamentos Avulsos, cx. 04, n. 226, TJC – Centro de Memória da Unicamp.

[182] Testamento de Maria Custódia de Oliveira Nunes, 21/01/1870. Testamentos Avulsos, cx. 06, n. 249.

[183] Testamento de Manoel de Araújo Rosa, 26/06/1869. Testamentos Avulsos, cx. 06, n. 241; Livro de Registro de Testamento 165 (18/01/1872 a 11/07/1873), n. 016, TJC – Centro de Memória da Unicamp.

Essas cláusulas restritivas eram uma constante nas doações de bens de raiz nos testamentos de uma forma geral e entre os três senhores que deixaram terras aos seus alforriandos. Um deles, o capitão José Pedro de Siqueira, embora não tenha imposto condições diretamente sobre o uso e a administração dos 10 alqueires de milho que legou, com a promessa de liberdade a todos os seus 19 escravos, impôs restrições sobre todas as "deixas" que fez, incluindo assim os libertandos[184]. Outra testadora, dona Maria Ângela da Conceição, deixou a parte que possuía em um sítio chamado Valinho para Narciso e sua família[185], aos quais também concedeu promessa de liberdade – com condição de não se poder vender nem lhes tirar por dívidas e se, por motivo justo, fosse preciso vender, o produto da venda deveria ser aplicado em propriedade de raiz, com a mesma condição[186]. Já dona Florinda Lopes de Morais também deixou terras estimadas em 10 alqueires em plantação de milho a seus nove libertandos[187], com condição de não poderem ser vendidas nem tiradas por dívida[188].

Em seu estudo sobre um grupo de libertos herdeiros da comunidade do Cafundó, em Sorocaba, o historiador Slenes argumenta não ser a prática de legar em testamento aos mesmos indivíduos alforrias e terras, especialmente a grupos da mesma família, algo incomum no século XIX. Para Slenes, as práticas de legar a terra e impor cláusulas restritivas tinham a intenção de tornar os libertos dependentes, oferecendo condições de estabilidade, a proteção devida a clientes menores e o prêmio da alforria em troca de trabalho e submissão[189]. Esses argumentos são confirmados por nossas fontes, posto que, embora em pouca quantidade, essas doações ocorrem e trazem consigo cláusulas que "amarram" os legatários e sua descendência à terra, geram relações de dependência e proporcionam-lhes a estabilidade.

Encontramos entre os escravos escolhidos pelos senhores para receberem a alforria e bens de raiz alguns grupos familiares que, quando

---

[184] Bento, Antonio Congo, Antoninho crioulo, Francisco crioulo, João crioulo, Sebastião, Luis, Manoel de nação, Gertrudes, Ignácio de nação, Angélica de nação, Rufina, Ignês, Ignácio, Candido e Ângela. Testamento de José Pedro de Siqueira, capitão, 16/10/1863. Testamentos Avulsos, cx. 04, n. 182.

[185] Sua mulher Rita, e seus filhos Antonio, Theodora, Marcelina.

[186] Testamento de Maria Ângela da Conceição, 25/05/1856. TJC – Testamentos Avulsos, cx. 03, n. 102, Centro de Memória da Unicamp.

[187] João, Lourenço, Maria, Malachias, Manoel, Salvador, Joaquina, Joanna, Querubina.

[188] Testamento de Florinda Lopes Morais, 08/03/1868. Testamentos Avulsos, cx. 04, n. 226, TJC – Centro de Memória da Unicamp.

[189] SLENES, 1996, p. 71.

somados, representam 48% do total de indivíduos desse grupo. Além da já citada família de Narciso – sua mulher Rita e seus filhos Antonio, Theodora, Marcelino, libertandos de dona Maria Ângela da Conceição –, temos também entre os nove libertandos de dona Florinda Lopes o casal Salvador e Joaquina.

No caso do capitão José Pedro da Siqueira, duas famílias foram contempladas com a doação: Ignácio de nação, sua esposa, Angélica de nação, e os filhos deles, Rufina, Ignês, Ignácio, Candido e Ângela; e o casal Manoel e Gertrudes, totalizando nove indivíduos, quase a metade dos escravos desse senhor. Nesse caso, as famílias estavam inseridas no total da escravaria pertencente ao capitão e aparentemente a sua constituição e estabilidade não podem ser tomadas como pré-requisito para a escolha senhorial, uma vez que o capitão José Pedro conferiu promessa de liberdade e legou terras a todos os escravos. Contudo, é para a família de Ignácio que o senhor faz as principais recomendações quanto ao futuro e elogios aos bons serviços. Assim, o bom comportamento, a formação e estabilidade da família podem não ter influenciado diretamente a escolha desse grupo para a alforria e o recebimento do legado, mas a colocou no centro das preocupações senhoriais quanto aos arranjos para o futuro, principalmente quanto à educação, ao ensino de ofício às crianças.

Ainda para Slenes, esse tipo de doações conjuntas apresentava-se como a parte mais visível de uma política senhorial de incentivos que envolvia prêmios, promessas e punições, exercida no dia a dia e que funcionava como métodos de domínio sobre os escravos[190] e de criação de dependentes.

Nesse aspecto concordamos com o autor e não podemos deixar de destacar que a política de domínio senhorial e de produção de dependentes não era aplicada exclusivamente aos libertos ou aos libertandos, era uma prática cotidiana exercida em vários níveis da sociedade, operando como um elemento intrínseco das relações paternalistas[191]. Como pudemos verificar no capítulo anterior, as doações em testamento tendiam a carregar consigo cláusulas restritivas e recomendações quanto à gestão dos bens, revelando uma política senhorial de manutenção da propriedade nas mãos dos legatários e, também, de controle sobre eles e não apenas sobre escravos e libertos.

---

[190] *Ibidem*, p. 81.

[191] GRAHAM, Richard. *Clientelismo e Política no Brasil do Século XIX*. Rio de Janeiro: Editora UFRJ, 1997. p. 49.

Quando distribuímos os 75 testamentos com promessas de alforria pelos anos que contemplam esse trabalho, de 1855 a 1871, podemos perceber que a doação de liberdade nessa documentação varia de ano para ano, tanto em volume de testamentos e sexo dos testadores quanto em volume das promessas e sexo dos escravos que a receberam, mas, salvo duas exceções, elas se mantêm dentro de certa faixa de doações por ano. Podemos verificar isso na tabela a seguir:

Tabela 16 – Promessas de alforrias concedidas nos testamentos, Campinas, 1855-1871

Ano	Número de testadores	Número de testadoras	Número de casais	Promessas de alforria	Número de libertandas	Número de libertandos
1855	02	------	------	05	02	03
1856	01	03	------	14	05	09
1857	03	------	------	17	05	12
1858	01	------	------	02	01	01
1859	04	02	------	11	04	07
1860	01	07	------	22	14	08
1861	02	02	02	36	20	16
1862	04	01	------	09	01	08
1863	05	01	------	54	20	34
1864	------	01	------	01	------	01
1865	02	01	------	07	02	05
1866	01	02	------	06	02	04
1867	01	01	------	15	05	10
1868	04	03	------	15	06	09
1869	04	02	------	14	12	02
1870	01	03	------	13	04	09
1871	04	03	01	19	14	05
Total	40	32	03	260	117	143

Fonte: Centro de Memória da Unicamp, Tribunal de Justiça de Campinas, 1855-1871

Os anos de 1861 e 1863 merecem ser destacados por destoarem dos outros no volume das doações: nesses anos, as promessas de liberdade elevaram-se de forma bastante expressiva. Essa elevação no número de promessas de alforria ocorreu em 1861, pois todos os seis senhores que nesse ano decidiram registrar em seus testamentos a sua vontade de que seus escravos se tornassem livres o fizeram para no mínimo três escravos. O maior doador foi Lucio Gurgel Mascarenhas, que concedeu promessa de alforria a oito escravos[192]. Já no ano de 1863, temos concentrados os dois maiores doadores de alforria do período estudado: Joaquim José Cardoso, com 26 doações[193], e capitão José Pedro da Siqueira, com 19 doações[194].

No gráfico que segue podemos verificar a variação das promessas de alforria ao longo dos anos contemplados por essa análise:

Gráfico 19 – Variação das promessas de alforrias concedidas por ano nos testamentos, Campinas, 1855-1871

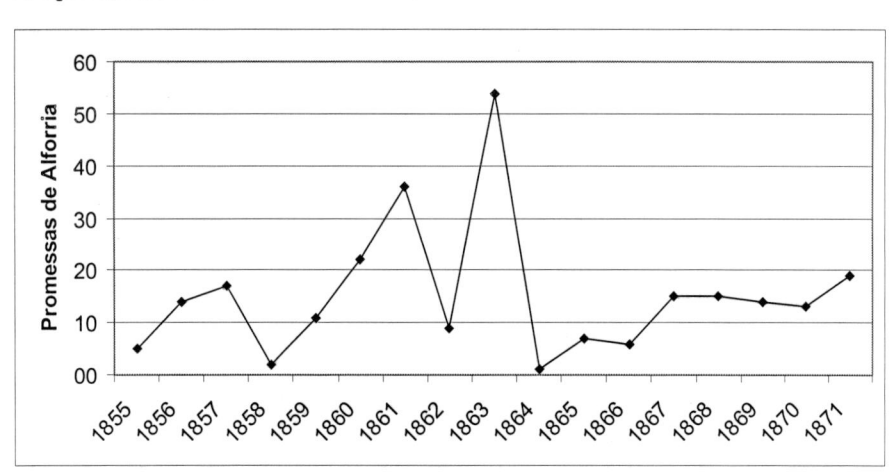

Fonte: Centro de Memória da Unicamp, Tribunal de Justiça de Campinas, 1855-1871

De forma geral, as promessas de liberdade mantiveram-se entre uma e 20 por ano nos testamentos e, quando observamos o Gráfico 19 mais detalhadamente, podemos verificar que havia uma variação bastante

---

[192] Testamento de Lucio Gurgel Mascarenhas, 11/01/1861. Testamentos Avulsos, cx. 04, n. 153, TJC – Centro de Memória da Unicamp.

[193] Testamento de Joaquim José Cardoso, 14/04/1863. Testamentos Avulsos, cx. 04, n. 178.

[194] Testamento de José Pedro de Siqueira, capitão, 16/10/1863. Testamentos Avulsos, cx. 04, n. 182.

grande na ocorrência dessa prática na Campinas dos anos entre 1855 e 1866 e uma maior estabilidade para os anos entre 1867 e 1871. Assim, podemos estabelecer que senhores utilizavam os seus testamentos como lugar de registro de sua vontade em conceder a alforria aos seus escravos de forma contínua no decorrer dos anos, entretanto o volume dessas doações era bastante oscilante. Esses senhores contemplavam um limitado número de indivíduos escolhidos por fatores diversos, como a proximidade de seu relacionamento com o senhor, anos de negociações e acordos feitos entre ambos, gratidão aos anos de serviço prestados ou por motivos outros, como a caridade e a busca por garantir a remissão da alma – uma constante preocupação senhorial ao pensar a própria morte[195].

Observaremos a seguir essas escolhas senhoriais no que se refere à variação das promessas de alforria por sexo no decorrer dos anos analisados:

Gráfico 20 – Variação promessas de alforrias concedidas nos testamentos por ano e por sexo dos alforriandos, Campinas, 1855-1871

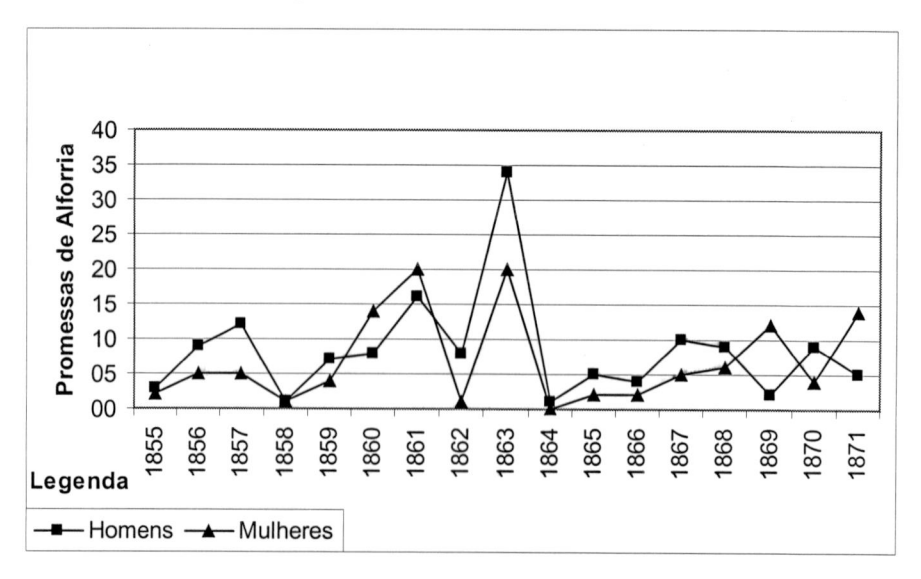

Fonte: Centro de Memória da Unicamp, Tribunal de Justiça de Campinas, 1855-1871

A observação dos dados sobre as promessas de alforria quando distribuídos por anos demonstra que as promessas de alforrias feitas a

---

[195] SOARES, Marcio de Souza. *A remissão do Cativeiro*: alforrias e liberdades nos Campos de Goitacases, c. 1750-1830. Tese (Doutorado em História) – Universidade Federal Fluminense, Niterói, 2006. p. 170.

homens e mulheres mantiveram-se equilibradas para a maioria dos anos. Embora os homens sejam os maiores beneficiários dessas promessas, a diferença entre as doações para ambos os sexos sofre grande desequilíbrio no ano de 1863, quando os dois principais doadores de alforria concederam promessa a todos os seus escravos: Joaquim José Cardoso e o capitão José Pedro de Siqueira[196].

Esses dois senhores concederam 45 promessas de alforria, entre elas 31 foram doadas a homens, o que contribui expressivamente para o aumento do contingente masculino entre os libertandos. Tal volume de doações masculinas corresponde a praticamente a diferença entre as promessas de alforria feitas a ambos os sexos, o que demonstra que, para essa documentação, a predominância dos homens entre os alforriandos não é o padrão. Acreditamos ser tal diferença muito mais um reflexo da própria constituição da escravaria campineira, em que a economia baseada na lavoura exigia muito mais a mão de obra masculina, do que uma tendência senhorial. Assim, embora as escravas não apareçam em maior número como alforriandas, a escolha por elas e não pelos homens no momento de conceder as promessas de liberdade em testamento era a tendência entre os senhores campineiros entre 1855 e 1871, o que corrobora os números apontados pela historiografia sobre Campinas obtidos pela análise de outras fontes[197].

2.3.1 As modalidades de alforrias

Outro aspecto importante para a composição de um quadro sobre as promessas de manumissão em testamentos é aquele que se refere às modalidades das alforrias concedidas. Esse tem sido um dos elementos mais volúveis nos trabalhos sobre o tema. Aparentemente, a classificação das modalidades acaba por ser estabelecida pelas escolhas pessoais dos analistas ou pelas necessidades apresentadas pelos argumentos dos historiadores das alforrias.

Na década de 1970, Mattoso – com base no estudo das cartas de alforria produzidas na Bahia para o período entre 1779-1850 – dividia a alforria em duas grandes modalidades: a título gratuito e a título oneroso. As alforrias inclusas no primeiro grupo poderiam ser passadas em

---

[196] Testamento de Joaquim José Cardoso, 14/04/1863. Testamentos Avulsos, cx. 04, n. 178 e Testamento de José Pedro de Siqueira, capitão, 16/10/1863. Testamentos Avulsos, cx. 04, n. 182.

[197] EISENBERG, 1989a; DAMASIO, 1995.

vida (por carta) ou em disposições de última vontade (em testamentos); eram dadas a prazo ou sob condição, gerando um estado intermediário entre a escravidão e a liberdade. Já as do segundo eram decorrentes da contraprestação devida pelo senhor ao escravo que pagava em moeda corrente por sua liberdade[198]. Também na década de 1970, Schwartz, trabalhando com uma documentação parecida (para o período de 1684 a 1745), manteve as modalidades de alforrias divididas em dois grupos: as pagas e as não pagas[199].

Em outro artigo clássico sobre as alforrias, Peter Eisenberg distribui as modalidades em gratuitas (sem qualquer pagamento ou prestação de serviços), onerosas (com pagamento em moeda) e condicionais (com prestação de serviços)[200]. Essas três categorias, muitas vezes recebendo novas denominações, têm se mantido como constantes nos trabalhos historiográficos, entretanto vêm sendo desmembradas e geram novas classificações.

Esse é, por exemplo, o caso do trabalho de Paiva para Minas Gerais no século XIII, no qual o autor mantém as três modalidades citadas, incluindo uma quarta, a coartação. Nesse caso, a compra de alforria era feita mediante um contrato entre senhor e escravo que previa o pagamento da alforria em parcelas num determinado período de tempo[201]. Outra autora a trabalhar com Minas Gerais e com a coartação é Andrea Lisly, que estabelece duas modalidades de manumissão: incondicional – gratuita e sem condições; e condicional – paga totalmente, com prestação de serviços, pagamento parcelado, compra por terceiro e coartação.

A coartação era modalidade de alforria muito comum em Minas Gerais, principalmente no período aurífero e mais recentemente vem sendo verificada em outros locais do Brasil. Exemplo disso é o trabalho de Marcio de Souza Soares, que classifica as alforrias em Campos dos Goitacazes em gratuitas incondicionais, gratuitas condicionais, pagas por pagamento total e coartações.

Isso demonstra que o cada vez maior e mais detalhado estudo sobre as alforrias vem revelando especificidades sobre as suas formas de concessões, que variavam de acordo com os locais, a situação e a atividade econômica e a constituição da população.

---

[198] MATTOSO, 1972, p. 29; MATTOSO, 1988, p. 180.
[199] SCHWARTZ, 1974, p. 99.
[200] EISENBERG, 1989a.
[201] PAIVA, 1995.

Para Campinas, na primeira metade do século XIX, Damásio, em um desmembramento das três modalidades apresentadas por Eisenberg, classificou as modalidades de alforrias incondicionais (gratuitas), onerosas pagas e onerosas condicionais – por prestação de serviço, por tempo determinado, viver em companhia, aprender de ofício, pagar preço simbólico, doar esmola à Igreja, servir ao senhor até a morte. Também para Campinas, em uma pesquisa dos anos entre 1836 e 1845 e entre 1860 e 1871, Ferraz analisou os dados sobre as alforrias cruzando vários tipos de fontes – testamentos, inventários *post mortem*, verbas testamentárias e escrituras em cartório – e utilizou as seguintes modalidades de manumissões: incondicional, condicional, paga, paga e condicional e coartações[202].

Para a nossa análise, partiremos das três modalidades mais gerais – pagas, gratuitas e condicionais – para estabelecer um primeiro quadro das tendências da alforrias em nosso recorte espaço-temporal e em seguida verificar as peculiaridades de cada uma delas encontradas na documentação. Essa escolha segue as próprias determinações dos testadores. Consideramos como promessas de alforrias pagas todas aquelas em que o senhor estipulou preço em moeda corrente para a compra da liberdade ou declarou que o escravo deveria entrar com o valor necessário. No campo das condicionais estão todas as promessas concedidas com acompanhamento de cláusulas de pagamento em serviço, entram aqui também as promessas acompanhadas da possibilidade de os escravos ou cumprirem determinado tempo de serviço ou entrarem com dinheiro para o pagamento de sua liberdade.

Quanto às manumissões gratuitas, arrolamos nesse grupo todas as manumissões em que os senhores declaram serem gratuitas sem condição, por sua morte, e aquelas apenas enunciada como "deixo livre o meu escravo ou escrava". É importante esclarecer aqui que não consideramos essas como alforrias incondicionais, mesmo quando assim enunciadas pelo senhor, uma vez que as manumissões concedidas em testamentos estão sempre condicionadas à morte do senhor e até o momento da abertura do inventário não são alforrias de fato, podendo ser revogadas por codicilo, como o fez dona Anna Maria do Patrocínio. Essa senhora concedeu a alforria a vários escravos, entre eles Eugenia – com a condição de que ela servisse a sobrinha da testadora até a morte dela – e em codicilo a revogou. Trata-se do único caso de revogação de promessa de alforria

---

202 FERRAZ, 2006, p. 57-59.

encontrado na documentação e, mesmo assim, reforça a possibilidade da suspensão da promessa senhorial antes mesmo que o escravo entrasse no gozo efetivo de sua liberdade[203].

Essas concessões de liberdade são tomadas aqui como promessas gratuitas de liberdade em que não há qualquer ônus, cláusula ou condição para o escravo gozar a sua liberdade após a morte de seu senhor. Devido a essa característica, própria das alforrias em testamentos, é que até o momento temos trabalhado com a ideia de promessas de liberdade, e não com alforrias, e assim continuaremos fazendo.

Encontramos na documentação um número bastante escasso de promessas de alforria mediante pagamento. Em três desses casos o pagamento deveria ser feito pelo escravo dentro de determinado prazo. O primeiro deles é o de João Correa de Campos, que com seu filho Manoel recebera a escrava Antonia por morte de sua esposa. Em suas disposições de última vontade, concedeu a manumissão a Antonia contanto que esta pagasse a metade a que tinha direito o outro herdeiro[204].

Os outros dois são casos de promessa vinculada ao ressarcimento monetário do senhor, os dos escravos de dona Anna Joaquina Ribeiro de Barros[205], Raymundo e Pedro, o primeiro mediante o pagamento de um conto e 500 mil réis e o segundo pelo preço de sua avaliação. Dona Anna Joaquina Ribeiro de Barros, além de afirmar o contrato feito com os escravos, declarou que havia recebido de Raymundo a quantia de 300 mil réis como parte do pagamento de sua alforria e deu-lhe o prazo de seis meses após a sua morte para que ele pagasse o restante, isso se não conseguisse fazê-lo antes. O prazo foi estabelecido também como limite para a compra da liberdade por Pedro. Essa senhora ainda legou em seu testamento a quantia de 200 mil réis a cada um dos escravos para ajudar na compra da manumissão.

Esse caso revela uma interessante faceta das possíveis relações de confiança entre senhores e escravos, que, entre outras coisas, geravam a alforria: a constituição de negócios entre ambos. Dona Anna Joaquina, ao registrar em seu testamento o contrato firmado com seu escravo para a compra da alforria – a ser paga segundo a possibilidade da acumulação de

---

[203] Testamento de Anna Maria do Patrocínio, 16/11/1868. Testamentos Avulsos, cx. 06, n. 234

[204] Testamento de João Correa de Campos, 09/10/1969. Testamentos Avulsos, cx. 06, n. 247.

[205] Testamento de Anna Joaquina Ribeiro de Barros, 21/11/1870. Testamentos Avulsos, cx. 06, n. 257, TJC – Centro de Memória da Unicamp.

pecúlio pelo escravo –, demonstrava confiança nele. E mais: evidenciava uma relação de confiança mútua, posto que o escravo também já havia entregado parte do valor negociado entre ambos para a senhora. Aqui talvez o registro no testamento possa ser a garantia, tanto para senhora quanto para o escravo, de que o negócio firmado entre ambos seria respeitado mesmo após o falecimento de dona Anna Joaquina.

A prática de registrar ou confirmar negócios nos testamentos era muito comum, assim como a de arrolar as dívidas possuídas, como uma forma de garantir o seguimento dos negócios e o pagamento de dívidas ou de prevenir os herdeiros e legatários contra possíveis abusos de pessoas com quem o testador teve negócios. Os principais negócios arrolados em nossa documentação são aqueles que dizem respeito a montantes em dinheiro colocados a prêmio – podendo essas quantias ser pertencentes a terceiros e estarem em mãos dos testadores ou vice-versa. Outra forma de negócio declarada nesses testamentos é a existência de vales a serem recebidos ou pagos no processo de inventário.

Tomando por base as informações fornecidas pela pesquisa de Maria Lucia Ferreira de Oliveira, elaborada com base em inventários sobre as relações sociais no processo de urbanização da cidade de São Paulo na segunda metade do século XIX, podemos entender a importância desses registros pelos senhores. Entre outros aspectos que marcaram a dinamização do comércio paulistano, a autora verifica as práticas de crédito que operavam naquela sociedade e, segundo ela, as principais formas de crédito eram as hipotecas, as letras, os vales e as obrigações. As duas primeiras possuíam registro e valor legal, já as segundas eram informais e quase sempre sem garantias ou registros[206].

O mais interessante em sua análise é a verificação de que, independentemente da forma de crédito tomada pelos homens do século XIX, a realização dos negócios que envolviam empréstimos de valores era sempre baseada na relação de confiança mútua, mesmo quando tomadas garantias como a hipoteca de bens ou a assinatura de letras. Assim como nos inventários analisados por Maria Luiza Ferreira de Oliveira, os principais registros dos testamentos campineiros demonstram que havia uma predominância das relações pessoais nos negócios feitos[207]. Desse

---

[206] OLIVEIRA, Maria Luiza Ferreira de. *Entre a casa e o Armazém*: relações sociais e experiência de urbanização: São Paulo, 1850-1900. São Paulo: Alameda, 2005. p. 167-207.

[207] *Ibidem*, p. 167.

modo, registrar em seus testamentos os vales tidos a receber ou a pagar, os valores colocados a prêmio e as alforrias combinadas fazia conhecer os negócios tidos entre esses senhores e outros indivíduos de suas relações.

Esse é o caso de dona Anna Joaquina de Camargo, viúva com herdeiros forçados, que em seu testamento deixa legado a uma de suas filhas alguns utensílios de prata e ouro, não efetuando doações nem de escravos nem de promessas de liberdade. Seu testamento é reservado quase que totalmente para deixar registradas dívidas e negócios em andamento: dívidas suas, declarando os valores já pagos e os pendentes; várias dívidas de seu filho Manoel, que assumiu e estava pagando em pequenos valores a várias pessoas; disse ser fiadora de seu genro Júlio Lamonier de certa quantia colocada a prêmio e que ela mesma havia pagado parte da dívida; devia a sua escrava Maria, por um vale, a quantia de 149 mil réis, que estava pagando a prêmio de um por cento ao mês[208].

O testamento de dona Anna Joaquina permite-nos observar vários aspectos dos negócios tidos pelos senhores campineiros. Sendo os negócios fundamentados na confiança e nas relações pessoais dona Anna Joaquina, não apenas tomara para si dinheiro de terceiros como também tornou-se fiadora e assumiu dívidas do filho, cujos registros no testamento confirmam ser ela merecedora da confiança empenhada pelos credores. O registro em um instrumento legal das dívidas assumidas e os valores já pagos ao mesmo tempo garantiria pagamento de suas dívidas e impediria que os outros herdeiros fossem lesados em suas legítimas pelos valores pagos pela mãe por dívidas do irmão e do cunhado. E o mais interessante para a nossa análise: não apenas registrava que a escrava Maria havia acumulado pecúlio como também, confiando em sua senhora, havia emprestado dinheiro para ser pago a prêmio. Essa relação entre dona Anna Joaquina e Maria demonstra que os negócios tidos entre senhores e escravos não versavam apenas nas questões sobre a alforria, os limites da atuação de ambos eram muito variáveis, ao ponto de a senhora tornar-se devedora da escrava. Também demonstra que a relação entre esses indivíduos é muito mais complexa do que uma simples relação proprietário-bem, ou apenas de jugo e subjugado. A relação senhor--escravo está posta em um âmbito extremamente complexo, pessoal e cheio de elementos ideológicos que lançam mão de discursos e estruturas sociais e mentais que permitem também uma complexa rede de desdobramentos.

---

[208] Testamento de Anna Joaquina de Camargo, 04/10/1865. Testamentos Avulsos, cx. 05, n. 201, Centro de Memória da Unicamp; Ver também: Livro de Registro de Testamento 165 de 18/01/1872 a 11/07/1973, n. 014, TJC – Centro de Memória da Unicamp.

Não eram apenas os negócios que os senhores se preocupavam em registrar nos testamentos, esse era o espaço também para a confirmação de alforrias concedidas anteriormente. No montante das doações gratuitas, encontramos 10 casos de confirmação de alforrias já concedidas. Em seis delas houve o reconhecimento de liberdade concedida em pia, uma de compra da liberdade por crença na paternidade da escrava, uma concedida por ocasião do casamento da cativa e duas reafirmações de manumissões concedidas com o intuito de garantir a validade delas devido à perda das cartas passadas anteriormente.

Verificando as três modalidades de alforria por nós eleitas nessa análise, encontramos os seguintes números e percentagens:

Tabela 17 – Modalidades de promessa de alforria em testamentos, Campinas, 1855-1871

Modalidade de promessa de alforria	Quantidade de promessas de alforrias	Percentagem
Paga	05	1,9
Gratuita	146	56,2
Condicional	109	41,9
Total	260	100,0

Fonte: Centro de Memória da Unicamp, Tribunal de Justiça de Campinas, 1855-1871

Para o período de 1855-1871, predomina a ocorrência de promessas de liberdade incondicional, o que confirma a peculiaridade dos testamentos quando comparados com as cartas de liberdade. Tal peculiaridade já foi apontada por Damásio na comparação dos dados encontrados por ele nos testamentos e inventários *post mortem* com aqueles das cartas de alforria analisadas por Eisenberg[209].

Nas cartas de alforria produzidas no decorrer de todo o século XIX estudadas por Eisenberg, as alforrias condicionais foram superiores às pagas e gratuitas por cerca de três quartos de século até meados da década de 1870, quando as gratuitas passaram a ser as mais concedidas, demonstrando a influência dos interesses políticos na alforria[210].

---

[209] EISENBERG, 1989a.
[210] *Ibidem*, p. 71-105.

Para o período de 1829-1838, as porcentagens apontadas por Damásio – obtidas pelo cruzamento de testamentos, inventários e cartas de alforria – demonstram uma maior incidência das alforrias gratuitas concedidas pelos senhores campineiros como atos de última vontade, enquanto os dados obtidos por Eisenberg para o mesmo período apontam para uma maior incidência das alforrias condicionais[211]. Para um período imediatamente posterior, 1836-1845, Ferraz também encontrou nos processos de herança – inventários, verbas testamentárias e cartas de alforria do Cartório do Primeiro Ofício Cível de Campinas – uma maior incidência de alforrias gratuitas[212].

Analisando o período entre 1860 e 1871, Ferraz encontrou em suas fontes percentagens inversas às nossas para as alforrias condicionais (56,4%) e gratuitas (40,4%), atribuindo a superioridade das alforrias condicionais ao início das discussões sobre a legitimidade da escravidão, à possível utilização da alforria condicional como uma estratégia senhorial de controle e ao acirramento das tensões entre senhores e escravos[213]. Na tentativa de verificar tal discrepância nos dados encontrados por Ferraz e por nós e aqueles provenientes da análise de testamentos feita por esta pesquisa, dispersamos as promessas de liberdade por modalidade nos anos contemplados pelas duas pesquisas:

Tabela 18 – Modalidades de promessas de alforria em testamentos por ano, Campinas, 1860-1871

Ano	Promessa de alforria paga	Promessa de alforria gratuita	Promessa de alforria condicional	Promessas de liberdade
1860	01	17	04	22
1861	------	27	09	36
1862	01	03	05	09
1863	------	29	25	54
1864	------	01	------	01
1865	------	02	05	07

---

[211] DAMÁSIO, 1995, p. 25-26.
[212] FERRAZ, 2006, p. 58.
[213] *Ibidem*, p. 58-59.

Ano	Promessa de alforria paga	Promessa de alforria gratuita	Promessa de alforria condicional	Promessas de liberdade
1866	------	04	02	06
1867	------	14	01	15
1868	------	07	08	15
1869	01	11	02	14
1870	02	06	05	13
1871	------	04	15	19
Total	05	125	81	211

Fonte: Centro de Memória da Unicamp, Tribunal de Justiça de Campinas, 1855-1871

As doações no período entre 1855 e 1859 somam 49 promessas de liberdade, das quais 21 foram gratuitas. Das 211 promessas de manumissão concedidas entre 1860 e 1871, as gratuitas somam 59,2%, elevando um pouco mais a diferença. A explicação para tal inversão pode estar na priorização de fontes em cada um desses trabalhos. Neste trabalho partimos da leitura sistemática dos testamentos escritos na década de 1860, adentrando os inventários *post mortem* somente quando necessário, a partir da escolha pérvia dos casos, buscando sempre manter a documentação restrita ao período analisado. Ferraz efetua a mesma operação no sentido contrário: utiliza prioritariamente os inventários *post mortem* e os registros cartoriais de alforrias, realizando a leitura de testamentos selecionados.

Tendo sempre em mente que o tempo entre a produção do testamento e a morte do senhor é extremamente variável, podendo decorrer dias, semanas, meses, anos e até mesmo décadas entre um e outro, a possibilidade das alforrias encontradas por Ferraz terem sido produzidas antes da década de 1860 e de as nossas promessas de liberdade tornarem-se alforrias de fato somente após 1871 é bastante grande. Assim, mais que dados conflitantes, o que temos aqui é um reflexo da diferença que representa cada uma dessas fontes para o estudo do mesmo período. Enquanto os inventários demonstram alforrias efetivas em Campinas na década de 1860, os testamentos dizem respeito às intenções e projeções da vontade senhorial sobre os caminhos que devem tomar seus escravos.

Nesse momento, ao registrarem essas intenções, utilizar as alforrias condicionais como uma possível resposta às discussões sobre a legitimidade da escravidão não aparece como uma das principais preocupações dos senhores campineiros. O testamento, por ser a expressão da vontade daquele que o escreve e por representar muitas vezes o momento de fazer um balaço da vida, de suas ações, de realizar acertos, de ratificar negócios anteriores e de registrar o cumprimento de promessas anteriormente estabelecidas, apresenta-se muito mais como um instrumento reforçador da vontade senhorial. Um espaço em que o senhor era pleno e em que podia projetar aquilo que desejava e esperava para o futuro sobre todos os seus e, no caso de os escravos decidirem que caminhos tomariam, se seriam mantidos no cativeiro ou não e como adentrariam o mundo dos livres. Os senhores de escravos utilizavam testamentos para registrar a sua benevolência, premiar seus eleitos e, ao mesmo tempo, manter acesa a ideia de seu poder em conceder a alforria àqueles que desejassem.

CAPÍTULO 3

UM ATO DE VONTADE SENHORIAL

Conforme já destacamos na introdução, a alforria tem sido avaliada pela historiografia como elemento de extrema importância para a compreensão da escravidão, constando como tema de muitas pesquisas nas últimas décadas. A partir dos mais diversos ângulos e focos de interesses, as análises sobre a alforria vêm contribuindo de forma expressiva para um maior conhecimento do universo de senhores e escravos nos campos econômico, social, demográfico e principalmente no que diz respeito a um maior aprofundamento no estudo da experiência escrava. Muitos são os autores que interpretam a manumissão como um elemento intrínseco à relação senhor-escravo, que opera, por um lado, como um recurso de controle social e que contribui, portanto, para a manutenção da política de domínio senhorial. Ela seria, assim, uma concessão dos senhores, um benefício concedido como prêmio, um incentivo ao bom comportamento e recompensa pelos bons serviços prestados, criando laços de respeito e gratidão entre patronos e libertos. Por outro lado, ela também era um anseio dos próprios escravos, que viam na manumissão um caminho para a tão sonhada liberdade, lutando por ela das mais variadas formas[214].

Pode-se concluir com base nesses trabalhos que a manumissão era uma prática também concebida de forma distinta por senhores e por escravos. Para os escravos, a manumissão representava uma conquista, produto de uma longa luta dentro e fora do cativeiro, que podia ocorrer como retribuição ao bom comportamento, compra por pecúlio, conquista da afeição do senhor ou resultado de uma luta na Justiça. Já para os senhores, a alforria era uma concessão, fruto de sua vontade e benevolência para com o cativo, uma operação muito vantajosa, já que os laços estabelecidos entre libertos e patronos garantiriam a continuidade de seu domínio sobre o ex-escravo e a manutenção da escravidão um todo[215].

---

[214] Entre outros: SLENES, 1996; PAIVA, 1995; BERTIN, 2004.

[215] LARA, Sílvia Hunold. *Campos da violência*: escravos e senhores na Capitania do Rio de Janeiro. Rio de Janeiro: Paz e Terra, 1988. p. 268.

É exatamente essa diversidade nas concepções da alforria que permite aos historiadores realizar análises dessa prática por dois ângulos, um visto de baixo para cima – que busca de compreender os significados da conquista da liberdade para os cativos – e outro de cima para baixo – a fim de verificar a autodescrição senhorial e sua concepção de mundo. Assim, o estudo da manumissão permite adentrar vários aspectos da escravidão e apresenta-se como um campo altamente relevante para história do trabalho e das relações sociais.

Contudo, uma análise das práticas de alforria deve estar atenta para evitar o perigo da generalização, especialmente o de tomar a manumissão como um elemento invariável e uniforme, que teria vigorado no Brasil sempre da mesma maneira, com os mesmos significados e objetivos e com a mesma intensidade. Um exemplo desse tipo de abordagem generalizante nos é dado por Rafael de Bivar Marquese em seu artigo "A dinâmica da escravidão no Brasil. Resistência, tráfico negreiro e alforrias, séculos XVII a XIX"[216]. Segundo o autor, a sobrevivência do sistema escravista, na longa duração, teria se tornado possível, por um lado, pelo incessante fornecimento de escravos africanos pelo tráfico atlântico e, por outro, pela criação de mecanismos de segurança capazes de evitar a ocorrência de um quadro social tenso como aquele do Caribe inglês e francês ou de Pernambuco do século XVII. Assim, a alforria seria parte de um processo institucional de manutenção da escravidão, assim como o tráfico. A manumissão de crioulos e mulatos seria o mais importante e efetivo desses mecanismos de segurança e controle, e a prova definitiva dessa interpretação é dada pela associação dos libertos com o sistema escravista, na medida em que, segundo esse autor, o grande anseio desse grupo seria a aquisição de escravos e a ascensão ao status de senhor[217].

Um dos problemas com essa análise é que ela aspira a construir um sistema ou uma equação para a escravidão no Brasil e para a atuação dos libertos como se elas pudessem ter sido as mesmas em todos os períodos. Além disso, as interpretações, embora baseadas no exame de cartas de alforria produzidas em Minas Gerais e na Bahia durante o final do século XVII até o início do século XIX, são generalizadas para todo o Brasil.

Ao contrário do que sugere Marquese, entretanto, desde muito a historiografia vem demonstrando que a manumissão foi um aspecto que variou bastante ao longo de todo o período de vigência da escravidão no

---

[216] MARQUESE, R. B. A dinâmica da escravidão no Brasil. Resistência, tráfico negreiro e alforrias, séculos XVII a XIX. *Novos Estudos CEBRAP*, São Paulo, v. 74, p. 107-123, 2006.

[217] *Ibidem*, p. 118.

Brasil. Tal característica da prática da manumissão já era anunciada por Eisenberg[218] e vem sendo reafirmada por muitos trabalhos nas últimas décadas, que estabelecem a alforria como um elemento bastante mutável em sua forma, volume, motivação e dimensão política, conforme o decorrer do tempo e os vários locais em que ela ocorreu.

Um exemplo desses trabalhos é o de Vanessa Gomes Ramos, que tem por objetivo verificar a escravidão e a prática de alforria exercida pelo clero católico na cidade do Rio de Janeiro entre 1840 e 1871. Com base nos dados fornecidos pela historiografia para o Brasil e principalmente para o Rio de Janeiro, a autora examina as modalidades de alforria e o perfil dos alforriados (sexo e naturalidade), utilizando como fontes as cartas de alforria eclesiásticas[219]. Essa autora estabelece que os padrões, as motivações e as escolhas dos indivíduos alforriados pelo clero católico não eram apenas específicos desse grupo como também possuíam variações quando praticados pelo clero secular e pelo regular[220].

Ao analisar dados fornecidos por suas fontes, Ramos encontra padrões de alforrias bastante próximos dos apresentados pela historiografia para o Rio de Janeiro; entretanto, quando desmembrados entre os dois grupos – clero secular e clero regular – e em recortes distintos, esses dados acabam por constituir um quadro bastante diverso. Um exemplo disso é sua análise das modalidades de alforria. Para o período de 1840 a 1864, a autora encontrou o mesmo padrão sugerido pela historiografia com predomínio das alforrias gratuitas, seguidas pelas pagas e, com menor ocorrência, as condicionadas à prestação de serviços. Entretanto, a análise desses números entre o clero regular e secular aponta para uma superioridade das alforrias pagas entre os padres ligados às ordens eclesiásticas. Além disso, a diminuição esperada desse tipo de alforria, após o fim do tráfico atlântico de escravos e o consequente aumento do valor da alforria, não ocorreu entre esse grupo – na verdade, houve um aumento dessa forma de concessão de manumissão pós-1850 pelo clero regular. Já entre os membros do clero secular, os padrões das modalidades de alforria mantiveram-se estáveis antes e após 1850, demonstrando a não influência do fim do tráfico nessa prática[221].

Para a autora, as especificidades entre as alforrias praticadas pelos dois tipos de clero era um produto de suas peculiaridades – eram grupos

---

[218] EISENBERG, 1989z, p. 270-274.

[219] RAMOS, Vanessa Gomes. *Os Escravos da Religião*: alforriandos do Clero católico no Rio de Janeiro imperial (1840-1871). Dissertação (Mestrado em História) – Universidade Federal do Rio de Janeiro, Rio de Janeiro, 2007.

[220] *Ibidem*, p. 46-76.

[221] *Ibidem*, p. 51-63.

distintos tanto na prática religiosa quanto em suas visões do mundo e, também, nas formas de inserção – e de sua situação econômica diversa. Essas diferenças refletiam-se também no modo e nas condições de vida dos escravos pertencentes a cada um dos cleros, promovendo variações de tipos de moradia; de formas de relacionamento com outros cativos; dos graus de parentesco; da possibilidade de acúmulo de pecúlio; das funções exercidas e da relação com o senhor[222].

O trabalho de Ramos demonstra o quão peculiar a alforria pode ser quando observada a partir do estudo de grupos específicos e em determinado momento histórico. Não podemos tomar a alforria como um todo, como única e exercida pelos mesmos padrões e motivos, principalmente quando pretendemos, como na presente análise, construir uma interpretação da alforria com base nas concepções senhoriais sobre essa prática. Para nosso estudo, a própria mutabilidade da alforria no decorrer dos anos é muito importante, assim como a especificidade do recorte temporal, uma vez que aqui se pretende efetuar não uma análise abrangente da manumissão, mas aquela pensada e exercida por um grupo de indivíduos: os testadores campineiros entre 1855 e 1871.

A importância da alforria para a manutenção da escravidão na segunda metade do XIX fica clara ao observarmos que as formas e as regras para a manumissão são postas em discussão no momento que a sociedade imperial passa a preocupar-se com um fim efetivo para a escravidão[223].

O que representava a alforria para os senhores de escravos em Campinas entre 1855 e 1871, um período tão conturbado do século, é o que pretendemos verificar nas páginas que se seguem, numa tentativa de compreender a própria alforria e o lugar que ela ocupava dentro dessa sociedade. Teremos sempre em vista a especificidade desse momento histórico e a peculiaridade de nossas fontes, nas quais estão registradas não as alforrias de fato, mas sim os projetos e as pretensões senhoriais para a vida de seus escravos e futuros libertos.

3.1 Alforria: uma doação?

A alforria desde muito antes da escravidão africana já fazia parte dos direitos costumeiros e das tradições católicas da Península Ibérica, aplicada primeiramente aos mouros e indígenas e agregada à prática da

---

222 *Ibidem*, p. 54-55.
223 PENA, 2001.

escravidão instituída durante o império português[224]. Já em 1514, encontramos a manumissão na legislação portuguesa, listada no Livro IV Título 50 das *Ordenações Manuelinas*: "Das doações, e alforria, que se podem revogar por causa de ingratidão"[225]. *É também no universo da doação que a alforria encontra-se definida nas Ordenações Filipinas, em que não há um título que trate diretamente das suas formas, exceto aquele acerca da revogação das doações e das alforrias por ingratidão: o Título 63 do Livro IV*[226]. Tal *título rezava que todas as doações sem cláusulas condicionais aceitas pelas partes e por um tabelião ou por pessoa que em seu nome as pudesse aceitar não poderiam ser revogadas, exceto por ingratidão daqueles que as recebiam para com o doador.*

Segundo as *Ordenações Filipinas,* eram considerados atos de ingratidão: injuriar o doador, de forma a envergonhá-lo, em sua presença ou ausência, perante juízo ou homens de bem; ferir o doador com pau, pedra, ou atacá-lo com as mãos com intenção de desonrá-lo ou injuriá-lo; causar danos à fazenda do doador; colocar em perigo ou atentar contra a vida do doador; não cumprir promessa feita ao doador no ato da doação[227]. No caso das viúvas que faziam doações aos seus filhos e depois contraíram novo matrimônio, apenas três motivos eram tomados como ingratidão tornando possível a revogação da doação: armar ciladas para sua mãe, colocar as mãos irosamente nela ou ordenar algo que resultasse na perda de toda a fazenda da doadora[228]. Quanto às doações de liberdade, as *Ordenações* rezavam o seguinte:

> [...] Se alguém forrar seu escravo, livrando-o de toda a servidão, e depois que for forro, cometer contra quem o forrou, alguma ingratidão pessoal em sua presença ou em ausência, quer seja verbal, quer de feito real, poderá esse patrono revogar a liberdade, que deu a esse liberto, e reduzi-lo à servidão, em que antes estava. E bem assim por cada uma das outras causas de ingratidão, porque o doador pode revogar a doação feita ao donatário como dissemos acima [...].[229]

---

[224] GONÇALES, 1995, p. 23-31.

[225] ORDENAÇÕES [...], 1984, p. 131-134. Livro IV, Título L. "Das doações, e alforria, que se podem revogar por causa de ingratidão".

[226] ORDENAÇÕES [...], 1870/2012, p. 863-867. Livro IV, Título LXIII. "Das doações e alforria que se podem revogar por causa de ingratidão".

[227] *Ibidem*, p. 863-865.

[228] *Ibidem*, p. 865.

[229] *Ibidem*, p. 865-866.

Além todos os atos apresentados que possibilitavam a revogação da alforria por ingratidão, o liberto ainda poderia voltar à escravidão ao deixar de remir seu patrono, em caso de este se tornar cativo, e ao não socorrer seu ex-senhor em caso de necessidade ou fome. Não obstante o fato de as Ordenações preverem a possibilidade da reescravização dos libertos, elas também garantiam a eles a proibição da revogação da alforria por ingratidão impetrada por herdeiros de seus ex-senhores após a morte deles[230].

A ideia da alforria estabelecida como uma doação permanece nos séculos XVIII e XIX. Segundo o Vocabulário de Raphael Bluteau (1712-1789), a alforria é a "liberdade que o senhor dá ao seu escravo"[231]; já no principal dicionário do século XIX, o Dicionário Morais (1812), a definição de alforria é "liberdade concedida ao escravo"[232].

Embora a alforria esteja claramente inserida no universo das doações, quando observada a partir da legislação portuguesa e dos dicionários já no início da segunda metade do século XIX, tais definições não parecem esgotar o assunto. Segundo Eduardo Spiller Pena, é exatamente nesse momento que os homens das leis começam a posicionar-se quanto aos caminhos da emancipação – motivados por um lado pelo crescente embate entre senhores, escravos e libertos nos tribunais e a falta de leis modernas que regessem essas disputas e por outro como fruto de uma característica própria do positivismo do oitocentos e do ser advogado naquele momento[233]. Ainda segundo o historiador, esses juristas acreditavam serem detentores de uma "missão redentora" cuja meta era preparar uma passagem para a liberdade sem, contudo, atentar contra a propriedade, não apenas no campo privado das relações pessoais, mas principalmente na preservação a ordem pública do Estado[234].

Dentro desse círculo de discussões e busca por formalizar as regras de direito que regiam as questões da escravidão, a alforria despontava como um tema central, sendo foco da preocupação de vários jurisconsultos. Talvez o mais expressivo deles seja Malheiro, cuja obra busca sintetizar e organizar a prática da escravidão com base em seus aspectos legais, históricos e sociais e que dedica à alforria uma extensa e importante parte de seu trabalho[235].

---

[230] *Ibidem*, p. 866-867.
[231] BLUTEAU, 1712-1789, p. 247.
[232] SILVA, 1922.
[233] PENA, 2001, p. 361.
[234] *Ibidem*, p. 362-363.
[235] MALHEIRO, 1976.

Em seu ensaio, Malheiro estabelece como meios para o fim da escravidão: a morte do escravo, a manumissão ou alforria ou a disposição da lei. Para construir sua análise e, principalmente, para estabelecer o que era a alforria, as regras que a determinavam e os elementos que permeavam tal prática no Brasil da segunda metade do século XIX, Malheiro utiliza tanto o Direito Romano quanto as resoluções sobre heranças e doações contidas nas *Ordenações Filipinas*. Segundo o jurista, a alforria era a possibilidade de restituição da liberdade ao cativo por ato voluntário do senhor, concedida entre vivos ou por morte do senhor, podendo em alguns casos ser concedida por determinação da Lei, tendo como fundamento a intenção senhorial ou por "pura disposição do legislador, mediante indenização ou sem ela"[236].

Assim, a alforria na obra de Malheiro estava fortemente atrelada à vontade do senhor, como um ato voluntário de restituição da liberdade e não de doação – contrariamente ao que versava a legislação portuguesa, mesmo que o jurista nela apoie vários de seus argumentos, e os dicionários do século XVIII e da primeira metade do XIX. E aqui surge uma diferença no conceito de alforria essencial para a nossa análise, pois é exatamente no momento em que as discussões sobre a alforria estão se acirrando, em que os homens de direito tomam para si a tarefa de pensar por quais caminhos a escravidão deveria seguir, criando interpretações jurídicas para essa prática, e as causas da liberdade passam a ser sistematizadas a partir de algumas disposições do Direito Romano.

Os juristas do império, como Malheiro, foram buscar nesse código de leis disposições que melhor se enquadrassem nas necessidades da liberdade. Segundo Pena, a própria utilização do Direito Romano como norte para as questões da liberdade é fonte de uma grande discussão entre os advogados, posto que nem todas as suas disposições serviam ao projeto emancipacionista assumido por parte desses indivíduos e um reflexo disso é que na obra de Malheiro há uma clara distinção daquilo que correspondia à legislação escravista romana e aquilo que dela deveria ser eliminado ou adotado para o Brasil do século XIX[237].

A interpretação de Malheiro da alforria como a restituição da liberdade se baseia no conceito de liberdade como um Direito Natural e, portanto, inerente ao homem, não podendo ser comprada nem vendida[238];

---

[236] *Ibidem*, p. 68.
[237] PENA, 2001, p. 110.
[238] *Ibidem*.

consequentemente, a liberdade não podia tornar-se um bem. Por motivos diversos, um homem estava sujeito a ter sua liberdade suprimida, o que promovia a possibilidade de o indivíduo tornar-se propriedade[239]. Ao ter a alforria, o liberto não se tornava proprietário de si mesmo, mas sim resgatava a liberdade que lhe fora tirada, tornando-se teoricamente "senhor" de sua vontade e, principalmente, adquirindo a cidadania. Isso fica claro no trecho que segue: "[...] a liberdade é legitimamente adquirida; e o escravo assim liberto entra na massa geral dos cidadãos, readquirindo a sua capacidade civil em toda a plenitude, como os demais cidadãos nacionais, ou estrangeiros [...]".[240]

Com todas as ressalvas e os limites apontados por Malheiro para a atuação dos libertos, nesse trecho fica bastante clara a preocupação do jurista em construir uma interpretação da alforria na qual a liberdade adquirida é equivalente à inserção do liberto no rol dos cidadãos. Essa é uma preocupação que permeia várias das discussões sobre a emancipação no período por nós analisado, e nos posteriores, e que encontramos também nas notas de rodapé que acompanham a edição realizada por Cândido Mendes de Almeida, em 1871, das *Ordenações Filipinas*.

Nas notas do editor dessa publicação[241], a origem da palavra "alforria" é apresentada como sendo do árabe al-horria, que "significa a liberdade do cativeiro, concedida ao escravo"[242]. Cândido Mendes de Almeida, ao conceituar esse termo, afirma não ser a alforria propriamente uma doação e fundamenta essa afirmação com uma citação da Consolidação das Leis Civis, de Augusto Teixeira de Freitas[243]. Segundo o trecho citado, a alforria não podia ser considerada uma doação, pois o senhor, ao libertar seu escravo, sacrificaria por liberalidade uma propriedade verdadeira – que em certa medida criava o elemento essencial de uma doação –, todavia, o escravo não receberia a propriedade (ele mesmo) como legado, mas sim sua liberdade. Tal operação aniquilaria completamente a propriedade, na medida em que a alforria não criava um novo proprietário, e sim um homem livre, "um sujeito capaz de direito"[244].

---

[239] ROCHA, 1991, p. 13, 14.

[240] MALHEIRO, 1976.

[241] ORDENAÇÕES [...], 1870/2012.

[242] *Ibidem*, p. 863, nota 3. Livro IV, Título LXIII.

[243] FREITAS, Augusto Teixeira de. *Consolidação das Leis Civis*. Artigo 417, inciso 3 *apud* ORDENAÇÕES [...], 1870/2012, p. 863. Livro IV, Título LXIII. "Das doações e alforria que se podem revogar por causa de ingratidão".

[244] Destacamos ainda que os argumentos utilizados por Freitas e citados por Almeida são embasados nas teorias sobre a posse e a propriedade de Friedrich Carl von Savigny, jurista alemão estudioso do Direito

Trata-se de uma interpretação da alforria preocupada em estabelecer a sua permanência ou não no campo da propriedade, uma vez que, embora o escravo seja um bem, a sua liberdade não o é. E nesse aspecto a concepção de alforria em que se alicerça Cândido Mendes de Almeida é bastante diversa daquela de Malheiro. Enquanto o primeiro busca nos cânones do Direito uma explicação para a sua visão da alforria como uma não doação, baseada na questão da posse, o segundo está preocupado em demonstrar que o escravo, ao ser restituído de sua liberdade, torna-se um cidadão. Entretanto, embora focadas em campos diversos, as duas interpretações mantêm a prática da alforria subordinada à vontade senhorial, ou seja, é a disposição do senhor do escravo em abrir mão de sua propriedade ou em restituir a liberdade que a torna possível.

Podemos estabelecer que a ideia da alforria como uma doação, na segunda metade do século XIX, passa a ser reinterpretada à luz do Direito Romano e, também, que independente das novas significações que recebia no campo conceitual – uma restituição da liberdade ou o fim da propriedade escrava – a prerrogativa senhorial de conduzir o ato para que ela ocorresse não foi contestada nos documentos aqui apresentados. Portanto, para além das mudanças e das discussões no campo jurídico, a alforria permaneceu atrelada à vontade do senhor e independente da maneira como ela era obtida ou concebida pelo escravo, ela era fruto da disposição senhorial de libertar, com ou sem ressarcimento financeiro.

3.2 Dar – Receber – Retribuir

A permanência da alforria no universo da vontade senhorial, a sua dependência da disposição do proprietário de renunciar a seu bem (o escravo) ou de restituir a liberdade aproxima a prática da manumissão das relações de troca desiguais e da dádiva, tal como discutidas pela Antropologia. A análise da dádiva e das noções de direitos e deveres que ela carrega em muito contribui para a compreensão da alforria na sociedade escravista brasileira na segunda metade do século XIX.

A troca de dádivas e contradádivas é algo há muito estudado e discutido pela Antropologia, sendo Mauss a principal referência teórica sobre o tema. Em seu *Ensaio sobre a dádiva*[245], o antropólogo francês toma como

---

Romano, cuja principal obra é *O Tratado da Posse*, de 1806.

[245] MAUSS, 1988.

foco de análise sociedades em que a inexistência de um mercado – nos moldes do capitalismo – excluía a concorrência pelo lucro e a ascensão ou decadência social dependiam do quanto o indivíduo ou grupo estava disposto ou habilitado a dar. Mauss estabelece que nessas sociedades a organização social, o sistema de manutenção de poder e a hierarquia eram totalmente derivados da troca de dádivas e contradádivas.

Uma das preocupações principais da obra de Mauss é a compreensão dos elementos ou mecanismos que permitem que, nas mais variadas sociedades, em períodos diversos e em contextos históricos diferentes, os indivíduos ou grupos sintam-se obrigados a dar, receber e retribuir, sempre restituindo o bem dado em igual ou superior proporção[246]. Em sua análise, Mauss cria o conceito de "espírito da dádiva", lançando para o campo do mítico e religioso a explicação para as obrigações de receber e retribuir.

Mauss constrói uma análise universalista, propondo a dádiva como uma prática que, com variações, permeia todas as sociedades por ele chamadas de arcaicas e que se mantém nas sociedades modernas, uma vez que por um lado foi fator determinante da formação das instituições do Direito nessas sociedades e, por outro lado, permanece nas relações pessoais como demonstração de gentilezas e do hábito de presentear[247]. Para Mauss, a dádiva permanece em todas as sociedades, independentemente das realidades históricas e sociais. Assim, sua análise possui duas vertentes primordiais: a primeira, que nos interessa aqui, é a que trata a dádiva sob o ângulo econômico, das trocas iguais e desiguais[248], e a segunda é aquela que observa essas práticas pelo viés do Direito e realiza a análise da separação entre o direito pessoal (das pessoas) e o real (das coisas)[249].

Para Lygia Sigaud, contudo, essas duas vertentes de análise sobre a dádiva foram se tornando, devido às escolhas dos antropólogos que as comentaram e utilizaram, exclusivamente uma análise da troca e da economia. Segundo ela, o Direito, que é tema central na obra de Mauss, assim como em todos os durkheimeanos, foi aos poucos relegado a um segundo plano pela Antropologia, até ser completamente esquecido[250]. Assim, o *Ensaio Sobre a Dádiva* foi transformado em na "teoria da reci-

[246] GODELIER, Maurice. *O enigma do dom*. Rio de Janeiro: Civilização Brasileira, 2001. p. 19.

[247] MAUSS, 1988, p. 175-182.

[248] *Ibidem*, p. 59-78.

[249] *Ibidem*, p. 143-174.

[250] SIGAUD, Lygia. As vicissitudes do ensaio sobre o dom. *Mana*, [s. l.], v. 5, n. 2, p. 89-123, out. 1999. p. 115.

procidade", na medida em que os antropólogos fixaram-se somente em querelas sobre o "espírito da dádiva"[251].

Um exemplo clássico dessas análises que transformaram a obra de Mauss em uma "teoria da reciprocidade" é a de Claude Lévi-Strauss, cuja principal discussão da obra de Mauss gira em torno daquilo que obriga o indivíduo a retribuir a dádiva recebida, combatendo a ideia de Mauss de que tal prática estava relacionada ao plano mítico e religioso. Segundo Lévi-Strauss, as questões propostas por Mauss só poderiam ser respondidas com base no campo simbólico, dos significados e significantes. Lévi-Strauss estabelece como elemento integrante da sociedade expressar-se simbolicamente em seus costumes e em suas instituições e a resposta para o "enigma da dádiva" está naquilo que ele chama de "significante flutuante", e não no campo mítico religioso. Argumenta que, apesar do aparecimento da linguagem e do consequente estabelecimento de significados, o "mundo" não passou a ser mais conhecido, o que acabou produzindo uma infinidade de significantes possíveis para um significado, criando uma categoria de "significados flutuantes", de *símbolos* em seu estado puro, os quais possuem a capacidade de assumirem qualquer significado. A existência constante de inequações entre ambos – significante e significado – acaba sendo lançada ao campo do divino, ao mítico. Assim, o *mana* ou o *hau* (espírito da *dádiva*) torna-se um *símbolo* em seu estado puro, podendo carregar qualquer significado[252].

Outro antropólogo a entrar nessa discussão é Maurice Godelier, que contesta a interpretação de Strauss de promover o apagamento do papel ativo do conteúdo das relações históricas específicas na produção do pensamento mitológico. Segundo Godelier, o pensamento e a realidade social são essenciais na construção das explicações para o "espírito da dádiva"[253]. Especialmente dois aspectos levantados por Godelier em sua análise da obra de Mauss são de extrema importância para as discussões aqui desenvolvidas, uma vez que propõem explicações para a dádiva e para a contradádiva com base na observação da realidade histórica e social. O primeiro desses aspectos diz respeito ao tipo de relações estabelecidas entre os indivíduos nessa operação: segundo Maurice Godelier, a dádiva é essencialmente uma prática ambivalente que tem o poder de unir pai-

---

[251] *Ibidem.*

[252] LÉVI-STRAUSS, Claude. Introdução á Obra de Marcel Mauss. *In*: MAUSS, Marcel. *Ensaio sobre a dádiva*. Lisboa: Edições 70, 1988. p. 43-45.

[253] GODELIER, 2001.

xões e forças opostas, uma vez que ela aproxima e afasta os indivíduos envolvidos no momento em que faz um devedor do outro[254].

O segundo aspecto que nos interessa é que, para esse autor, a contradádiva, o retorno da dádiva ao seu proprietário inicial, pressupõe que a dádiva nunca deixou de pertencer ao doador. Há, para ele, uma realidade, um plano social, que é o fato de que nas sociedades em que a dádiva opera, ou seja, dentro da teoria da reciprocidade, o doador nunca deixa de ser o real proprietário do bem doado e é essa realidade social que impera sobre o objeto. É ela que o controla e define, mesmo antes da doação, antecipando seus usos e movimentos[255]. É essa realidade social, essa propriedade ainda dominante em toda a circulação posterior do bem dado, que obriga aquele que recebe a retribuir.

Essa manutenção da propriedade dá-se porque a dádiva é o contrário da troca utilitarista, pois implica "um crescimento da consciência do ser, um incremento de autoridade e de fama para o doador"[256]. Mais que promover o enriquecimento ou a aquisição de mercadorias ou objetos, a dádiva tem como intuito delegar prestígio, constituir nome, conferir fama e dar valor de renome ao doador. Segundo Eric Sabourin, nas dádivas não há nem troca nem compra, pois a dádiva e a contradádiva são partes integrantes de uma dialética social e econômica polarizada pela honra e pelo prestígio, que proíbe que elas sejam reduzidas a uma troca segundo o interesse do doador[257].

Dessa forma, a dádiva, ou o dom, torna-se muito mais que uma simples troca, ou transação comercial ou de mercado, pois nela estão envolvidas tanto as coisas como as pessoas e as contradádivas inerentes a essa operação envolvem muito mais que simples objetos, pois devem retornar ao doador em forma de obrigações, respeito e gratidão. Sobre esse último aspecto, Pierre Bordieu argumenta ser o dom uma economia orientada para a acumulação de capital simbólico, que se expressa por meio da linguagem da obrigação, criando pessoas ligadas e constrangidas a retribuir, numa operação em que a submissão daquele que recebe é não apenas aceita, como também bem-vinda[258].

---

[254] *Ibidem*, p. 21.

[255] *Ibidem*, p. 70.

[256] SABOURIN, Eric. Marcel Mauss: da dádiva à questão da reciprocidade. *Revista Brasileira de Ciências Sociais*, [s. l.], v. 23, n. 66, p. 131-208, fev. 2008. Disponível em: http://www.scielo.br/pdf/rbcsoc/v23n66/08. pdf. Acesso em: 1 dez. 2024.

[257] *Ibidem*, p. 131.

[258] BOURDIEU, Pierre. Marginalia. Algumas notas adicionais sobre o dom. *Mana*, [s. l.], v. 2, n. 2, p. 7-19, 1996. p. 15.

É principalmente essa capacidade da troca de dádivas, de criar sujeitos obrigados, que alguns historiadores têm utilizado para explicar a criação de laços de dependência no interior das sociedades modernas no Antigo Regime. Esse é, por exemplo, um argumento utilizado por Natalie Zemon Davis em seu *The Gift in Sixteenth-Century France*[259], que analisa os significados do dom na França durante o século XVI, em vários campos da sociedade, e demonstra como a troca de doações pode servir para explicar as tensões, alianças e conflitos nos âmbitos familiar, econômico, político e religioso. O objetivo de Davis não é o de realizar um estudo sobre a dádiva, e sim sobre aquilo que ela chama de *"gift mode"* ou *"gift register"* na França do século XVI. Segundo a historiadora, a troca de dons persiste na sociedade como um repertório de comportamento, linguagens e gestos, ocorrendo de forma mais ou menos intensa em determinados momentos, mas que nunca perde o seu significado[260].

Para essa autora, uma das características mais importantes da troca de dádivas é a forma como ela se converte em técnicas e maneiras que permitem suavizar as relações entre indivíduos em mesmos e diferentes níveis sociais, impedido o rompimento delas. No que se refere às relações desiguais, a autora demonstra como a troca de favores, dons, as pensões e os festejos oferecidos aos que estavam abaixo na escala social servia para criar laços de obrigação para com aqueles que estavam acima[261].

Também para o caso português, Ângela Barreto Xavier e Antonio Manoel Hespanha fazem uso de alguns elementos apresentados por Mauss a fim de analisar a economia do dom e a dinâmica daquilo que chamam de "campo de poderes informais"[262]. Segundo esses autores, o dom constituía-se como o exemplo mais paradoxal das obrigações sociais do governo português no Antigo Regime, aparecia como ato gratuito de dar, fazendo parte de um:

> [...] universo normativo preciso e detalhado que lhe retirava toda espontaneidade e o transformava em unidade de uma cadeia infinita de atos beneficiais, que constituem as principais fontes de estruturação das relações política. E, correspondentemente, as categorias desta 'economia do dom' estavam na base de múltiplas práticas informais de

---

[259] DAVIS, Natalie Zemon. *The Gift in Sixteenth-Century France*. Wisconsin: University of Wisconsin Press, 2000.

[260] *Ibidem*, p. 9.

[261] *Ibidem*, p. 34-42.

[262] XAVIER; HESPANHA, 1993, p. 381.

poder e na formulação de mecanismos próprios e específicos a este universo político singular, como, por exemplo,
as redes clientelares.[263]

O dom nessa sociedade funcionava como um fixador e constituidor
dos níveis políticos. Introduzia o doador e o recebedor em uma economia
de favores. Operava tal qual a dádiva estudada por Mauss, atuando em
um circuito de obrigatoriedade em que dar constrangia a receber e a restituir. Agia, também, em um campo com limites difíceis de serem identificados, uma vez que sua dimensão estendia-se para além do econômico,
englobando o político e o simbólico. Assim como a dádiva nas sociedades
analisadas por Mauss na sociedade portuguesa do Antigo Regime, o dom
funcionava como uma relação dupla. Por um lado, denotava a igualdade
entre os envolvidos, por estarem lado a lado em uma relação de troca, e
por outro a desigualdade, na medida em que estabelecia a superioridade
do doador, que dá sem exigir contrapartida – mesmo estando ela implícita
no ato de doar. Nesse contexto, a contrapartida permanecia associada à
ideia de respeito, serviço, gratidão por parte do recebedor[264].

Trabalhos como o de Davis e de Xavier e Hespanha demonstram que
a categoria analítica da dádiva pode servir como importante aliada para a
análise historiográfica de várias sociedades, principalmente daquelas em
que as relações pessoais baseavam-se na dependência e em obrigações
mútuas – sociedades como a do Brasil na segunda metade do século XIX,
matizada por relações em níveis desiguais de dependência e principalmente pela relação entre senhores e escravos.

3.3 O dom na relação senhor-escravo

A dinâmica estudada por Xavier e Espanha pode ser também trans-
portada para a relação senhor-escravo, em que a relação de "amizade" –
pressuposta pelo dom – assumia o seu maior grau de desigualdade, seu
nível extremo[265]. No interior dessa relação, a doação da alforria insere-se
na categoria de "atos generosidade irretribuíveis", em que a prática do

---

263 *Ibidem*, p. 382.

264 *Ibidem*.

265 Tomamos aqui a ideia de amizade desigual estabelecida entre níveis diferentes e desiguais de indivíduos –
como rei e vassalos ou pai e filhos. Segundo Xavier e Hespanha (1993, p. 385), "A amizade foi discutida por
Aristóteles (Ética e Nicómaco) para quem esta claramente constituía o suporte para os laços políticos mais
permanentes, como fonte de favores duráveis. Distingue as amizades fundadas sobre a 'virtude' das que
visam a utilidade e o prazer. Desse mesmo modo, distingue a amizade fundada entre iguais daquela entre

dom dá-se entre indivíduos em condições de assimetria duráveis, uma vez que aqueles que ela reúne estão separados por defasagens econômicas ou sociais[266].

Nessas relações, elimina-se a "contrapartida direta" devido à impossibilidade de o recebedor do dom colocar-se no mesmo nível do doador – retribuir na mesma medida, impedindo a existência de uma reciprocidade direta, que por si mesma geraria a autonomia do agraciado com a dádiva. Esse tipo de doação cria relações de dependência duráveis que tendem "a se inscrever nas dobras do corpo sob a forma de crença, de confiança, de afeição, de paixão"[267].

O surgimento de relações de dominação e dependência é intrínseco à dinâmica da dádiva, isso porque o dom obriga, produz pessoas forçadas a retribuir. Operando no interior de uma relação desigual, na qual quem dá se coloca acima de quem recebe, cria obrigações, o dom institui uma dominação legítima. Cria também a submissão legítima, aceita e esperada por toda a sociedade, pelos que estão acima e pelos que permanecem no plano mais baixo da hierarquia social[268].

De tal modo, seguindo as pegadas de Bourdieu, quando olhamos para a alforria inserida no universo do dom e a partir da perspectiva senhorial – como uma dádiva concedida pelo senhor e aceita pelo escravo –, temos dominantes e dominados como compartilhadores do mesmo cabedal ideológico. Esse compartilhamento permitia que a sociedade brasileira no século XIX fosse hierarquizada com base em relações de dependência. Enquanto dádiva, a alforria beneficiava em grande medida os senhores, funcionava como um reforçador do poder senhorial, como um elemento da produção e reprodução das relações sociais, na medida em que ampliava as redes clientelares[269].

Nessa operação, aos olhos do senhor – como aquele que por um ato de sua vontade cedia ao outro um bem, a saber, a liberdade – o escravo apresentava-se como recebedor, obrigado a aceitar e a retribuir em gratidão e respeito. Para o escravo muitas vezes essa operação não se processava da mesma maneira, mas acreditamos que, ao inserir-se nessa dinâmica,

---

desiguais (como seria, por exemplo, a estabelecida entre o governante e os governados, entre o pai e o filho, entre o patrão e o cliente)".

[266] BOURDIEU, 1996, p. 15.

[267] *Ibidem.*

[268] *Ibidem.*

[269] SOARES, 2006, p. 201.

o escravo poderia garantir para si, e talvez para os seus, certa estabilidade no mundo dos libertos. Assim, as doações de liberdade gratuitas, sem ônus ou exigência, aliadas ou não a doações de bens aos libertos, enquadram-se nos pressupostos do dom, da dádiva, numa operação em que o doador prende aquele que recebe em um universo de obrigações, de deferência e, para o caso das relações entre indivíduos tão afastados socialmente, de sujeição e dependência.

Por outro lado, a doação ou a concessão senhorial não se apresentava sempre revestida do desprendimento e do desinteresse característico da dádiva, uma vez que podia exigir a contrapartida direta, o retorno em ações, posturas, cumprimento de determinadas ordens. Apesar disso, a concessão da alforria sempre pressupunha a deferência e a gratidão, mesmo após o cumprimento das condições impostas pelos senhores, operava ainda dentro do mesmo universo de obrigações e criava relações de dependência. Essa característica da atuação senhorial nos testamentos não se reservava apenas ao trato com os escravos e futuros libretos, doações senhoriais geralmente vinham acompanhadas de cláusulas restritivas que demonstram a crença senhorial de ser detentor do poder em gerir, mesmo após a morte, as vidas daqueles que estavam sob seu domínio – sejam escravos, parentes próximos, agregados ou herdeiros.

A prescrição de cláusulas está presente em praticamente todos os testamentos por nós analisados, não apenas naqueles que envolvem escravos. A vontade senhorial era imputada a diversos indivíduos com os mais variados níveis de exigência; todavia, são nos testamentos em que se dispõem promessas de alforria condicionais que a crença no poder e na extensão dessa vontade, ou a imagem que se tem dela, torna-se mais clara e aparente.

Embora as alforrias condicionais não sejam as de maior número no montante da documentação (41,9%), elas são de extrema importância para a compreensão da ideologia senhorial e de sua política de domínio. As cláusulas impostas aos escravos para alcançar a liberdade podem, quando observadas mais de perto, revelar muitas facetas do universo senhorial e de sua interpretação da alforria.

O gráfico a seguir mostra os tipos de condições que eram impostas pelos senhores de escravos campineiros (39) aos seus libertandos (109):

Gráfico 21 – Tipos de condições das promessas de alforria em testamentos, Campinas, 1855-1871

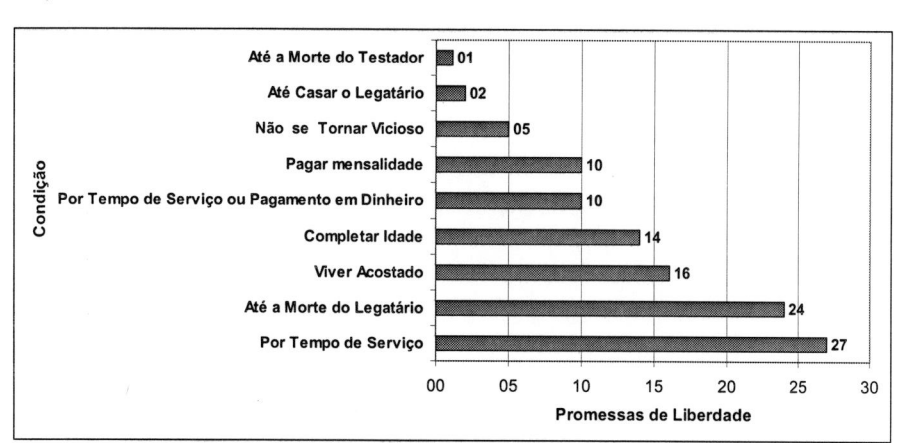

Fonte: Centro de Memória da Unicamp, Tribunal de Justiça de Campinas, 1855-1871

No Gráfico 21, podemos verificar a grande predominância de promessas de liberdade condicionadas à prestação de serviços em detrimento daquelas vinculadas a algum tipo de comportamento. Quando somamos as categorias que exigiam o trabalho do liberto (por tempo determinado ou até a morte ou casamento do legatário) ou algum tipo de oneração monetária (pagar mensalidade), temos cerca de 80% das promessas de alforria condicionais. Essa superioridade demonstra que os senhores de escravos campineiros, nos anos entre 1855 e 1871, quando concediam a promessa de liberdade condicional aos seus escravos, faziam-no com exigência de contrapartidas diretas. A seguir verificaremos de forma mais aproximada cada uma dessas categorias atentando para as contrapartidas exigidas por esses senhores e as suas implicações no interior da relação senhor-escravo.

Para a categoria "até a morte do testador" encontramos o caso único em que o senhor faz uso de seu testamento para registrar a concessão da alforria condicionada à sua morte – o já citado caso de dona Joanna Francisca Martins que, entre outras promessas de alforria, concedeu em tais termos a manumissão a João crioulo[270]. Foram computados também os escravos que receberam a promessa de alforria com a condição de

---

[270] Testamento de Joanna Francisca Martins, 28/08/1862. Testamentos Avulsos, cx. 04, n. 168; Ver também: Livro de Registro de Testamento 163 de 11/09/1866 a 11/02/1871, n. 022, TJC – Centro de Memória da Unicamp.

servir até "completar idade" e "por tempo de serviço ou pagamento em dinheiro", mas não foram destinados a nenhum legatário, provavelmente mantendo-se como servidores dos herdeiros de seu senhor até que o prazo estabelecido fosse cumprido. Esse é o caso dos dois escravos de João Correa de Campos, Cassiano e André, que se tornariam livres após 20 anos de serviços prestados[271]. Em seu testamento, esse senhor não especifica a quem esses escravos deveriam servir; assim, inferimos que seria a seus três filhos e herdeiros. Outro exemplo de senhor que impõe condições para a liberdade de seus escravos sem, contudo, destiná-los a um legatário é Joaquim José Cardoso, que concede a promessa de liberdade a todos os seus 26 escravos. Já se precavendo de uma possível insuficiência de fundos para cumprir todas as suas disposições, ele elege entre os escravos 11 que ficavam obrigados a pagar a diferença se necessário[272].

Esses escravos, embora tenham recebido a condição de, se preciso fosse, pagar em dinheiro ou em trabalho a sua liberdade e de alguns de seus companheiros de cativeiro, não entraram em legado e, uma vez que a importância deveria ser integrada ao monte-menor, também não foram inclusos na modalidade paga. Nossa opção, por não os integrar a uma das categorias citadas, justifica-se em virtude de a condição a eles imposta por seu senhor ser bastante variável, podendo no momento da morte do senhor e da abertura de seu testamento gerar alforrias tanto gratuitas (em caso do valor da meação ser suficiente para cobrir o custo das doações de bens e das 26 alforrias), como condicionais (em caso do pagamento em trabalho) ou ainda como pagas (se os 11 escravos entrassem com o valor em dinheiro).

Outro grupo que podemos destacar na análise do Gráfico 21 é aquele que apresenta como condição que o escravo viva acostado com um herdeiro ou parente do testador. Essa categoria muitas vezes se apresenta no discurso senhorial com um tom de recomendação, uma demonstração da preocupação do senhor com o amparo dos escravos, como nos casos já citados de Tibúrcio e de João Moçambique[273]. Em outras, aparece como uma imposição, como é o caso de Vicente Ferrer do Amaral, solteiro, sem

---

[271] Testamento de João Correa de Campos, 09/10/1969. Testamentos Avulsos, cx. 06, n. 247. Ver também: Livro de Registro de Testamento 164 de 11/09/1866 a 11/02/1871, n. 042, TJC – Centro de Memória da Unicamp.

[272] Testamento de Joaquim José Cardoso, 14/04/1863. Testamentos Avulsos, cx. 04, n. 178; Ver também: Livro de Registro de Testamento 163 (17/06/1859 a 11/06/1866), n. 065, TJC – Centro de Memória da Unicamp.

[273] Testamento de Maria Rosa de Toledo, 15-01-1859. Testamentos Avulsos, cx. 03, n. 127; Ver também: Livro de Registro de Testamento 163 (17/06/1859 a 11/06/1866), n. 026, TJC – Centro de Memória da Unicamp.

herdeiros forçados, que, em 19 de agosto de 1862, instituiu como herdeiros em partes iguais os seus três irmãos e concedeu promessa de alforria aos três escravos, Martiniano, Francisco e Tibério, nos seguintes termos:

> [...] Declaro que desde o dia do meu falecimento ficam libertos os meus escravos Martiniano, Francisco e Tibério, ficando debaixo da tutela de minha irmã Maria Rita: e com a condição de morarem e desfrutarem a parte que tenho no sítio [...] a fim de não se perderem com algum vício, e todos os seus filhos [...].[274]

A condição imposta aos três escravos pode representar a garantia de estabilidade e de amparo, mas também restringia a sua atuação. Ao impor que Martiniano, Francisco, Tibério e seus descendentes vivessem no sítio em companhia e sob a direção de sua irmã Maria Rita, esse senhor criava, imediatamente após a sua morte, laços de dependência dos primeiros em relação à segunda, retirando os três da escravidão e inserindo-os no universo dos libertos com certa segurança, mas também cerceando a liberdade concedida, atrelando-os ao sítio.

Esse é um dos vários exemplos encontrados na documentação em que o senhor, ao fazer a promessa de alforria a seus escravos, estende o seu domínio sobre a vida deles para além de sua morte, para garantir, seja a permanência deles com seus familiares, seja que eles sigam caminhos considerados corretos e a continuidade dos laços de dependência. Esses laços eram muito mais difíceis de serem mantidos no caso das doações de alforrias em testamentos do que nas concedidas durante a vida do senhor, uma vez que com a morte do senhor a relação patrono-liberto não poderia existir. Também era uma forma de garantir que esses indivíduos transferissem a deferência e a gratidão pela alforria concedida aos familiares de seu senhor, criando dessa forma um renovado circuito de relações. Assim, afiançar, por meio das condições e recomendações que acompanham a doação da liberdade em testamento, a criação ou o reforço de laços entre seus herdeiros, familiares e seus libertos, criando novos patronos para esses indivíduos, podia ser a garantia da própria continuidade das estruturas de poder vigentes na sociedade paternalista.

Encontramos, ainda, no Gráfico 21, o grupo formado por 10 escravos que receberam a promessa de liberdade do capitão José Pedro de Siqueira

---

[274] Testamento de Vicente Ferrer do Amaral, 19/08/1862. Testamentos Avulsos, cx. 04, n. 167; Ver também: Livro de Registro de Testamento 165 de 18/01/1872 a 11/07/1973, n. 005, TJC – Centro de Memória da Unicamp.

com a condição de pagarem a dona Luiza Eufrazina da Conceição uma contribuição mensal pelo período de quatro anos, com os seguintes valores: Bento carpinteiro – oito mil réis; Francisco e Sebastião – cinco mil réis cada; Luis, Manuel e João – quatro mil réis cada; Gertrudes – três mil réis; Antonio Congo, Felicidade e Antoninho – dois mil réis cada, isso para a manutenção da dita senhora e em retribuição aos serviços que ela prestou ao capitão José Pedro[275].

Por fim, a última categoria que aparece no Gráfico 21 é aquela em que os senhores estabeleceram como condição a retidão de conduta dos escravos, "não se tornar vicioso". Esse é o caso dos senhores Francisco Egydio de Souza Aranha e de Lourenço Antonio Leme, que, além de estabelecerem tal condição, previram a revogação da alforria caso a condição não fosse cumprida. Esses dois senhores fizeram uso do recurso garantido pelo costume e juridicamente ancorado nas *Ordenações Filipinas* da revogação da alforria como uma forma de garantir que seus escravos se portassem da maneira que eles e seus herdeiros julgassem adequada, dando a estes últimos o poder sobre os libertos como meio de mantê-los sob constante vigilância e sempre na iminência do retorno ao cativeiro.

Quando a manumissão é colocada e interpretada juridicamente no mesmo campo das doações que podem ser revogadas por ingratidão, ela também assume um papel transitório ou instável, uma vez que a permanência do ex-escravo fora do cativeiro torna-se incerta. Do mesmo modo que os senhores, ao transferirem em legado os seus bens impunham condições e restrições ao uso desses bens, mantendo, mesmo após a sua morte, certo poder sobre eles, ao concederem promessa de alforria a seus escravos esperavam a gratidão e a fidelidade senão a si mesmos, posto que estivessem mortos, aos seus familiares.

Assim, o registro e a formalização em testamento da possibilidade de revogação da alforria para seus escravos e futuros libertos feita por Francisco Egydio de Souza Aranha e Lourenço Antonio Leme podem ter duas possíveis explicações, que não se excluem, podendo completar-se: a primeira seria que ambos os senhores queriam garantir a presença desses escravos sempre próximos aos seus herdeiros, atuando de forma obediente e sujeitando-se à vontade deles, por isso registraram tal cláusula em testamento; a segunda, que, sendo conhecedores daquilo que rezavam

---

[275] Testamento de José Pedro de Siqueira, capitão, 16/10/1863. Testamentos Avulsos, cx. 04, n. 182; Ver Também: Livro de Registro de Testamento 164 (11/09/1866 a 11/02/1871), n. 016, TJC – Centro de Memória da Unicamp.

as *Ordenações Filipinas* no que se referia às doações, também sabiam que a revogação não era garantida a herdeiros[276] e assim, ao estabelecerem a possibilidade de anulação da doação no próprio testamento, resguarda-vam-se do próprio dispositivo legal que utilizavam.

A presença de apenas dois casos que previam a revogação da alfor-ria futura de seus escravos e de um único caso de promessa de alforria cancelada em codicilo, o caso de dona Anna Maria do Patrocínio, que anulou a promessa feita à escrava Eugenia[277], reflete a pouca utilização dos senhores de escravos de Campinas e arredores do recurso da revoga-ção ou da tentativa de reescravizar seus libertos. Durante todo o século XIX, foram impetradas no Tribunal de Justiça de Campinas apenas 19 Ações de Manutenção de Liberdade e nenhuma Ação de Escravidão, isso representa 12% total de ações relacionadas às questões sobre a liberdade encontradas nos cinco ofícios do TJC para o referido século. Todas essas Ações de Manutenção de Liberdade ocorreram após 1871 e mesmo as Ações de Liberdade são bastante incomuns em nosso recorte, apenas cinco foram impetradas entre 1805 e 1871[278].

Em Campinas, a prática da reescravização não levou muitos indi-víduos à Justiça, sendo os números bastante inexpressivos; todavia, elas existiram e demonstram que a reescravização ocorria, mesmo que em pequena escala, entre a população campineira e podem trazer para o palco histórias ricas. Para além da efetiva utilização ou não desse recurso legal por esses e outros senhores no decorrer do século XIX[279], a sua exis-tência e permanência entre as possibilidades jurídicas colocava a alforria em um campo de relações pessoais, em que a manutenção da liberdade conquistada pelo escravo dependia diretamente da manutenção do bom relacionamento com seu ex-senhor. Dessa maneira, o senhor/testador, ao agraciar seu escravo com a alforria, muitas vezes também criava "pro-gramas de vida", acreditando poder prever as ações dos futuros libertos,

---

[276] ORDENAÇÕES [...], 1870/2012. Livro IV, Título LXIII. "Das doações e alforria que se podem revogar por causa de ingratidão".

[277] Caso já citado no capítulo 2. Testamento de Anna Maria do Patrocínio, 16/11/1868. Testamentos Avulsos, cx. 06, n. 234; Livro de Registro de Testamento 164 de 11/09/1866 a 11/02/1871, n. 040 e 041, TJC – Centro de Memória da Unicamp.

[278] ABRAHÃO, Fernando Antônio. *As ações de liberdade de escravos no tribunal de Campinas*. Campinas: UNI-CAMP, 1989.

[279] Segundo vários autores, essa foi uma prática pouco utilizada por senhores no decorrer do século XIX, funcionando muito mais como uma possibilidade que como recurso adotado por senhores para manter o domínio e a dependência de seus libertos. *Cf.*: KARASCH, 2000; CHALHOUB, 1990; SOARES, 2006.

lançando mão de imposições para o pleno exercício da liberdade adquirida e criando meios de gerar novos laços entre os futuros libertos e herdeiros, sendo um deles a concessão da alforria condicional.

O escravo que recebia a promessa de manumissão em testamento, fosse ela condicional ou não, mantinha-se em um estado entre a escravidão e a liberdade, pois essas promessas de liberdade não eram alforrias de fato e colocavam esses indivíduos em uma situação ainda mais instável do que aqueles que recebiam manumissões em vida por meio de cartas, escrituras ou declarações públicas. Mesmo que o escravo não tomasse ciência dessa promessa ou da própria escrita do testamento, a intenção senhorial de conceder a liberdade mantinha o cativo em um estado transitório entre a escravidão ainda vivida e a alforria efetiva, na medida em que a promessa só se concretizaria se a vontade do senhor mantivesse-se a mesma, se os herdeiros a acatassem e se as possibilidades financeiras do senhor a permitissem. Aqui a liberdade estava sob condição não apenas de que o escravo cumprisse o que fora determinado pelo seu senhor, mas também de que todos os outros indivíduos envolvidos – senhor, legatários, herdeiros – mantivessem o projeto original traçado no testamento.

As motivações senhoriais para essas promessas podiam ser as mais variadas, como premiar parte da escravaria – contribuindo para a perpetuação da política de domínio senhorial, concedendo a graça pelo bom comportamento ou pelos serviços prestados. Podia, ainda, constituir-se em um "ato de caridade", uma tentativa de alcançar a redenção da alma por desprendimento ou generosidade, ou mesmo um meio de garantir a si mesmo o amparo e cuidado na velhice ou na doença. Assim, essas promessas de liberdade pretendiam mais que o simples ressarcimento ao senhor do valor do escravo ou daquilo que o senhor estabelecia como necessário para suprir seus herdeiros ou, ainda, do tempo que ele estabelecia para a criação de novos laços entre herdeiros ou legatários e libertandos.

Independentemente das motivações apresentadas em seus testamentos, a promessa de liberdade acabava por reforçar politicamente o domínio senhorial, como uma demonstração do poder de concedê-la ou não, isso porque na visão senhorial a possibilidade de libertar um escravo estava atrelada única e exclusivamente à sua vontade. Dessa forma, libertar era fruto de um ato de generosidade e receber em dinheiro, exigir serviços ou prometer liberdade como contrapartida direta completavam esse ato, estendendo-o e desdobrando-o em disposições que indicavam cuidado e proteção. As promessas de alforria concedidas como condicionais em testamento são as que revelam mais claramente a imagem de extensão de poder que os senhores acreditavam ter.

Ao conferir a promessa de liberdade e condicioná-la ao pagamento ou à prestação de serviços, o senhor, por um lado, pretendia antecipar o suprimento das necessidades de seus herdeiros e legatários, valendo-se de seu direito de proprietário e, por outro, exercia o seu poder senhorial ao demarcar o terreno em que deveriam atuar os futuros libertos, as novas relações que deveriam ter e muitas vezes estabeleciam as bases em que a nova relação, entre liberto e patrono, deveria ser construída.

Esse é o caso de dona Maria Michelina de Camargo Prado, viúva, mãe de quatro filhos vivos que, entre as doações feitas aos filhos e afilhados, deixou para a sua filha Catharina a crioula de nome Octávia, com a condição de que a filha conferisse liberdade à escrava quando ela completasse 25 anos[280]. A manumissão da crioula Octávia vinha condicionada à prestação de serviço, mas as resoluções de sua senhora também impunham limitações à sua atuação pessoal, como podemos verificar:

> [...] depois desta idade apesar de liberta não poderá sair da companhia de minha filha sem que tenha achado algum casamento, ou qualquer outro arranjo, que nunca poderá ser sem a aprovação da legatária, se durante o tempo da escravidão a escrava tiver produção, as crias se conservarão escravas durante o cativeiro da mãe, e quando a mãe ficar liberta também serão libertas as crias [...].[281]

Assim, segundo a vontade de dona Maria Michelina de Camargo Prado, mesmo após alcançar a alforria, Octávia não poderia sair do domínio de sua legatária, ou melhor, sua nova senhora, até que se casasse. Mesmo um futuro casamento estava condicionado à aceitação e aprovação de Catharina. Tal doação e suas imposições demonstram como, para essa senhora, a vida futura da escrava – mesmo quando libertada – estava atrelada à sua vontade. Assim, a manumissão não conferia a Octávia uma liberdade de fato, já que ela deveria permanecer sempre ligada à herdeira.

A doação feita por dona Maria Michelina permite-nos também verificar como são pequenas as nuanças que demarcam a imagem de

---

[280] Testamento de Maria Michelina de Camargo Prado, 11/05/1871. Testamentos Avulsos, cx. 06, n. 262; Ver também: Livro de Registro de Testamento 165 de 18/01/1872 a 11/07/1973, n. 029. TJC – Centro de Memória da Unicamp.

[281] *Ibidem.*

poder que os senhores acreditavam ter. Ao fazer sua doação, essa senhora enfatizou e reforçou o seu domínio – ou pelo menos a crença nele – ao declarar que Octávia "apesar de liberta" não poderia sair da companhia de sua herdeira. Com apenas essas duas palavras, a senhora limitou a liberdade concedida à escrava e deixou claro o tipo de relação que ela, senhora, esperava que se estabelecesse entre as duas outras mulheres. Por um lado, concedia à escrava a liberdade e colocava-a sob a proteção da herdeira até o momento em que se casasse e, por outro, exigia de Octávia a obediência e a submissão à vontade de sua nova senhora e futura patrona.

Outro senhor a limitar o exercício da liberdade concedida aqui por meio da imposição da prestação de serviços é Francisco de Paula Guedes, que conferiu promessa de alforria à crioula Milania a partir da data de sua morte "somente com a condição" de servir sua esposa durante a vida dela e "após a morte desta gozará de sua liberdade sem mais condição alguma"[282]. Aqui temos uma liberdade sob condição, uma vez que Milania passaria ao estado de liberta com a morte de seu senhor, mas ainda assim deveria prestar serviços à esposa de Francisco de Paula Guedes, somente entrando em pleno exercício de sua liberdade após a morte da senhora.

Outro caso, e talvez o mais emblemático dos aqui apresentados, é o de Antonio Martinho Gonçalves[283], casado, pai de 10 filhos (quatro do primeiro casamento e seis do segundo), que em 13 de setembro de 1862, ao redigir suas disposições de última vontade, deixou a terça para ser dividida metade entre os filhos do primeiro casamento e a outra metade entre os do segundo e a esposa. Esse senhor alegava, ainda, possuir um escravo de nome Raimundo, oficial carapina, a quem acenava com a possibilidade de liberdade da seguinte forma:

> [...] o qual pelos bons serviços que me tem prestado, faço-lhe a graça de que o mesmo fica obrigado pelo tempo de doze anos a dar jornais que costuma ganhar e que ganhar até os doze anos, e depois por mais cinco anos dará a metade dos jornais que ganhar nos ditos cinco anos ficando a metade para o dito mulato a fim de que sirva para o adjutório de

---

[282] Testamento de Francisco de Paula Guedes, 20/03/1855. Testamentos Avulsos, cx. 03, n. 92, TJC – Centro de Memória da Unicamp.

[283] Testamento de Antonio Martinho Gonçalves, 13/12/1862. Testamentos Avulsos, cx. 04, n. 170; Livro de Registro de Testamento 163 de 17/06/1859 a 11/06/1866, n.059, TJC – Centro de Memória da Unicamp.

> sua liberdade, e se no fim dos cinco anos ele não arranjar o
> seu valor irá continuando a dar sempre a metade do jornal
> até que possa ficar liberto [...].[284]

Nesse caso, os anos de bons serviços e provavelmente de construção de um relacionamento com seu senhor não proporcionaram a Raimundo uma alforria direta. A liberdade só poderia ser concedida depois que ele tivesse conseguido um pecúlio suficiente para alcançar o valor necessário para a compra de sua alforria. O ritmo dessa acumulação e o modo como ela poderia ser feita estavam, ainda, determinados pela vontade senhorial. Os próprios termos utilizados por Antonio Martinho Gonçalves para permitir tal acúmulo dizem muito sobre a sua visão sobre a alforria, demonstrando o quanto ela estava amarrada a essa vontade, que se manifestava pela "graça" concedida. Registrar isso em testamento visava muito mais que simplesmente garantir a Raimundo tal "graça", tinha antes de tudo o intuito de reforçar a disposição senhorial em concedê-la, numa clara demarcação e reafirmação do poder exercido por Antonio sobre o escravo.

Mesmo nos casos em que a concessão da liberdade é declarada ou descrita no testamento como um contrato, os termos utilizados pelo senhor para tal "negócio" acabam por reafirmar a sua prerrogativa em ceder ou conceder ao escravo um benefício. Esse é o caso, por exemplo, de dona Anna Joaquina Ribeiro de Barros, que, ao registrar o acordo feito entre ela e seu escravo Raymundo para a compra da alforria dele, o fez nos seguintes termos:

> Declaro que contratei o meu escravo Raymundo dar-lhe liberdade pela quantia de um conto e quinhentos mil réis em atenção aos bons serviços que me tem prestado e a cuja conta já me deu trezentos mil réis, no caso de não concluir o pagamento em minha vida deixo-lhe em legado para adjutório da mesma liberdade a quantia de duzentos mil réis, e o prazo de seis meses para arranjar o restante que faltar.[285]

Essa senhora explicita o "contrato" feito entre ela e o escravo, que parte de sua vontade, ao levar em conta os bons serviços do escravo para resolver dar-lhe a alforria. O enunciado promove o apagamento de toda e qualquer interferência do próprio escravo nessa negociação, afinal, segundo o testamento, ela o contratou. Outro aspecto interessante apresentado

---

[284] *Ibidem.*

[285] Testamento de Anna Joaquina Ribeiro de Barros, 21/11/1870. Testamentos Avulsos, cx. 06, n. 257, TJC – Centro de Memória da Unicamp.

nesse testamento é que dona Anna Joaquina, assim como Antonio Martinho Gonçalves, não concedeu ao escravo a alforria com a sua morte, e sim fez uso do testamento como espaço para registrar sua disposição em permitir que o escravo comprasse a sua liberdade. O testamento cumpre, assim, a função de registrar e impor aos herdeiros decisões que o senhor havia tomado em vida: no caso de Antonio Martinho, a possibilidade de o escravo acumular pecúlio entregando metade dos jornais, e no caso de dona Anna Joaquina, a doação de legar uma quantia ao escravo, para completar a parte do valor da manumissão já entregue por Raymundo e estabelecer o prazo para o pagamento integral do valor combinado.

Como pudemos ver, em vários testamentos campineiros por nós analisados, os senhores de escravos separavam a doação do ressarcimento do valor do cativo por meio da prestação de serviços ou de pagamento em moeda corrente. Daí a importância de observar-se os termos utilizados por eles para fazer tais doações, examinar mais detidamente pequenas expressões que demarcam a crença senhorial no próprio poder de gerir a vida de seus libertos, mesmo em um futuro em que eles, senhores, já não existiriam, mas que acreditavam pertencer-lhes. Todos os casos aqui apresentados demonstram que a alforria possuía uma característica que a tornava única no interior da dinâmica do dom, já que o ato de doar a liberdade não necessariamente anulava a necessidade de haver uma restituição monetária por parte do escravo. A relação senhor-escravo envolvia noções anteriores de poder, de direito e, também, de deveres, que não eram totalmente rompidas com a doação da liberdade, mesmo mediante pagamento. A doação da liberdade separava-se, assim, do valor do escravo, e não necessariamente implicava o fim do poder do senhor sobre ele.

Todo o direito legal sobre o escravo terminava com a manumissão, assim como todo o dever deste para com o seu senhor; desta forma a relação entre patrono e liberto estabelecia-se no campo das relações pessoais e era dependente dos laços que ambos construíam nos anos de cativeiro. Numa dinâmica típica do mundo paternalista do século XIX, no qual o exercício do poder prescindia a existência legal do direito e efetivava-se no interior das relações pessoais e de favor. No mundo criado pelos senhores de escravos, a restituição direta – em serviços prestados, pagamento em dinheiro ou em qualquer outra forma – não extinguia a dívida estabelecida entre doador e recebedor, pois o objetivo final da alforria, assim como o do dom, não era a simples troca de dádivas, mas sim o estabelecimento de laços sociais.

O ato de ceder estava além da restituição do bem, ele envolvia a ligação permanente entre os envolvidos. Assim, para o senhor, o fato de o escravo "pagar" – seja em dinheiro ou serviços – pela alforria não eliminava o caráter de doação da liberdade, não suprimia o ato senhorial e, portanto, não abolia o seu poder ou sua propriedade sobre a coisa dada, perpetuando a obrigatoriedade da contrapartida em gratidão e respeito.

A gratidão e o respeito esperados pelos senhores campineiros por nós analisados e expressos em vários dos testamentos já apresentados apareciam sob a forma de recomendações de boa conduta, da exigência de que os escravos se mantivessem juntos e sob os cuidados dos herdeiros e legatários ou, ainda, por meio da simples previsão da revogação da alforria concedida em testamento. Todos esses senhores expressaram em seus testamentos ideias parecidas com aquelas das *Ordenações Filipinas* ao estabelecer a possibilidade de revogação da alforria por ingratidão.

É exatamente a conduta da liberta Anna Joaquina, interpretada como ingratidão e traição, que leva Joaquim Roberto Alves a utilizar seu testamento para declarar inválido o reconhecimento dela como sua filha natural. Joaquim Roberto Alves, segundo seu testamento, forneceu o valor da alforria de sua suposta filha em consideração à mãe dela e, sendo solteiro na época, fez um testamento reconhecendo a filha. Por ocasião do casamento de Anna Joaquina com Elmo Antonio Bueno, mandou vir de São Paulo a certidão de batismo dela e verificou a impossibilidade de sua paternidade, devido à incompatibilidade das datas de seu registro de batismo e o período em que ocorreu o seu relacionamento com Aguida, mãe de Anna Joaquina.

Ao alegar ser tanto Anna Joaquina quanto o marido pessoas pouco confiáveis, por já lhe terem tirado muito dinheiro, e ao acusar a primeira de tentar prejudicar seu casamento, traindo-lhe a confiança, esse senhor aproveitou o testamento para confirmar a doação da liberdade e para negar o reconhecimento dela como sua filha, cancelando e tornando sem valor o testamento anteriormente feito. A anulação da paternidade e o registro da invalidade do testamento anterior davam-se pelo temor de que fosse subtraído pela liberta e usado para lesar sua esposa e seus filhos legítimos, uma vez que tal documento estava em posse da mãe do testador, com quem viveu Anna Joaquina[286].

---

[286] Testamento de Joaquim Roberto Alves, 28/10/1860. Testamentos Avulsos, cx. 04, n. 148, TJC – Centro de Memória da Unicamp.

Joaquim Roberto Alves, além da certidão de batismo com a data que demonstrava ser impossível ser o pai da dita liberta, utilizou como justificativas para a "revogação" da paternidade confirmada em seu primeiro testamento a ingratidão de Anna Joaquina: ela não havia se comportado de acordo com a liberdade concedida, a educação que recebera dos pais dele, o pagamento das dívidas contraídas por ela e o marido e, principalmente, havia tentado indispô-lo com sua esposa. Segundo esse senhor, todos os benefícios que concedeu a Anna Joaquina não obtiveram como retorno a gratidão e o respeito esperados de um filho para com seu pai, como vemos no trecho que segue:

> [...] ainda assim pago que me deu foi um dia enredar-me com minha mulher, que se esta não fosse de terna bondade seria a causa de minha separação, pois filha não faz traições a seu pai; por isso repito que pela certidão da idade dela não é nem pode ser minha filha, e se caso ela pretender por minha morte herdar, eu rogo a meu genro e meu filho que se ponham gastando o último vintém que eu deixar, pois que o Altíssimo Deus Todo Poderoso já lhe tem pago a traição que me fez [...].

Embora aqui não tenhamos um caso de revogação de alforria ou de exigência de determinada conduta para a vida futura do liberto, podemos ver claramente a postura senhorial diante não apenas de seus escravos e libertos, mas também de seus dependentes em geral. Os argumentos utilizados por Joaquim Roberto, ao elencar os motivos para a sua atitude em relação à liberta, poderiam guardar na verdade outras intenções, por exemplo, prejudicar a filha natural em favor dos filhos legítimos. Joaquim Roberto poderia aproveitar-se da condição incerta da liberta como sua filha ilegítima, já que ela só seria reconhecida como filha natural com a abertura do primeiro testamento, para retirar-lhe o direito à herança e proteger os filhos tidos dentro do casamento. Esse testador faz uso em seu novo testamento de argumentos que concentram as ideias de gratidão e respeito esperados tanto com as relações entre filho e pai quanto entre libertos e patronos. Desta forma, explica por um lado sua postura diante de Anna Joaquina, retirando-lhe o direito à herança, e por outro, perante a justiça e a sociedade, fazendo uso da ingratidão como principal justificativa para a revogação do reconhecimento de paternidade.

Não podemos precisar também se o testador fora pressionado a tal procedimento, por parte de sua esposa ou dos filhos legítimos, e muito menos devemos tomar seu discurso como uma descrição da real situação entre ele e Anna Joaquina. Joaquim Roberto podia realmente estar se precavendo contra as ações da suposta filha e seu marido, mas também pode ter utilizado tal artifício para garantir que a filha ilegítima não recebesse sua herança. Sejam verdadeiras ou não suas afirmações, as justificativas por ele utilizadas confirmam a importância da gratidão e do respeito atribuídos às relações entre senhores e escravos e entre libertos e patronos, sistematizadas no texto nas *Ordenações Filipinas* e ratificadas no texto de Malheiro[287]. Isso demonstra que esse jurista, ao formalizar em seu livro o que era a escravidão e o tipo de relações que ela criava, apenas recriava aquilo que era corrente entre os senhores de escravos campineiros e, acreditamos, entre os senhores de escravos no Brasil da segunda metade do século XIX.

É claro que se trata de uma visão senhorial quanto às obrigações tanto de filhos, dependentes, escravos e libertos e nem sempre essa postura de gratidão e respeito, de sujeição, era aceita e praticada pelos escravos e libertos. Assim, para além das alegações senhoriais e de suas expectativas quanto ao cumprimento de sua vontade, frequentemente seus ideais de vida, de postura e de lugar social não eram compartilhados pelos libertos. Esses indivíduos, como os herdeiros e os legatários, muitas vezes não acatavam nem seguiam à risca as recomendações expressas pelos testadores, fazendo com que os projetos de vida propostos pelos senhores em seus testamentos não se efetuassem.

Os testamentos de senhores de escravos de Campinas podem, assim, ser tomados como autodescrições senhoriais – bastante parecidas com as encontradas por Chalhoub em sua análise das últimas décadas da escravidão no Brasil. Segundo o autor, o discurso senhorial descreve um mundo em que a escravidão figura como uma forma de organização das relações de trabalho calcada na subordinação e dependência dos cativos para com seus senhores, devendo receber a proteção e orientação como contrapartida. Essa relação não podia ser rompida pela alforria e o ex-escravo – considerado despreparado para dar conta das obrigações de um indivíduo livre – deveria se tornar um dependente. Essa descrição pressupõe que o escravo, sendo dependente moral e material de seu senhor, não possuía meios de romper bruscamente a relação anteriormente estabelecida. Dessa forma, mesmo tornando-se liberto, a gratidão, a deferência e, principalmente, a dependência eram não apenas esperadas, mas também exigidas[288].

---

[287] MALHEIRO, 1976, p. 133.

[288] CHALHOUB, 1990, p. 132-136.

Apesar de os libertos não mais serem obrigados a trabalhar, servir ou obedecer a seus ex-senhores, acatar as resoluções por eles impostas e aceitar de certa forma a submissão podia ser um meio de diferenciar-se na sociedade e estabelecer-se no mundo dos livres. Assim, associar-se a herdeiros e legatários e manter-se nos círculos de relacionamentos de seu antigo senhor podia garantir a esses indivíduos o amparo numa sociedade em que a desigualdade predominava e a obediência e lealdade compravam favores e a proteção[289].

Deste modo, não era nada incomum um liberto ser apontado como o liberto "de alguém", assumindo muitas vezes o sobrenome de seu ex-senhor. Essa associação do liberto ao seu ex-senhor ou patrono podia garantir a sua sobrevivência e mesmo a manutenção de sua liberdade, principalmente se seu senhor já houvesse falecido, pois a reafirmação de sua liberdade podia depender não apenas da manumissão em si, mas também do reconhecimento por uma rede de relacionamentos que envolviam seu ex-senhor[290].

A prática de assumir o nome do ex-senhor ou mesmo manter-se próximo aos herdeiros destes é algo verificado nos poucos testamentos deixados por libertos. Esse é o caso, por exemplo, do casal João Paulo Feijó[291] e Thereza Maria de Jesus[292]. Ao fazer seu testamento anos antes do marido, Thereza diz ser "liberta do excelentíssimo Senador Diogo Antonio Feijó" assim como o seu marido. Enquanto João Paulo em seu testamento diz terem sido ele e os pais escravos do senador Antonio Feijó, natural de São Paulo, e possuir dois irmãos – que assim como ele carregam o nome do mesmo senhor – chamados Bernardo José Feijó e Luiz Antonio Feijó. Em outro caso, Ambrosio Amaral da Conceição, natural da Costa da África, solteiro, não apenas nomeia como testamenteira dona Emerenciana do Amaral como também a institui como herdeira de seus poucos bens, em gratidão ao bom tratamento dela recebido. Embora não possamos estabelecer apenas por seu testamento a relação do liberto com essa senhora, o fato de ambos tomarem o sobrenome Amaral pode significar ou que ela foi sua senhora ou parente de seu ex-senhor.

---

[289] GRAHAM, 1997, p. 42.

[290] LARA, 1988, p. 268.

[291] Testamento de João Paulo Feijó, 22/10/1866. Testamentos Avulsos, cx. 05, n. 213; Livro de Registro de Testamento 163 (17/06/1859 a 11/06/1866), n. 034.

[292] Testamento de Thereza Maria de Jesus, 05/10/1868. Testamentos Avulsos, cx. 03, n. 126; Livro de Registro de Testamento 163 (17/06/1859 a 11/06/1866), n. 033.

Também é o caso de Joana Teixeira, natural da Costa da África e ex-escrava do finado Joaquim Teixeira, mãe de Joaquim, ainda escravo de Domingos Teixeira, que tinha como herdeiros seu filho e seus dois netos. Essa testadora em nenhum momento tece considerações acerca de seu ex-senhor, mas a existência de uma continuidade nas relações estabelecidas entre ela e os descendentes de seu senhor podem ser vislumbradas pela observação tanto do senhor a quem pertence seu filho quanto da escolha de seus testadores, descendentes de seu falecido senhor: Elizio Teixeira Nogueira e Domingos Teixeira Nogueira[293].

Outra liberta, Thereza Custódia, natural da Costa da África, afirma ter libertado-se dando o seu valor ao seu antigo senhor, o falecido José Custódio Leite do Canto, em 14 de dezembro de 1871, que institui como seus testamenteiros os descendentes de seu ex-senhor: Gabriel Leite da Cunha Canto, Albano Leite da Cunha Canto e João Leite de Moraes Cunha. Outro fator que aponta para a continuidade das relações entre Thereza Custódia e os familiares de José Custódio Leite do Canto é o fato de sua única filha ainda viva e de um de seus seis netos (Pulqueria e Silvano) serem escravos respectivamente de Gabriel Leite da Cunha Canto e José Custódio Leite do Canto[294].

Assim, dos sete testadores libertos encontrados no montante da documentação por nós analisada, apenas em dois casos não pudemos estabelecer uma relação entre eles e seus ex-senhores ou prováveis patronos, são os casos de Antonio da Silva e João Baptista Rosa. No primeiro não há referência a senhor ou herdeiros dele[295] e no segundo encontramos referência apenas aos senhores dos filhos de João Baptista Rosa, que ainda eram escravos e aos quais o pai não concedia o direito à herança, por serem escravos, resguardando-se do risco que seus senhores tomassem posse dos poucos bens que deixava[296].

A associação de si mesmos com o nome de seus senhores pode ter trazido uma maior segurança e estabilidade aos cinco libertos aqui apresentados, sendo a deferência para com os seus ex-senhores clara em seus testamentos. A continuidade da relação com os parentes de seu ex-senhor está clara no caso de Joanna, uma vez que seu filho mantinha-se como

---

[293] Testamento de Joanna Teixeira, 13/02/1866. Testamentos Avulsos, cx. 05, n. 206.

[294] Testamento de Thereza Custódia, 04/12/1871. Testamentos Avulsos, cx. 06, n. 273.

[295] Testamento de Antonio da Silva, 15/01/1857. Testamentos Avulsos, cx. 03, n. 107.

[296] Testamento de João Baptista Rosa, 12/01/1870. Testamentos Avulsos, cx. 03, n. 107.

escravo de um deles e por serem eles os escolhidos para testamenteiros da liberta, e de Thereza, cuja filha e neto mantiveram-se em cativeiro. A estabilidade promovida por essa associação com seus patronos também pode ter sido fator determinante da existência de propriedade em bens de raiz, mesmo que poucos, entre todos os ex-escravos.

Assim, João Paulo, ao declarar-se liberto de Diogo Feijó, ou Joana Teixeira, ao registrar que fora escrava do finado José Teixeira, ou ainda Thereza Custódia, ao dizer que era liberta de José Custódio do Canto, podem ter tido a intenção de inscreverem-se em um universo de conhecimento e reconhecimento social, com a finalidade de garantir não apenas a sua identificação como libertos, mas também a segurança contra a instabilidade e o perigo da reescravização. Esses cinco casos, embora poucos quando observados no montante da documentação, são bastante significativos. Nessa amostra, eles somam cerca de 70% dos casos. É claro que não pretendemos aqui estender tal percentagem para os libertos de Campinas no período, mas acreditamos que esse pode ser um indicativo da prática corrente entre os ex-escravos de incorporarem se não toda, ao menos parte das construções senhoriais sobre a gratidão e o respeito, revertendo-as em seu próprio benefício.

O escravo não era um bem como qualquer outro, tratava-se de um indivíduo e por isso podia utilizar estratégias próprias para alcançar e manter-se no mundo dos livres – para inserir-se na sociedade paternalista. Segundo Ferreira, ao aceitar a alforria, assim como as condições impostas pelos senhores ao concedê-la, de maneira submissa poderia representar o primeiro passo para a reinserção social pela via legal. Já que na sociedade brasileira a desigualdade era o princípio básico, a alforria poderia apresentar-se como o primeiro marcador de diferenciação social[297].

No Brasil da segunda metade do século XIX, encontramos uma sociedade em que os limites familiares pretendiam estender-se para além da "unidade nuclear" e na qual a proteção em troca de lealdade partia de relacionamentos consanguíneos, por meio de casamento, e laços de parentesco ritual – padrinhos, afilhados, compadres ou comadres –, envolvendo obrigações religiosas e materiais, de influência e de autoridade. Segundo Richard Graham, todos

> [...] esses laços familiares implicavam obrigações mútuas de ajuda nas eleições ou na garantia de cargos no governo, de

---

[297] FERREIRA, 2005, p. 173.

> tal modo que, por extensão, muitas vezes alguém se referia de forma figurada a um protegido como afilhado, e a um protetor como padrinho[298].

Ou seja, as relações pessoais, de "amizade" e compadrio, eram vistas como relações de dominação e dependência e vice-versa. Assim, a desigualdade promovia uma ordem social em que a obediência fazia jus à proteção[299]. Ela englobava todos os indivíduos envolvidos pelos laços de clientelismo e estendia-se desde a família do senhor até os seus escravos, com a proposta de que manutenção da ordem social que só era possível pela elite.

Essa visão de mundo, propagada por meio de mecanismos ideológicos, promovia a imagem de uma sociedade em que as relações pessoais eram fundamentais para a existência dos indivíduos, não sendo apresentada aos menos favorecidos outra possibilidade de sobrevivência que não a de se colocar sob a tutela e o empenho de um grande senhor. Dessa forma, colocar-se sob a proteção de outrem apresentava-se como uma, ou talvez como a única forma de manter-se e de fugir ao desamparo. Nesse contexto associar-se ao antigo senhor poderia se tornar mais um marcador da diferença entre esse liberto conhecido e reconhecido e os indivíduos de origem incerta.

Assim, na própria conquista da alforria, o recebimento da graça concedida pelo senhor pode ser tomado como uma das estratégias para a inserção no mundo paternalista e a aceitação das obrigações criadas por ela podia representar também a adequação desses indivíduos ao sistema social vigente, criando finalmente um lugar social para aqueles que até então se encontravam à margem da sociedade. Não pretendemos aqui insinuar que a vida de liberto alcançada por meio dos testamentos fosse totalmente segura e sem riscos de retorno ao cativeiro, mas acreditamos que a obediência, a gratidão e o respeito esperados dos libertos podia, sim, funcionar como um diferenciador na ascensão social.

Nas décadas de 1850 e 1860, quando a alforria forçada ainda não estava legalmente regulamentada, quando a legislação, os juristas e a justiça ainda estavam debatendo a questão legal da alforria e as suas premissas e quando a vontade senhorial não via diante de si um grande empecilho, aceitar o acordo proposto pela concessão da alforria podia

---

[298] GRAHAM, 1997, p. 37.

[299] *Ibidem*, p. 43.

ser um caminho seguro e menos tempestuoso para a liberdade, mesmo que acarretando uma dependência durável. Essa aceitação, por um lado, garantia ao senhor a reafirmação de seu poder e prestígio, retirava-lhe o escravo, mas aumentava o seu domínio no mundo dos livres, promovendo o aumento de seus clientes e dependentes. Por outro lado, possibilitava o fim do cativeiro, inserindo o ex-escravo na sociedade paternalista como dependente.

CAPÍTULO 4

UM CERTO CAPITÃO JOSÉ PEDRO

> Minha mãe é a minha legítima herdeira; segundo a lei creio
> que não posso dispor senão da terça parte dos meus bens,
> mas como em razão dos gravíssimos prejuízos por que tenho
> passado, o que é por ela sabido, não poderá a minha terça
> chegar para as minhas disposições, peço encarecidamente a
> ela que ainda que minhas disposições cheguem a igualar a
> metade do valor dos meus bens, tenha a bondade de dá-las
> por satisfeitas [...].[300]

Nesses termos, o capitão José Pedro de Siqueira, em 16 de outubro de 1863, iniciou o seu testamento identificando sua mãe como herdeira forçada e também que, apesar disso, suas vontades iam além do estipulado pela lei. Ele sabia que a sua terça parte seria insuficiente para cobrir as doações feitas como ato de última vontade. Por isso, pedia à mãe que as doações fossem efetivadas, mesmo se fosse necessário ela abrir mão de parte de sua herança como uma demonstração de respeito à sua vontade e de boa disposição.

Esse senhor, residente em Campinas, solteiro, sem filhos legítimos ou naturais, filho de dona Rosa Maria de Jesus e do já falecido José Quintiliano de Siqueira, alegou em seu testamento ter a saúde já bastante debilitada por uma doença que o acometia há algum tempo. Além de dona Rosa Maria, o capitão José Pedro tinha apenas como parentes próximos dois sobrinhos: João Theodoro de Siqueira e Silva e Francisco Theodoro de Siqueira e Silva, filhos de Maria Bárbara, irmã do testador, já falecida quando da escrita do testamento[301].

Seu testamento é um dos mais ricos e interessantes entre toda a documentação aqui analisada. É o mais extenso: possui cerca de seis páginas, enquanto a média entre os testadores campineiros é de duas ou três

---

[300] Testamento de José Pedro de Siqueira, capitão, 16/10/1863. Testamentos Avulsos, cx. 04, n. 182; Ver Também: Livro de Registro de Testamento 164 (11/09/1866 a 11/02/1871), n. 016, TJC – Centro de Memória da Unicamp.

[301] João Theodoro não é citado no testamento do capitão José Pedro nem em seu inventário. O parentesco só é possível de ser estabelecido no testamento de sua mãe, que declara serem João Theodoro de Siqueira e Silva e Francisco Theodoro de Siqueira e Silva seus netos e herdeiros. Testamento de Rosa Maria de Jesus, 02/02/1874. Testamentos Avulsos, cx. 07, n. 293, TJC – Centro de Memória da Unicamp.

páginas. Trata-se de um documento que agrega uma grande quantidade de informações comuns aos outros testamentos por nós analisados no presente trabalho – doações de bens de raiz, dinheiro, animais e promessas de alforria; recomendações e cláusulas restritivas ao uso e à gerência de seus bens; relação de bens, encontrada em poucos testamentos; relação de dívidas e dos respectivos credores; designação de herdeiro caso a mãe morresse antes dele, algo comum entre os testados cujos herdeiros forçados eram os progenitores; pedido de que suas disposições fossem realizadas dentro do prazo de um ano; apelo às Justiças que fizessem valer seu testamento, o que aparece em dois outros testamentos. Destacamos, ainda, que em nenhum momento de seu testamento o capitão José Pedro efetua resoluções quanto ao seu sepultamento e ao sufrágio de sua alma, nem mesmo pede aos testamenteiros que se encarreguem disso, como fazem a maioria dos senhores campineiros entre 1855 e 1871.

O testamento do capitão José Pedro traz também algumas peculiaridades quando observado em relação ao restante da documentação. Exemplo disto é o registro de um pequeno legado deixado por um escravo a outro. Já no final de suas disposições, esse testador enumera os bens deixados a Ignacinho crioulo pelo falecido escravo Manoel, a saber, um cavalo vermelho, uma cama pequena, um oratório, um carrinho de mão, duas caixas pequenas, uma serrinha, alguns formões e martelo. Outra especificidade desse documento, a mais importante em nosso ver, e da qual trataremos mais adiante, é a justificativa do capitão para conceder as promessas de liberdade: a aversão à escravidão. Por julgar o tema merecedor de destaque, nossa análise dedicará espaço para o tema mais adiante.

Assim como a maioria dos testadores, o capitão José Pedro elegeu aqueles que ficariam encarregados de fazer cumprir as suas disposições, indicando como testamenteiros: em primeiro lugar Diogo Benedito Santos Prado, em segundo Antonio Carlos de Sampaio Peixoto e em terceiro Cândido Manoel Alves Junior, sendo a testamentaria[302] exercida de fato pelo primeiro deles. Com a morte do capitão, sua mãe deu início ao processo do inventário, atuando ela mesma como inventariante[303]. Esse novo documento em muito enriquece as informações encontradas no testamento, trazendo informações que muitas vezes completam, contrariam ou mesmo explicam as ações tanto do inventariado[304] quanto da inventariante.

---

[302] Testamentaria é a execução de um testamento. *Cf.* BLUTEAU, 1712-1789, p. 132.

[303] Inventariante é a pessoa nomeada pelo juiz para arrolar e administrar uma herança. *Cf.*: AULETE, 1925.

[304] Inventariado é aquele cujos bens foram descritos no inventário. *Ibidem.*

Nas páginas que seguem realizaremos a descrição e análise do testamento do capitão José Pedro de Siqueira e de seu posterior processo de inventário, com o objetivo de observar de forma mais aproximada a dinâmica de dominação senhorial. Esclarecemos que não pretendemos aqui reconstruir uma trajetória pessoal, apenas fazer conhecer esse senhor de escravos campineiro ou remontar a história de seus familiares antes e depois de sua morte. Também não é nosso objeto de estudo o rumo tomado por seus bens após o fim do inventário, sejam eles bens de raiz ou libertos. Nosso objetivo nesse momento é, com base em suas disposições e na forma como elas foram verificadas ou não pela herdeira, compreender a política de domínio senhorial e o lugar do senhor nesse universo sempre matizado pela dominação e pela dependência. Para realizar tal proposta, é necessário em primeiro lugar conhecer a extensão de seu patrimônio e os desmembramentos dados em seu testamento e a partir dele, como as dívidas, as relações pessoais, os negócios e as preocupações e projetos para o futuro – um futuro ao qual não pertencerá.

4.1 O patrimônio do Capitão José Pedro

Em seu testamento, o capitão José Pedro parecia bastante preocupado em registrar as doações e designações que pretendia efetivadas depois de sua morte. Por isso, esse documento oferece-nos a oportunidade de descobrir suas principais inquietações com o porvir. Assim como na maioria dos testamentos por nós lidos, analisados e já apresentados aqui, fica latente nas disposições testamentárias do capitão José Pedro a preocupação em garantir que seu patrimônio não fosse dilapidado pelos herdeiros, ou seja, que os bens mantivessem-se nas mãos dos eleitos por ele. O testador declarou seu patrimônio da seguinte maneira:

> Os bens que possuo são: dezenove escravos, cujos nomes são os seguintes: Bento carpinteiro, Antonio Congo, Antoninho crioulo, Francisco crioulo, João crioulo, Sebastião, Luis, Manoel de nação, Gertrudes mulata sua mulher, Ignácio de nação, sua mulher Angélica de nação, e os filhos destes que são: Rufina, Ignês, Ignácio, Cândido e Ângela. Em bens de raiz os seguintes: a chácara em que ora moro, uma sita unida a mesma e está arrendada ao senhor Felisberto Antonio dos Santos a razão de quatrocentos mil réis por ano, uma casa na Rua Araújo do Góis

esquina da Rua do Comércio, uma sita na Rua da Matriz Nova unida a casa do senhor Joaquim Pium, duas sitas na rua das casinhas fazendo fundos com os quintais do senhor Capitão Raymundinho e Joaquim de Lima, uma sita na Rua da Constituição esquina da Rua Direita, duas sitas na mesma Rua da Constituição, sendo uma na esquina da Rua São João e outra unida a esta, uma sita na estrada de Itu fundando a chácara do senhor Belarmino, uma sita na mesma estrada no alto antes de descer para a Santa Cruz do areão. Em dívidas por cobrar, com obrigações e contas do livro passa um pouco de quarenta contos de réis. Em animais os seguintes: um macho de sela chamado Burrinho, uma besta pequena chamada Cuitillo, um cavalo preto chamado Pretinho, um dito pampa; estes animais deixo em comum aos filhos de meu sobrinho Francisco Theodoro. Uma vaca chamada Maminha, com cria, que está no sítio do senhor Antonio Leite de Almeida deixo a meu afilhado filho do mesmo Almeida.[305]

No trecho citado, o capitão José Pedro declara-se proprietário de 19 escravos, embora cite em sua lista apenas 16 deles. Tal equívoco pode ser tomado como mero esquecimento, pois no decorrer do testamento três outras escravas aparecem em momentos diferentes, completando, assim, o número indicado pelo senhor – Benta, Esméria e Felicidade. Quanto ao valor do patrimônio que possuía, o próprio capitão mais adiante no testamento declara crer que, depois de descontadas dívidas e doações, seria de cerca de 70 contos de réis.

A leitura do inventário – aberto em 05 de setembro de 1867, alguns dias após sua morte, na noite de 24 de agosto do mesmo ano – revela um monte-maior de 132:397$564 réis. Depois de descontadas as dívidas contraídas pelo testador e as despesas com seu sepultamento, esse montante foi diminuído para 126:692$692 réis configurando, assim, o monte-menor[306].

No momento de abertura do testamento e consequente inventário, o patrimônio do capitão já não estava configurado da maneira declarada por ele em 1863. Na tabela a seguir temos os bens listados nos dois documentos:

---

[305] Testamento de José Pedro de Siqueira, capitão, 16/10/1863. Testamentos Avulsos, cx. 04, n. 182.

[306] Inventário de José Pedro de Siqueira, capitão, ano 1867, 2º Ofício, cx. 230, processo 5544. TJC – Centro de Memória da Unicamp.

Tabela 19 – Lista de bens do Capitão José Pedro de Siqueira no testamento (1863) e no inventário (1867)

Tipo de bem	Quantidade declarada no testamento em 1863	Quantidade avaliada no inventário em 1867
Casa	10	08
Terras	20 alqueires	20 alqueires
Sítio	00	01
Chácara	02	02
Animais	06	05
Libertandos	19	27
Dinheiro a cobrar	c.40:000$000 réis	37:638$911 réis

Fonte: Centro de Memória da Unicamp, Tribunal de Justiça de Campinas, Inventário de José Pedro de Siqueira, capitão, ano 1867, 2º Ofício, cx. 230, processo 5544; Testamentos Avulsos, cx. 04, n. 182

Conforme podemos verificar, ao comparar os bens do capitão José Pedro relacionados nos dois documentos nos anos entre a escritura do testamento e a morte do testador, notamos que houve variações tanto em seus bens de raiz quanto no número e composição da escravaria: as casas diminuíram em quantidade de 10 para oito, sendo que três casas que foram citadas no testamento aparecem no inventário com terrenos anexos; surge no inventário um sítio na vila de Indaiatuba, denominado Pau Preto, com casa de morada, dois caixões para guardar açúcar, duas casas para aguardente, paiol, engenho de moer cana, casa de expurgar e uma máquina pequena de descaroçar algodão; o número de escravos alforriados é distinto daquele anunciado no primeiro documento, sendo que dois dos libertos listados no testamento não aprecem na lista de forros do inventário – Ignácio de nação, falecido antes de seu senhor, e Felicidade, que não é citada nem avaliada – e, na descrição e avaliação dos bens do capitão, surgem 10 novos nomes não citados no testamento.

Tais variações apontam para duas possibilidades: a primeira de que, embora o capitão José Pedro não tenha aumentado em valores o seu patrimônio nos quatro anos entre a escrita de seu testamento e a sua morte, buscou tanto ampliar a sua posse de escravos e bem como seus bens de raiz. A segunda que, ao redigir seu testamento, deixou de registrar os bens que possuía fora da cidade de Campinas, mais especificamente na vila de Indaiatuba; nesse caso, teria omitido a propriedade de bens de raiz e dos escravos viventes nesses imóveis.

As informações apresentadas nas avaliações de bens efetuadas no inventário sugerem que havia uma movimentação de seus escravos entre as propriedades em Campinas e na vila de Indaiatuba, pois a maior parte dos escravos listados em testamento encontrava-se alocada no sítio chamado Pau Preto durante o processo de inventário dos bens. Além disso, dois libertos, Ignácia e Delfino, lá estiveram por certo período – da safra de cana-de-açúcar.

O capitão José Pedro possuía lavouras de café (2.900 pés), milho (20 alqueires), feijão (mais de um alqueire), cana-de-açúcar (no sítio Pau Preto e cuja extensão não é mencionada) e provavelmente algodão (isso levando em conta a existência de uma descaroçadora no já citado sítio). Ao observarmos os perfis de seus escravos, encontramos entre eles alguns com ofício e que poderiam atuar tanto como escravos de ganho quanto ser alugados: Bento carpinteiro; Delfino carapina; Inácia cozinheira, lavadeira e engomadeira; Gertrudes costureira; José telheiro. As suas dívidas descritas no testamento, tanto as de que era devedor quanto credor, demonstram que sua movimentação financeira também era bastante efetiva. Portanto, podemos concluir que o capitão era um homem de pequenos negócios e que atuava em vários campos da economia.

A composição dos bens apresentados no inventário demonstra que o capitão José Pedro era um homem abastado, distanciava-se, por um lado, daqueles que possuíam poucos e parcos bens. Por outro, não se aproximava daqueles com grande fortuna, por exemplo, o capitão Camillo Xavier Bueno da Silveira que, segundo as informações de seu inventário, analisado por Cristiany Miranda da Rocha, tivera seu espólio avaliado em mais de mil contos de réis e em apenas duas de suas propriedades cultivava 240 mil pés de café, além de ser senhor e possuidor de 271 escravos[307].

Entretanto, é necessário registrar que durante as avaliações feitas – tanto em Campinas quanto na vila de Indaiatuba – os bens do capitão José Pedro foram listados como em mal, muito mal e péssimo estado, o que talvez aponte para uma deterioração física do próprio patrimônio. Talvez essa deterioração fosse uma consequência da doença do testador já anunciada no início do testamento e da adiantada idade de sua mãe, situações que provavelmente impediram um efetivo controle e cuidado para com os bens nos últimos anos de sua vida.

---

[307] ROCHA, 2004, p. 86-92.

Embora não esteja entre os proprietários de maior fortuna, o capitão José Pedro desponta como uns dos principais doadores por nós avaliados. Em seu testamento, encontramos doações de praticamente todos os tipos de bens. O capitão beneficiou legatários com bens de raiz (duas casas e os 20 alqueires de plantação de milho), 1:400$000 réis em dinheiro, 19 promessas de liberdade que se tornaram 27 alforrias de fato, animais, móveis e trastes de casa. O único campo por nós verificado e no qual não configura esse senhor é o de doação de escravos, pois, embora tenha imposto a vários de seus libertos a condição de pagar mensalidade a uma de suas legatárias, esses indivíduos não entraram em legado.

Uma beneficiária de suas doações é dona Luzia Eufrazina da Conceição, a quem deixou em legado duas casas, um conto de réis em moeda corrente, os "trastes" de serventia de sua casa na chácara e mais uma contribuição em forma de mensalidade a ser paga por alguns seus futuros libertos durante quatro anos a contar de sua morte, tais doações são feitas nos seguintes termos:

> Deixo a Luzia Eufrazina da Conceição em renumeração aos seus trabalhos, sob condição de não ter o seu marido nem seus ascendentes ou descendentes parte ou direito algum, o seguinte: uma casinha na Rua Direita esquina com a Rua do Pórtico, uma dita na Rua da Constituição esquina com a Rua de São João, um conto de réis em dinheiro, e todos os trastes da serventia da minha casa na chácara, e uma contribuição de alguns de meus escravos.[308]

Nessa doação, o capitão José Pedro demonstra a intenção de gratificar os serviços prestados pela legatária, mas também revela sua constante preocupação em garantir a manutenção dos bens doados em mãos da legatária. Para isso, restringe o direito ao legado apenas a ela e, como tantos outros senhores por nós já apresentados e analisados, impõe a cláusula de que seu marido não poderia dispor de tais bens. Mais que isso, em outro momento de seu testamento indica a quem esses bens de raiz devem ser transferidos por morte da legatária: metade à filha de dona Luzia Eufrazina e a outra metade aos cinco crioulinhos que deixou sob sua proteção. Tanto a restrição à posse do marido de dona Joaquina Eufrazina quanto a indicação dos caminhos que os bens deveriam seguir por morte dela, legatária, são demarcadores da extensão poder senhorial, na medida

---

[308] Testamento de José Pedro de Siqueira, capitão, 16/10/1863. Testamentos Avulsos, cx. 04, n. 182.

em que o capitão José Pedro dispõe sobre eles, os transfere a outrem, mas mantém-se mesmo após a morte sob o comando dele.

Outros beneficiados pelo capitão José Pedro em seu testamento são Francisco – filho de Pedro José da Rocha e afilhado da mesma Luzia Eufrazina da Conceição e do pai desta, Manoel Pires de Oliveira – e sua mulher, Anna Maria da Conceição, que receberam em legado o valor de 200$000 réis. Quanto a essa doação, o testador afirma ser em retribuição aos serviços prestados pelo legatário, ainda menino, no período em que morou com ele. Também esclarece que, embora Francisco tenha desaparecido, não estabelecendo contato há muitos anos, a dádiva deveria ser paga no momento em que o legatário a reclamasse, sem que para isso fosse necessário apresentar a sua certidão de batismo, já que Francisco era "conhecido de toda a gente da casa"[309].

Ainda em doações em moeda corrente, o capitão José Pedro legou 100$000 réis a cada uma de suas afilhadas: Thereza, filha de Bento Rangel, e uma das filhas do major Joaquim Olinto, devendo o legado ser entregue um ano após o falecimento do testador. Os quatro filhos de Francisco Theodoro, sobrinho do capitão, receberam em legado um macho de sela, uma besta pequena e dois cavalos. Para outro afilhado, cujo nome não é citado, o capitão José Pedro deixou uma vaca e sua cria. E, finalmente, para seus libertos, além das promessas de liberdade, o capitão José Pedro legou 20 alqueires de plantação de milho localizados próximo à sua chácara:

> Deixo a todos os meus escravos sem exceção de nenhum para gozarem por si e toda a sua descendência, um terreno que leve trinta alqueires de planta de milho, aliás, de vinte alqueires de planta de milho que o meu testamenteiro lhes entregará sendo nos fundos de minha chácara, divisando por um lado com as terras do senhor Barros Dias, por outro com o senhor Joaquim Ferreira pelo Ribeirão do Pissarrão, por outro pelo córrego que desce da Santa Cruz do areião do Caminho de Itu, e por outro com as terras da minha chácara onde dez a medida dos vinte alqueires de planta de milho.[310]

Assim, todos os escravos, além de tornarem-se libertos no dia da morte do capitão, tornar-se-iam, sendo respeitadas todas as resoluções testamentárias, proprietários da plantação de milho, para dela viverem e usufruírem e poderem transferi-la aos seus descendentes. Embora ao efetuar cada uma de suas doações o capitão José Pedro de Siqueira não

---

[309] *Ibidem.*
[310] *Ibidem.*

tenha imposto cláusulas restringindo a venda, hipoteca e utilização dos legados para pagamento de dívidas especificamente a cada um de seus legatários, o faz de forma geral, impondo essas restrições a "todas as deixas" declaradas em seu testamento. Nesse caso, a preocupação com a conservação do patrimônio e a manutenção da propriedade pelos legatários fica ainda mais clara com a cláusula que exigia que a troca dos bens deveria ser feita por meio de avaliação e apenas por bens de raiz de mesmo valor e que qualquer negócio feito com os bens doados que agredisse as condições estipuladas no testamento seria anulado. A intenção de manter seguro o seu patrimônio fica bastante clara no trecho que segue:

> [...] Todo e qualquer negócio que [se] venha a fazer a respeito dos bens por mim doados neste meu testamento, que contrariarem o sentido muito claro do meu intento (que é conservar para sempre as minhas doações com maior segurança possível) ficarão de nenhum efeito, e prejudicados aqueles que tiverem efetuado negócio a respeito com quaisquer de meus bens [...].[311]

Essa postura do capitão, conforme vimos no primeiro capítulo, faz parte de uma prática senhorial que visa manter a propriedade e busca garantir que seus bens mantenham-se nas mãos de seus eleitos. Também faz parte de uma política de domínio que pretende conservar um poder sobre os seus mesmo após a morte, uma projeção futura da permanência de seu senhorio para além de si mesmo e de sua própria existência.

Outra estratégia utilizada pelo capitão José Pedro em seu testamento para garantir a manutenção de seu patrimônio é a declaração de suas dívidas. O valor declarado no testamento aproxima-se dos 3:500$000 réis, aos quais deveriam ser adicionados os valores gastos "nas boticas do senhor Krug e Mello", por conta dos remédios que estes forneciam ao testador no período. O capitão declara, ainda, já ter quitado uma obrigação de menos de um conto de réis, contraída em 1840 ou 1841, tendo uma carta que comprova tal pagamento. Declara quaisquer outras dívidas que aparecessem além destas, "seja por obrigação seja por assento"[312], falsas e sem efeito, não devendo ser pagas de forma alguma. Assim, precavia-se da possibilidade de que terceiros após a sua morte tentassem ludibriar sua herdeira e prejudicassem o montante de seus bens com a apresentação de falsas dívidas.

---

[311] *Ibidem.*

[312] *Ibidem.*

Também na tentativa de manter em segurança seu patrimônio, o capitão José Pedro registrou em seu testamento disposições que garantissem a permanência de seus bens no âmbito familiar, indicando o herdeiro em caso de morte de sua mãe antes da abertura do testamento. Já preocupado com a idade e as enfermidades de sua herdeira, o testador não apenas recomendou que ela não se desse à lavoura e que arrendasse as roças herdadas, como também estipulou como herdeiro, em caso da morte de dona Rosa Maria antes dele, o sobrinho Francisco Theodoro de Siqueira e Silva. Para esse sobrinho, o capitão José Pedro não deixou em testamento legado, apenas recomendou à mãe que o assistisse em tudo de que precisasse, posto que era muito pobre e possuía quatro filhos pequenos.

Segundo as disposições do testamento, em caso de falecimento da herdeira antes dele, testador, todos seus bens que sobrassem após o cumprimento de suas vontades deveriam ser transferidos para seu sobrinho desde que ele cumprisse as seguintes determinações: não poderia dispor de nenhum bem de raiz adquirido na herança; só poderia utilizar livremente cinco contos réis do montante herdado em dinheiro; deveria aplicar todo o dinheiro herdado, descontado os cinco contos de réis, na compra de bens de raiz. Essas cláusulas também se apresentam como tentativas de manter o patrimônio intacto, impedindo que o sobrinho o aniquilasse e promovendo o aumento dos bens duráveis. Além dessas cláusulas, o capitão José Pedro restringiu o uso e a posse da esposa de Francisco Theodoro à sua herança em caso de morte do marido. Segundo as disposições em seu testamento:

> [...] Se o dito meu sobrinho Francisco falecer antes de sua mulher, todos os seus bens ficarão para seus filhos e destes para as suas descendências: a mulher do dito meu sobrinho nem os seus ascendentes ou descendentes sem que sejam filhos do dito meu sobrinho, não terão em tempo algum direito algum em nenhum de seus bens; mas será, no caso de conservar-se honradamente, alimentada e em tudo mantida por seus filhos que tem e que houver do dito meu sobrinho, ou pelo tutor destes se forem menores, de forma que nunca sofra privações em sua vida [...].[313]

Essa restrição, em nosso entendimento, não tinha como objetivo prejudicar a esposa de Francisco Theodoro, dona Vicência Julia da Conceição, e sim garantir a manutenção dos bens apenas em mãos dos familiares

[313] *Ibidem.*

legítimos do capitão José Pedro, isso porque, mais adiante, o testador designou que essa senhora recebesse metade do legado deixado à mãe dela. Dona Vicência era filha de Luzia Eufrazina da Conceição e, segundo o testamento, deveria receber, caso sobrevivesse à mãe, metade dos bens legados pelo capitão, ficando a outra metade para os libertos filhos de Angélica e Ignácio: Rufina, Ignácio crioulo, Ignês, Cândido e Ângela.

Como pudemos perceber pela análise das doações feitas nos testamentos aqui analisados, a preocupação com a manutenção da propriedade, principalmente dos bens de raiz, era uma constante no universo dos senhores de Campinas na segunda metade do século XIX. No caso do capitão José Pedro, ela não se apresenta apenas quanto às doações efetuadas em seu testamento, mas também quanto aos que farão parte da legítima de sua herdeira. Isso fica claro no trecho que segue: "Também lhe peço que nunca disponha de nenhum dos bens de raiz que de mim houver visto que as rendas que eles produzem e podem produzir são suficientes para uma família, inda mesmo numerosa, muito bem passar"[314].

As disposições de última vontade redigidas pelo capitão José Pedro demonstram que ele tinha a ciência do quanto o seu lugar no mundo estava atrelado às suas posses, reconhecia a posição em que esses seus bens podiam inseri-lo: como um senhor e proprietário cujas posses permitiam a ele viver muito bem. Dessa forma, proteger o patrimônio era também proteger o futuro dos seus, garantir que mantivessem a posição e as condições de sobrevivência e o lugar social por ele firmado e mantido em sua vida. Era garantir não apenas o sustento e a vida tranquila, mas principalmente o lugar social que eles ocupavam, garantir a manutenção das relações estabelecidas até então.

Por meio da análise do testamento do capitão José Pedro, pudemos perceber que sua principal preocupação era ver a sua vontade satisfeita: isso fica claro com os pedidos feitos à herdeira para que ela, em sua boa vontade, cumprisse todas as disposições testamentárias mesmo que fosse preciso abrir mão de parte da legítima. Vontade essa que agraciava a três grupos de pessoas: aqueles por quem possuía gratidão, seus afilhados e seus escravos. Inseridos no grupo estão Luzia Eufrazina da Conceição e seu afilhado Francisco, que receberam legados por trabalhos prestados e pela companhia que fizeram ao testador em determinado momento de sua vida. No segundo estão os afilhados e afilhadas do capitão, que

---

[314] *Ibidem.*

acreditamos terem recebido os legados muito mais como uma obrigação prestada pelo padrinho. E, finalmente, no terceiro caso estão os escravos que receberam suas alforrias e terras cultiváveis – nesse caso, acreditamos que as motivações do capitão eram múltiplas, assim como os níveis de relacionamento desenvolvidos entre o senhor e esses indivíduos, assim, faz-se necessária uma análise mais aproximada desse grupo.

4.2 Os libertos do Capitão José Pedro

Ao redigir o seu testamento, o capitão José Pedro conferiu promessa de liberdade a 19 escravos – Ignácio de nação, Angélica de nação, Rufina, Ignês, Ignácio crioulo, Cândido, Ângela, Benta, Esméria, Antonio Congo, Antonio crioulo, Francisco crioulo, João crioulo, Sebastião, Luis, Manoel de nação, Gertrudes, Felicidade e Bento carpinteiro – inicialmente sem condição alguma, mas no decorrer de seu testamento parte dessa escravaria recebeu como condição a obrigação de pagar mensalidade a dona Luzia Eufrazina da Conceição pelo período de quatro anos[315].

Conforme pudemos verificar ao analisar a composição do patrimônio do capitão José Pedro, as 19 promessas de liberdade feitas em testamento transformaram-se em 27 alforrias efetivas[316]. Levando-se em conta que dos 19 escravos citados no testamento dois não constam do inventário – Ignácio (falecido) e Felicidade –, a promessa de liberdade nele registrada beneficiou também os 10 escravos novos que o capitão adquiriu depois de redigir seu testamento. Isso porque a promessa de alforria não era restrita aos escravos indicados no testamento, ela estendia-se aos escravos que por qualquer motivo o senhor viesse a ter, como podemos verificar nos próprios termos da doação:

> [...] com o meu falecimento se findará o cativeiro não só de todos os escravos que possuo, sem exceção de nenhum, como de outros que nasçam destes ou venha por qualquer título a possuí-los; eles, por tanto do meu falecimento em diante serão considerados livres como se tivessem nascido de ventre livre, sujeitos somente a algumas condições, não onerosas, se no decorrer deste meu testamento lembrar-me de impor-lhes, e eles deverão cumpri-las.[317]

---

[315] *Ibidem.*

[316] Inventário de José Pedro de Siqueira, capitão, ano 1867, 2º Ofício, cx. 230, processo 5544; Testamentos Avulsos, cx. 04, n. 182.

[317] *Testamento de José Pedro de Siqueira, capitão, 16/10/1863.* Testamentos Avulsos, cx. 04, n. 182.

Assim, com a morte do testador, todos os escravos registrados em sua propriedade e sob seu senhorio entraram em liberdade. Nas páginas que seguem faremos uma apresentação da escravaria do capitão José Pedro e, para isso, retomaremos quesitos por nós analisados para os escravos e libertandos no segundo capítulo – sexo, idade, local de origem, condição matrimonial e ofício – e outras características identificadas na leitura do inventário, como condições de saúde e qualidade dos serviços por eles prestados à herdeira após a morte de seu senhor.

Quanto ao quesito sexo, encontramos entre os libertos do capitão José Pedro a mesma conformação que aquela apresentada como característica do período, ou seja, a maioria masculina. O gráfico a seguir permite verificar que dois terços dos alforriados do capitão eram constituídos por homens:

Gráfico 22 – Sexo dos libertos do Capitão José Pedro de Siqueira, Campinas, 1867-1868

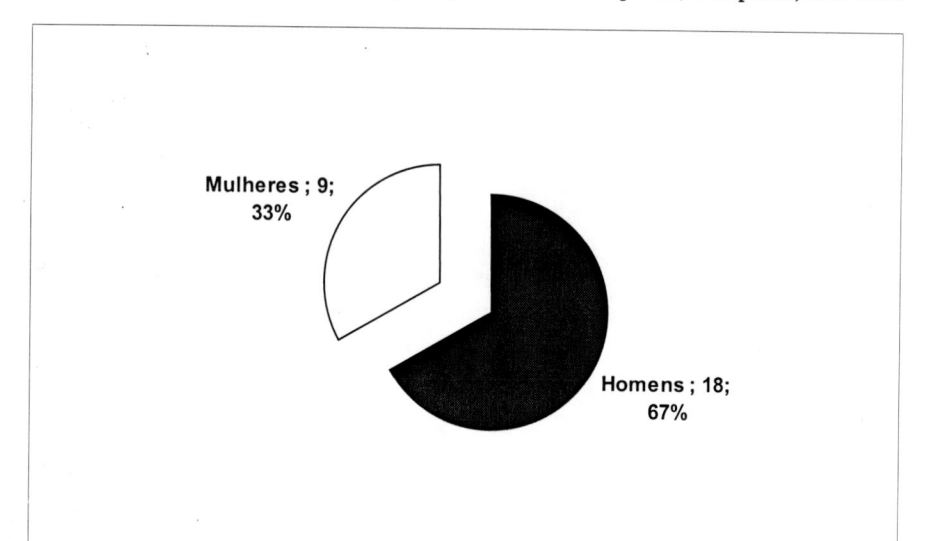

Fonte: Centro de Memória da Unicamp, Tribunal de Justiça de Campinas, Inventário de José Pedro de Siqueira, capitão, ano 1867, 2º Ofício, cx. 230, processo 5544

Tal composição reforça o argumento de que, embora mais homens tenham recebido a promessa de liberdade nos testamentos dos senhores de Campinas, entre 1855 e 1871, eles não eram os principais eleitos dos senhores para tais doações. Conforme pudemos verificar ao analisar os perfis dos libertandos, são as promessas de alforria feitas a toda a escravaria de um mesmo senhor que causam tal superioridade masculina, já que os homens geralmente apresentavam-se como maioria nos plantéis.

Entre os libertos do capitão José Pedro encontram-se apenas três casados (Manoel e Gertrudes, que já apareciam como casal no testamento, e João crioulo, que no testamento não teve sua condição matrimonial indicada – cujo nome da esposa não aparece no inventário, assim não podemos precisar se era escrava ou liberta); uma viúva (Angélica, que no testamento aparece como esposa do escravo Ignácio de nação, pais de cinco filhos ainda menores); 18 solteiros: Bento carpinteiro, Delfino, Rufina crioula, Ignês, Ignácio crioulo, Cândido, Ângela, Sebastião, Luis, Antonio Congo, Antoninho, João Maranhão, Virgínio, Ricardo, Francisco mulato, Vicente, Benedicto e José telheiro; e cinco sem condição matrimonial indicada: Ignácia crioula, Francisco crioulo, Eva, Benta e Esméria.

No que se refere aos ofícios, temos 22 libertos sem nenhuma indicação do tipo de trabalho que realizam, entre eles os cinco filhos de Ignácio e Angélica – Rufina, Ignês, Cândido, Ignácio crioulo e Ângela – todos abaixo dos 14 anos. Dos outros 17 libertos, 13 estão listados entre os que trabalharam na lavoura de cana na Vila de Indaiatuba, o que nos permite imaginar que eram trabalhadores de roça. Os outros quatro ou eram muito doentes ou muito idosos e não tiveram seus ofícios declarados. Apenas cinco têm seus ofícios declarados: dois carpinteiros, uma costureira, uma cozinheira-lavadeira-engomadeira e um telheiro.

Esses números indicam que o capitão José Pedro, ao adquirir seus escravos, privilegiava a compra de trabalhadores de roça – o que condiz com o seu patrimônio estabelecido na produção agrícola –, possuindo poucos escravos com ofícios que poderiam ser aplicados em suas chácaras e sítios como carpinteiros e telheiros, além das escravas domésticas que provavelmente prestavam serviços em suas casas.

Já no que se refere ao local de origem desses indivíduos, 15 dos 27 libertos traziam com seu nome alguma indicação que permitiu identificar o local de nascimento – seja por menções diretas, como João Maranhão e Angélica de nação, ou por adjetivos como crioulo e mulato ou, ainda, por serem filhos menores de africanos. Assim, entre os 15 cuja origem pode de certa maneira ser identificada, temos três libertos declarados como de origem africana e 12 nascidos no Brasil (nove crioulos, dois mulatos e João Maranhão, provavelmente ali nascido ou comprado).

Os três alforriados declarados como sendo de origem africana tinham 40 anos ou mais, o que permite estabelecer a entrada desses indivíduos antes da Lei de 1831, que proibia o tráfico atlântico de escravos. No caso dos libertos do capitão José Pedro, poderiam, ainda, existir outros africanos entre os 12 sem indícios de origem. A falta de indicação sobre a origem desses libertos tanto pode ser decorrente da não necessidade de marcar a diferença entre indivíduos com mesmo nome, como Antonio Congo, Antonio crioulo – também chamado de Antoninho –, Ignácio crioulo e seu pai, o já falecido Ignácio de nação, Francisco mulato e Francisco crioulo, quanto da tentativa de omitir a origem africana dos libertos mais jovens.

No que se refere à idade dos libertos, o inventário do capitão José Pedro traz informações sobre todos. Devido a essa maior precisão nesse dado, utilizaremos aqui algumas faixas de idade mais precisas que as utilizadas anteriormente neste trabalho. Esclarecemos que a primeira categoria, na qual agregamos as "crianças", tem como limites 0 e 13 anos, pois nessa faixa inserem-se os cinco filhos de Ignácio e Angélica, pelos quais o capitão José Pedro de Siqueira possuía um cuidado maior e aos quais pedira que se ensinassem ofícios e fossem educados por sua legatária, Luzia Eufrazina, e que acreditamos ainda não estarem inseridos no mundo do trabalho quando da morte de seu senhor.

Tabela 20 – Faixa etária dos libertos do Capitão José Pedro de Siqueira, Campinas, 1867-1868

Faixa etária	Quantidade de libertos
0-13 anos	06
14-20 anos	05
21-30 anos	06
31-40 anos	04
41-50 anos	03
60-70 anos	03
Total	27

Fonte: Centro de Memória da Unicamp, Tribunal de Justiça de Campinas, Inventário de José Pedro de Siqueira, capitão, ano 1867, 2º Ofício, cx. 230, processo 5544

A partir da observação da Tabela 19, podemos verificar que a maioria dos libertos do capitão José Pedro (66,6%) estava em idade produtiva, sendo 11,1% idosos e 22,2% crianças. Consideramos como idades produtivas a faixa entre 14 e 50 anos, pois todos os indivíduos nelas incluídos foram avaliados no inventário também conforme a sua capacidade para o trabalho. E essa avaliação traz interessantes informações sobre esses indivíduos, uma vez que os libertos foram identificados pela qualidade de serviço que produziam (bom, regular, fraco), por sua saúde e em alguns casos foi apontada a existência de vícios. Destacamos também que Vicente, embora com apenas 10 anos e integrante do grupo das crianças, também teve seu trabalho avaliado – o que não ocorreu com os filhos de Ignácio e Angélica. Na tabela a seguir podemos verificar essas qualidades de acordo com a descrição feita pelos avaliadores dos libertos no inventário, tanto em Campinas quanto na Vila de Indaiatuba:

Tabela 21 – Características dos libertos do Capitão José Pedro de Siqueira, Campinas, 1867-1868

Nome	Idade	Estado de saúde	Qualidade do serviço	Tipos de vícios
Bento carpinteiro	32 anos	------	Bom	-----
Delfino	40 anos	------	------	-----
Angélica	41 anos	Reumatismo	------	-----
Rufina crioula	13 anos	-----	------	-----
Ignês	11 anos	-----	------	-----
Ignácio crioulo	09 anos	-----	------	-----
Cândido	07 anos	-----	------	-----
Ângela	03 anos	-----	------	-----
Ignácia crioula	20 anos	-----	-----	-----
Francisco crioulo	24 anos	-----	Bom	-----
Sebastião	39 anos	Rendido nas virilhas; muito doentio	Pouco	------
Luis	39 anos	Doente do peito	Regular	-----
Manoel	45 anos	Asmático; rendido	Bom	-----

Nome	Idade	Estado de saúde	Qualidade do serviço	Tipos de vícios
João crioulo	45 anos	-----	Bom	Espírito ou "bebidas espirituadas"
Antonio Congo	62 anos	Cego de um olho; com uma perna torta; alei-jado de um dedo da mão esquerda	-----	-----
Antoninho	24 anos	Epilético e idiota	-----	-----
Gertrudes	30 anos	Doente do útero	Bom	-----
João Maranhão	25 anos	-----	Bom	Sem
Virgínio	16 anos	-----	Regular	Sem
Ricardo	16 anos	Úlcera no pé esquerdo	Pouco	-----
Francisco mulato	14 anos	Ataque epilético em todas as conjunções lunares	Bom	-----
Vicente	10 anos	-----	Bom	-----
Benedicto	20 anos	Pés inchados e doentio, consequência de febre tifoide	-----	-----
José telheiro	25 anos	-----	Bom	Sem
Eva	25 anos	-----	-----	-----
Benta	70 anos	Muito doentia	-----	Aguardente
Esméria	65 anos	Queda do útero	-----	Aguardente

Fonte: Centro de Memória da Unicamp, Tribunal de Justiça de Campinas, Inventário de José Pedro de Siqueira, capitão, ano 1867, 2º Ofício, cx. 230, processo 5544

A descrição dessas qualidades, como pode-se ver na Tabela 21, com-põe um quadro bastante importante na análise dos perfis dos libertos do capitão José Pedro e só foi possível construí-la com base no inventário, já que no testamento praticamente inexiste qualquer descrição nesse sentido. As informações fornecidas pelo capitão José Pedro sobre esse aspecto no testamento são as de que Ignácio, Angélica, Enésia e Bento não ficariam condicionados a pagar mensalidade devido à sua avançada idade ou enfermidades. A avaliação desses escravos permite-nos averiguar as condições físicas e a disposição para o trabalho de cada um deles e, também, fornece indícios sobre a própria intenção da avaliação feita e os usos que ela teria no interior do processo.

Dos 27 indivíduos relacionados pelos avaliadores no inventário, apenas oito foram apontados como de bons de serviço, dois como regulares e dois como ruins. Os libertos Virgínio (16 anos) e Luis (36 anos) foram listados como de serviço regular e Sebastião (39 anos) e Ricardo de pouco serviço; 12 foram descritos como portadores de algum tipo de enfermidade; quatro tiveram seus vícios relacionados e apenas três foram listados como sem vício algum.

Os cinco filhos de Ignácio e Angélica (Rufina, Ignês, Ignácio crioulo, Cândido e Ângela) foram listados apenas com informações sobre sua idade, origem de nascimento (crioulos), valor e como sendo "filhos de Angélica"; embora seus valores de avaliação estejam entre os mais altos, a omissão de outras informações pode indicar que, embora fossem jovens, saudáveis e provavelmente aptos para o trabalho, não se davam a ele, não produzindo fonte de renda ao seu senhor.

Se considerarmos como não aptos ou pelo menos não inseridos no mundo do trabalho os cinco filhos de Angélica e mais os libertos Benta, Esméria e Antonio Congo – não apenas por suas idades, mas também pelas condições de saúde –, teríamos então 19 indivíduos em condições de trabalho. Destes, nove apresentaram algum tipo de problema de saúde que poderiam ou não interferir na execução de seus trabalhos. Em casos como o de Sebastião e Ricardo há uma indicação clara da interferência da saúde em seu ritmo de trabalho e em outros apenas a omissão da existência dessa interferência ou não.

É importante registrar, ainda, que entre os 12 libertos identificados como portadores de algum tipo de problema de saúde, apenas três obtiveram na avaliação valor superior a um conto de réis – Ricardo 1:500$000 réis, Benedicto 1:500$000 réis e Gertrudes 1:200$000 réis – enquanto os outros nove tiveram os seus valores fixados entre 50$000 réis e 550$000 réis. Já entre aqueles sem nenhuma anotação nesse campo, apenas três crianças tiveram seu valor estipulado abaixo de um conto de réis – Ângela (3 anos) 300$000 réis, Cândido (7 anos) 700$000 réis e Vicente (10 anos) 800$000 réis.

Tais dados revelam que os libertos do capitão José Pedro, embora em sua maioria estivessem em idade produtiva, não estavam totalmente aptos para o exercício do trabalho. As informações coletadas pelos avaliadores também demonstram que uma das motivações do capitão para conceder a liberdade a todos esses indivíduos pode ter sido a de retirar da mãe o encargo que manter uma escravaria tão debilitada poderia gerar, possibilidade que deve ser verificada de forma mais aproximada.

Além das descrições quanto a saúde, tipo de trabalho e vícios, consta do processo de inventário uma relação dos libertos do capitão José Pedro alocados no sítio Pau Preto ou que por lá passaram no período entre 24 de agosto de 1867 e 14 de março de 1868. Tal relação traz informações sobre a qualidade dos serviços prestados pelos manumitidos, após a morte de seu senhor, na lavoura de cana. Foram arrolados 20 libertos no sítio nesse período – em que também foram alugados mais dois escravos de dona Florinda Lopes de Morais, cujos nomes não são citados no inventário do capitão.

A lista apresentada ao juiz no inventário do capitão José Pedro trazia também informações sobre a saúde, a postura e o tipo de trabalho realizado pelos libertos nos referidos período e local. De maneira geral, os forros avaliados por Francisco Theodoro foram qualificados como doentes e inúteis, seu trabalho considerado mangado[318], muito vagaroso e fraco. Vários alforriados, segundo o avaliador, nada faziam por doença ou por vadiagem. Virgínio e Ignácia foram considerados insubordinados e o primeiro também foi relacionado como "metido a valente". O casal Manoel e Gertrudes, embora com problemas de saúde, foi arrolado entre os que trabalhavam, ele muito bem e ela conforme sua enfermidade permitia, cozinhando para os trabalhadores e lavando roupas.

Na imagem que segue podemos verificar a descrição de cada um dos libertos do capitão José Pedro que deveria receber pelo trabalho prestado na safra de cana entre 1867 e 1868, feita por Francisco Theodoro:

---

[318] Mangar: "demorar-se para fazer algo". AULETE, 1925.

Imagem 1 – Relação e qualidade do serviço dos libertos do Capitão José Pedro de Siqueira que trabalharam na safra de açúcar, Indaiatuba, 1867-1868

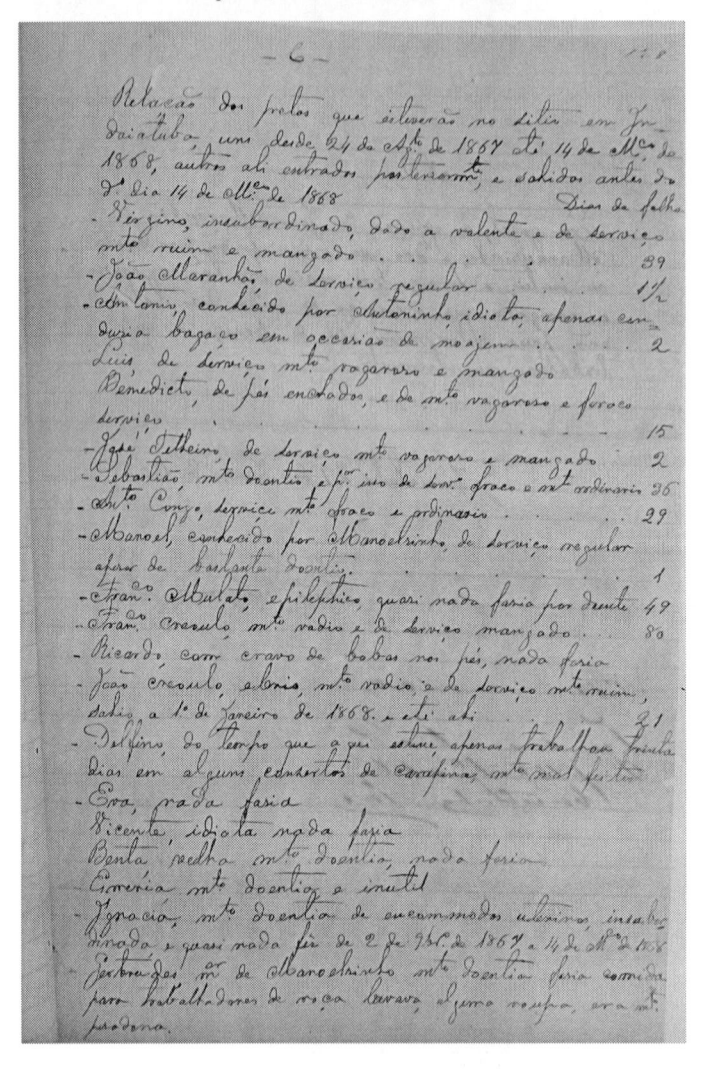

Fonte: Centro de Memória da Unicamp, Tribunal de Justiça de Campinas, Inventário de José Pedro de Siqueira, capitão, ano 1867, 2º Ofício, cx. 230, processo 5544

Tais informações podem sugerir que os libertos do capitão José Pedro, além de possuírem problemas de saúde que os impossibilitavam para o trabalho, em sua maioria não o executavam com desvelo e regularidade. Essa interpretação fica ainda mais reforçada quando verificamos a conclusão da avaliação efetuada por Francisco Theodoro:

> Em geral a exceção de João Maranhão e Manoelzinho, e dos que nada faziam por doentes ou inúteis do serviço, dos demais era tão vagaroso e mangado que o serviço de cada dia talvez não possa valer meio dia de serviço de quem trabalha regularmente.[319]

O trecho citado, assim como a lista que expõe a qualidade dos serviços prestados pelos libertos na Imagem 1, reforçam, e muito, as ideias de mau serviço, irregularidade e inutilidade dos libertos e reafirmariam as interpretações mais clássicas de que as alforrias privilegiavam idosos e doentes como uma forma de desfazer-se de futuros encargos com seu cuidado[320].

Embora aqui tenhamos um caso em que o senhor concede promessa de liberdade a todos os seus escravos, essa é uma interpretação possível, principalmente se levarmos em conta a adiantada idade e saúde frágil da herdeira, apontada no testamento pelo próprio filho. Seguindo esse raciocínio, a busca por desfazer-se de escravos idosos, crianças e principalmente doentes pode ter sido uma das possíveis motivações para a doação, uma vez que assim livraria a herdeira de mais preocupações e encargos. Esses libertos, já idosos, doentes, viciosos e de pouco trabalho, por um lado estariam amparados, já que eram legatários de 20 alqueires de plantação de milho, aos quais permaneceriam amarrados, sem poder vender ou arrendar, e por outro pouparia a herdeira de tê-los sobre sua tutela.

· Entretanto, sem perder de mente essa possibilidade, algumas características dessa avaliação chamam a atenção e abrem espaço para outras possibilidades. A primeira delas é o próprio motivo desse pedido de avaliação do serviço entre 24 de agosto de 1867 e 14 de março de 1868. Dona Rosa Maria apresenta tal sondagem para justificar o pagamento dos serviços dos libertos realizados após a morte do seu senhor e, nesse período, a maior parte dos escravos estava vivendo no sítio na Vila de Indaiatuba e trabalhando na lavoura de cana. Assim sendo, os forros deveriam ser pagos pelos serviços prestados à herdeira, uma vez que sua liberdade entrara em vigor a partir da data da morte do capitão José Pedro. Que trabalho deles deveria ser pago e retirado do montante dos bens do testador?

Tendo em mente que a herdeira, no decorrer de todo o processo de inventário, busca manter intacta a parte que lhe cabe nos bens do filho, é

---

[319] *Ibidem.*

[320] Cf: MATTOSO, 1988.

importante observar que a lista dos libertos e da qualidade do serviço foi feita por Francisco Theodoro, sobrinho do testador e neto e um dos herdeiros forçados da inventariante. Tanto dona Rosa Maria quanto seu neto Francisco Theodoro tinham interesses diretos em garantir que o mínimo fosse retirado do espólio do capitão José Pedro, uma vez que todo valor dele retirado diminuiria a parte que caberia à herdeira. Por isso, exagerar a gravidade das doenças, dos vícios e a má qualidade do trabalho exercido pelos "pretos", como meio de garantir o menor pagamento possível a eles, é uma possibilidade que não podemos descartar. Em outro momento do inventário, dona Rosa Maria entrou com uma petição ao juiz municipal para que fosse efetuada a avaliação do valor desses serviços prestados pelos alforriados, devido à necessidade de que os serviços, apesar de serem, segundo a herdeira, ordinários, fossem levados em conta na partilha.

Essa nova lista deveria conter o valor dos serviços e, para tal empreitada, a herdeira pediu que fossem eleitos como avaliadores Apolinário José Roiz e José Felix de Oliveira, que segundo ela eram conhecedores tanto dos libertos quanto dos seus trabalhos, já que haviam sido administradores do sítio por algum tempo[321]. A escolha provavelmente não era isenta e devia trazer algum benefício para a senhora. A confiança que dona Rosa Maria depositava neles pode indicar o quanto essas avaliações viriam ao encontro daquilo que a senhora esperava, reforçando e confirmando a descrição já feita pelo neto e, portanto, mantendo o valor a ser pago aos manumitidos em níveis baixíssimos.

Outra possibilidade para interpretar tais descrições do trabalho dos libertos está na própria postura que eles podem ter tomado com a morte do testador. O testamento rezava que todos os escravos do capitão José Pedro entrariam em liberdade no momento de sua morte. Não podemos precisar se os escravos estavam cientes dessa condição antes da abertura do documento, mas é muito provável que o souberam com a morte do senhor. Uma vez possuidores dessa informação, vivendo ainda nas terras do capitão, na Vila de Indaiatuba, em sua casa em Campinas ou mesmo transitando entre as duas localidades – como o fizeram Ignácia e Delfino –, esses indivíduos possivelmente já se sabiam libertos antes mesmo do fim do inventário[322].

---

[321] Inventário de José Pedro de Siqueira, capitão, ano 1867, 2º Ofício, cx. 230, processo 5544; Testamentos Avulsos, cx. 04, n. 182.

[322] Esclarecemos aqui que os indivíduos que foram avaliados em Campinas foram listados em um primeiro momento como escravos, mas seus valores constam no montante das alforrias e aqueles que estiveram na

Também é provável que, já libertos, não se preocupassem em manter o ritmo, a assiduidade e mesmo o cuidado na execução do trabalho. Assim, a insubordinação, a valentia, a vadiagem, a morosidade e a execução desleixada do serviço podem ter surgido como forma de demonstrar que não possuíam mais senhor e por isso não precisavam mais realizar tais tarefas. Não há como confirmar qualquer uma das duas últimas possibilidades ou mesmo se elas se mesclaram. A herdeira podia tentar garantir que o trabalho dos ex-escravos fosse avaliado pelo mínimo possível garantindo, assim, a menor perda de patrimônio e, ao mesmo tempo, parte dos então libertos deixava de trabalhar bem após a morte de seu senhor, entrando no gozo de sua liberdade.

4.3 O Capitão José Pedro e os Seus Libertos

No que se refere à concessão de promessas de liberdade, o testamento do capitão José Pedro consegue, por um lado, agregar informações que expressam de forma bastante clara a dinâmica de domínio e a visão de mundo dos senhores de escravos em Campinas no período aqui estudado. Suas disposições testamentárias demonstram a mesma preocupação com o porvir anunciada pelos testadores campineiros, a busca pela manutenção do patrimônio e, principalmente, a procura por manter o poder sobre bens e pessoas mesmo após a sua morte. Por outro lado, o capitão José Pedro é o único testador campineiro, nos anos entre 1855 e 1871, a justificar as promessas de alforria concedidas em testamento devido a uma repulsa pessoal pela escravidão. No trecho que segue, temos registrado os termos utilizados pelo capitão para conferir a promessa de liberdade aos seus escravos:

> [...] Achando-me convencidíssimo de que a escravidão, filha de leis bárbaras, que só têm em vista o interesse de uns sobre a desgraça e opróbrio de outros, o que muito desonra a nossa Nação de melhor sorte, tenho, desde muitos anos resolvido que com o meu falecimento se findará o cativeiro não só de todos os escravos que possuo, sem exceção de nenhum, como de outros que nasçam destes ou venha por qualquer título a possuí-los; eles, por tanto do meu falecimento em diante serão considerados livres como se tivessem nascido de ventre livre, sujeitos somente a algumas condições, não onerosas, se no decorrer deste meu testamento lembrar-me de impor-lhes, e eles deverão cumpri-las [...].[323]

Vila de Indaiatuba no decorrer do inventário foram chamados de alforriados, libertos e "pretos" em vários momentos, assim, acreditamos que a herdeira os tomou por libertos a partir da morte do testador.

[323] Testamento de José Pedro de Siqueira, capitão, 16/10/1863. Testamentos Avulsos, cx. 04, n. 182.

Podemos verificar pelo trecho citado que o principal argumento do capitão José Pedro para a concessão das promessas de liberdade é a sua total aversão à escravidão e à vergonha que ela traz à nação que a pratica. Entretanto, seu próprio texto traz elementos que num primeiro momento contradizem tal aversão, uma vez que, entre outras coisas, sua contrariedade e seu horror a essa prática não promovem a liberdade imediata de seus escravos. A desonra e a vergonha por ele apontadas não eliminam o seu próprio usufruto da escravidão. Assim, tomar uma postura contrária à escravidão aparentemente não o impedia de fazer uso dos mecanismos de dominação que ela oferecia. Isso porque a sua repulsa à escravidão não posicionava o capitão José Pedro contra o poder senhorial, o que fica claro no decorrer de todo o seu testamento, nas suas disposições e restrições e, principalmente, no seu trato com os escravos que liberta. É exatamente o exercício desse poder que lhe permitia dispor da vida dos libertos e de certa forma manter a gerência sobre eles mesmo após a sua morte, assim, com o ato de manumitir, ele eliminava a posse sobre esses indivíduos, mas o seu senhorio continuaria a ser exercido por muito tempo.

O capitão José Pedro reproduz em seu testamento uma visão de mundo vista de cima, típica do paternalismo, na qual todo o poder está concentrado na mão do senhor e a partir da qual ele adquire o direito de fazer uso, conforme a sua vontade, dos laços que o unem a seus escravos e até mesmo aos futuros libertos, mesmo sendo "totalmente contrário" à instituição que valida esses laços: a escravidão[324].

Tal postura do capitão José Pedro reproduz a visão senhorial de seu poder e, principalmente, reforça a imagem paternalista do mundo. Podemos simplesmente tomar o capitão José Pedro como um hipócrita que realiza um discurso sobre o mal da escravidão, mas não abre mão dos benefícios que ela poderia oferecer a ele, negando-se apenas a transmitir tal legado aos seus. Essa interpretação da postura senhorial fica ainda mais passível de ser tomada como verdadeira quando observamos que o próprio capitão alega não serem os escravos bem quistos pela mãe e herdeira. Ao recomendar à sua mãe que não se desse à lavoura, arrendando as terras cultiváveis devido à sua já adiantada idade e à frágil saúde, o capitão José Pedro esclarece por que não deixa um escravo para acompanhar a mãe durante sua vida, servindo-a: "[...] e se não imponho a alguns de meus

---

[324] Esses e outros elementos da visão de mundo dos senhores de escravos de Campinas já foram tratados na monografia de graduação da autora. PEDRO, 2006, p. 56.

escravos o dever de acompanhá-la durante a sua vida, que desejo seja dilatadíssima e com descanso, é por achar-me convicto de que nunca gostou de servir-se com gente da raça preta"[325].

O argumento utilizado pelo capitão José Pedro para justificar a manumissão de todos os seus escravos como não prejudicial à sua herdeira ajuda-nos a compreender um pouco mais o emaranhado de motivações que podem ter levado esse senhor de riqueza mediana a alforriar tantos escravos. Em primeiro lugar, o testador dá uma importante informação sobre a sua mãe ao declarar não gostar ela de ser servida por "gente da raça preta", o que indica que dona Maria Rosa provavelmente não tinha a seu serviço escravos, forros ou mesmo nascidos livres. Dessa forma, acreditando não estar prejudicando a herdeira, o capitão pôde abrir mão dos serviços dos escravos e não sentiu a necessidade de deixá-los em legado para sua mãe. Se levarmos em conta a provável veracidade do desgosto da mãe em servir-se de negros, o fato de em nenhum momento do inventário essa senhora ter demonstrado apego aos libertos, não precisar ou não desejar o trabalho dos negros tornava ainda mais fácil a concessão de tantas alforrias. Esse desgosto da mãe torna sua generosidade mais fácil e simples de ser executada.

Outro elemento nas disposições de última vontade de José Pedro que reforça possibilidade da existência de motivos diversos – para além da anunciada repulsa pela escravidão – para a concessão de liberdade a todos os seus escravos são as já destacadas condições físicas e de saúde dos cativos. Não se pode descartar a possibilidade de que as doações de alforria tenham sido fruto de um planejamento para o futuro, que visava garantir à mãe, em sua velhice, não ter que lidar com o encargo de cuidar de escravos idosos, doentes e de crianças. Contudo, acreditamos que, se assim fosse, o capitão poderia como tantos outros senhores escolher entre os escravos aqueles que receberiam a alforria mantendo com a herdeira aqueles com melhor disposição e melhor desempenho no trabalho.

Também reforça a ideia de que seu discurso não condizia com a realidade a efetiva inclusão em suas posses de pelo menos 10 escravos depois de ter escrito o testamento. A aquisição de novos escravos por esse senhor poderia ter ocorrido por compra, troca ou pagamento de dívidas, provavelmente como um meio para suprir a necessidade de mão de obra em suas lavouras, e já se encontrava prevista ou pelo menos apontada

---

[325] Testamento de José Pedro de Siqueira, capitão, 16/10/1863. Testamentos Avulsos, cx. 04, n. 182.

como uma possibilidade na própria concessão das promessas de alforria. Assim, mesmo alegando-se totalmente contrário à escravidão, o capitão José Pedro lidava com a possibilidade de adquirir mais escravos depois de ter escrito o testamento, como o fez. E em menos de três anos teve um aumento de cerca de 50% em seu contingente escravo. Todavia, mais que tomar esses elementos como comprovação de uma postura hipócrita e incoerente do capitão José Pedro, acreditamos que ela demonstra o pensamento do senhor de escravos no século XIX, expondo suas relações calcadas no paternalismo e demarcando o lugar no mundo que esses indivíduos acreditavam ter.

O capitão José Pedro é uma representante da classe senhorial em todos os sentidos, um homem inserido em seu mundo: um universo em que a vontade senhorial se apresenta como "inviolável", se não para os escravos e dependentes, para os próprios senhores, que construíam para si mesmos uma sociedade imaginária em que as solidariedades e a autonomia existentes entre os dominados eram tidas como concessões dos próprios senhores[326]. Nessa sociedade ideal, a vontade senhorial era a instância primeira na qual devia processar-se a intenção da alforria, dessa forma, exclusivamente da sua vontade dependia a possibilidade de o cativo passar ao status de liberto.

Deste modo, por um lado, ao adquirir mais escravos, o capitão José Pedro ampliava também o seu círculo de poder, colocando mais indivíduos sob seu domínio e dependência. Ele, além de suprir as necessidades de seus negócios, alicerçava ainda mais a sua posição no mundo senhorial. Por outro lado, ao conceder as promessas de liberdade a todos os escravos que possuía ou viesse a possuir, ampliava também o efeito de sua doação, estabelecia-se como o benfeitor, que, por ser contrário ao mal da escravidão, traria a liberdade aos seus cativos.

Não pretendemos alegar aqui que o capitão José Pedro fosse realmente contra a escravidão, mas lidamos com a possibilidade de que ele acreditasse nessa repulsa e contrariedade. Inserido nesse mundo paternalista, agia como um homem do seu tempo, um escravocrata, um senhor que via seus escravos como extensões de si mesmo e de sua vontade, colocados sob seus cuidados e a seus serviços. Indivíduos pelos quais deveria zelar e receber em troca trabalho, respeito e gratidão, com os quais estabelecera laços que iam além do simples universo do trabalho e da propriedade em

---

[326] CHALHOUB, 2006, p. 61.

si. Assim, com a sua morte, teria fim a propriedade, a posse sobre eles, e ao conferir as promessas de liberdade seu senhorio ainda permaneceria, na forma das condições estabelecidas nos termos da doação, na identificação desses indivíduos como seus libertos e, principalmente, nos laços de gratidão e dependência que tal doação criaria. Enfim, findar-se-ia com a vida do senhor a propriedade, principalmente a vergonhosa prática escravidão, e ninguém mais poderia arrogar-se senhor e possuidor desses indivíduos, mas o capitão José Pedro sempre seria o senhor deles.

O capitão José Pedro, mais que buscar manter o elo entre os seus escravos e seus familiares, agia de forma que, uma vez tendo fim a sua própria existência, também findasse o laço com os seus. Aqui talvez o capitão, como tantos outros homens da segunda metade do século XIX, expressasse a compreensão de que a escravidão estava caminhando para o seu fim, mas que esse fim não deveria ser abrupto, e sim gradual[327]. Mais ainda: por ser esse universo pertencente ao senhor, em que todas as atuações de outrem eram mascaradas pela ideologia paternalista, pela ideia de que só eram possíveis devido à concessão senhorial[328], cabia a ele, o senhor, colocar fim à prática da escravidão, missão que não poderia ser deixada ao Estado e muito menos aos escravos.

Dessa forma, não podemos furtar-nos de levantar a hipótese de que esse senhor se antecipasse aos acontecimentos de seu tempo e efetuasse a emancipação de seus escravos sem, contudo, privar-se dos laços já estabelecidos na relação senhor-escravo. Isso sem deixar de lado em nenhum momento as atitudes e posturas que exemplificam o paternalismo, seja em seu discurso, seja em suas disposições, em suas restrições aos usos de seu patrimônio por legatários e herdeira.

Lembremos que em suas doações o capitão deixou a todos os seus futuros libertos um legado de 20 alqueires de plantação de milho, a ser usufruído por todos eles e transmitido apenas aos descentes deles, não

---

[327] Vários exemplos da busca por uma emancipação gradual estão nas discussões acerca da Lei de 28 de setembro de 1871, como no trecho que segue: "A câmara dos deputados, aplaudindo a solicitude que sobre tão sério objeto revelam as palavras de V. M. Imperial, e compartindo os generosos sentimentos que as ditaram, há de dar-lhes sua maior atenção, e esforçando-se pela solução que, mais consentanea com o direito de propriedade e com as necessidades do trabalho nacional, satisfazer também as aspirações humanitárias concorrerá quando em si estiver para que, realizada por meio de medidas cautelosas e prudentes, sem abalo social, sem contingências ateste às gerações vindouras a sabedoria que tem inspirado e dirigido os grandes atos do feliz reinado de V. M. Imperial" (Discurso proferido pelo deputado Sr. Paulino de Souza. Sessão Imperial da Assembleia Legislativa, 29 de maio de 1871, p. 105).

[328] CHALHOUB, 2006, p. 61.

podendo ser vendido, trocado ou retirado por dívidas – restrições que fez a todos os bens que legou em testamento. Aqui a doação do capitão José Pedro, aliada à própria promessa de liberdade, assume uma clara feição paternalista, pois, além de conceder a liberdade aos escravos, ele garantia a eles a inserção no mundo dos libertos com certa segurança, que provavelmente os ligaria pela dependência e pela proximidade aos parentes e legatários do senhor.

O fato de sua mãe não querer ser servida por escravos, ou negros em geral, talvez seja por si mesmo um impulsionador de tal generosidade. Podemos imaginar que o senhor previra que sua herdeira não manteria junto de si todos ou nenhum dos libertos, vendendo-os logo após morte dele. Assim sendo, alforrias concedidas aliadas à doação da terra poderiam operar como um meio de manter esses indivíduos próximos aos familiares e legatários do capitão – e aqui podemos elencar tanto o sobrinho Francisco Theodoro quanto a legatária Luzia Eufrazina. Dessa forma, os agora libertos, residindo na propriedade ao lado da chácara do testador, manter-se-iam sob as vistas dos seus, podendo estabelecer novas relações com eles e criar novas redes clientelares sem, no entanto, estabelecer novo senhorio.

A continuidade de relações entre os libertos e os legatários e parentes do capitão José Pedro pode ser comprovada no caso de Angélica e seus filhos, pois estava prevista no próprio testamento. Capitão José Pedro tratou de pedir a dona Luzia Eufrazina que mantivesse as cinco crianças com ela, como tinham vivido até então. A manutenção de relações entre libertos e os familiares do capitão também pode ser verificada pelos pedidos de tutela dos libertos Ignácio, Ângela e Florência em 1869 e Vicente em 1870, nos quais aparece como réu Francisco Theodoro, sobrinho do ex-senhor dos menores.

Os menores, mais especificamente os filhos de Angélica, aparecem como uma preocupação em vários momentos do testamento do capitão José Pedro. Lembremos que esse senhor concedeu, inicialmente, todas as promessas de alforria sem condição alguma, mas deixou claro que condições poderiam ocorrer caso se lembrasse de impô-las no futuro. Assim, no decorrer de seu testamento, à parte da escravaria foi imputada uma condição para a alforria, como verificamos na análise de seus legados: esses escravos tornar-se-iam libertos com a morte de seu senhor e, com seus companheiros de cativeiro, receberiam em legado os 20 alqueires de plantação de milho, mas, segundo a vontade "inviolável" de seu senhor, teriam que contribuir com uma mensalidade a ser paga a dona Luzia Eufrazina. Entretanto tal mensalidade não visava, pelo menos nos termos ditados pelo testador, à manutenção apenas da legatária, segundo o testamento os valores recebidos por dona Luzia Eufrazina serviriam: "[...] para a sua manutenção e dos filhos e filhas de meu escravo Ignácio cuja asseação e a educação muito recomendo à dita senhora, tendo-os sempre em sua companhia como até hoje tem sido"[329].

Aqui podemos perceber a preocupação do capitão José Pedro em garantir que Luzia Eufrazina mantivesse junto de si os filhos de Ignácio e Angélica – Rufina (cerca de 9 anos), Ignês (cerca de 7 anos), Ignácio (cerca de 5 anos), Cândido (cerca de 3 anos) e Ângela (menos de 1 ano)[330] – e, para garantir os meios para o cumprimento de tal desejo, que as contribuições ocorressem da seguinte forma:

> [...] a qual contribuição será observada pela forma seguinte pelo espaço de quatro anos a datar do dia do meu falecimento que será o dia da dita liberdade de todos os meus escravos: Bento carpinteiro oito mil réis mensais, Francisco e Sebastião cinco mil réis mensais, cada um deles, Luiz, Manoel e João quatro mil réis mensais cada um deles, Antonio Congo e Antoninho, dois mil réis mensais cada um deles, Gertrudes três mil réis mensais e Felicidade dois mil réis pela mesma forma, ficando Ignácio, Angélica, Esméria e Benta livres destes ônus em razão de suas idades e enfermidades. Recomendo Bento carpinteiro que ensine ou mande ensinar ofício aos filhos de Ignácio preferindo aquele ofício a que eles mais se inclinarem e tendo-os sempre em vista como se fossem os seus próprios filhos.[331]

Sua preocupação com os jovens escravos também se reflete em sua recomendação para que Bento carpinteiro não apenas os encaminhassem para a aprendizagem de algum ofício como também os mantivesse sempre sob sua "tutela".

A nosso ver, todas essas condições, doações e mesmo preocupações apresentadas pelo capitão José Pedro refletem a maneira de ser e de estar

---

[329] Testamento de José Pedro de Siqueira, capitão, 16/10/1863. Testamentos Avulsos, cx. 04, n. 182.

[330] Idades aproximadas calculadas a partir das mencionadas no inventário com a subtração de quatro anos (espaço entre a escrita do testamento e a abertura do inventário). No inventário os escravos são listados com as seguintes idades: Rufina 13 anos, Ignês 11 anos, Ignácio 9 anos, Cândido 7 anos, Ângela 3 anos. Inventário de José Pedro de Siqueira, capitão, ano 1867, 2º Ofício, cx. 230, processo 5544; Testamentos Avulsos, cx. 04, n. 182.

[331] Testamento de José Pedro de Siqueira, capitão, 16/10/1863. Testamentos Avulsos, cx. 04, n. 182.

do senhor de escravos no mundo paternalista do século XIX. Embora seu testamento seja uma exceção em vários aspectos, as relações que estabelece, as projeções que faz para o futuro *post mortem*, a forma como realiza as doações, as imposições de cláusulas restritivas, a constante preocupação com a manutenção da propriedade por si mesmo e pelos seus, o modo de lidar com os escravos e os laços que essas disposições permitem construir expressam claramente a política de domínio senhorial.

De forma geral, essa política de domínio acabava por visar ao controle de todos à sua volta: da mãe, com pedidos para que sua vontade se fizesse tal qual estava registrado no testamento; do sobrinho, a quem não deixou legado, mas instituiu como herdeiro caso a herdeira forçada falecesse antes do testador e impôs limites à gerência dos bens que poderia herdar; de dona Luiza Eufrazina, com as cláusulas restritivas ao uso dos bens legados e a designação do caminho que deveriam seguir por morte dessa senhora; dos libertos, com a doação das terras com cláusulas restritivas e com as condições para a alforria.

A forma como operava esse domínio também fica latente na preocupação do capitão José Pedro em inserir o escravo no mundo dos libertos: por meio de mandos e desmandos, de projetos e disposições. Um poder propagado pela própria doação de liberdade, posto que essa prática conservava o liberto ligado à figura de seu ex-senhor e por prever que os manumitidos permanecem em Campinas, morando nas terras legadas. Acreditamos que tal legado tinha o objetivo de prender os forros e seus descendentes não apenas a um local próximo aos parentes e legatários do capitão José Pedro de Siqueira, mas também onde seriam reconhecidos como libertos daquele senhor.

Essa política de domínio reflete, ainda, na preocupação com os menores, indicando sob os cuidados de quem deveriam ficar e como, pelo menos em parte, deveriam ser tratados e educados e na imposição de que outros libertos pagassem pela manutenção deles. O capitão acreditava que todas as suas disposições seriam seguidas sem contestações e que suas vontades seriam respeitadas.

É claro que devemos ter em mente a existência de toda uma trama tecida pelos próprios escravos, em sua luta diária contra o cativeiro. Apesar de não ser nosso intuito aqui estabelecer até que ponto essas promessas são conquistas dos escravos, acreditamos que elas também o são. Assim, as 27 alforrias efetivadas com a morte do capitão podem ser tomadas tanto como a expressão da vontade senhorial em libertar, em fazer-se benevolente e reforçar o próprio poder, quanto como resultado de negociações, trabalho e estratégias dos escravos.

Assim, a própria negação da escravidão funcionaria como uma aliada ao discurso da benevolência senhorial e às ações paternalistas do capitão José Pedro, construindo uma imagem de protetor de seus escravos e futuros libertos, dando continuidade ao poder senhorial, que não se extinguia com a morte do senhor.

4.4 Dona Rosa Maria de Jesus e as disposições do Capitão José Pedro

Em todo o seu testamento, o capitão José Pedro a demonstra um pleno conhecimento de seus bens e do montante de seu patrimônio, demonstra a firmeza de quem deseja que seus desígnios sejam cumpridos e seus bens preservados pelo maior período de tempo possível. Todavia, apresenta a ciência de que tal cumprimento está atrelado à boa disposição de sua mãe e herdeira, pelo menos naquilo que se refere ao montante de suas doações, e talvez por isso várias vezes peça a ela que cumpra a sua vontade, mesmo que haja prejuízo em sua herança.

Com a morte do capitão José Pedro, dona Rosa Maria demonstrou em vários momentos que sua própria vontade como senhora e como herdeira não caminhava na mesma direção que a do filho. As vontades do testador em certa medida foram realizadas, mas dentro das condições impostas pela mãe, sempre amparada pela lei. Ao contrário do que pedira o capitão José Pedro, no decorrer do processo de inventário ela apresentou a seguinte declaração, acompanhada de todos os documentos que comprovam seus direitos:

> Quanto à primeira verba do testamento folha 15 declara, a herdeira inventariante, que não convém em suas disposições além das forças da terça, não convindo, portanto, nas disposições do testamento que a excederem, e observando-se a igualdade de Direito.[332]

Dessa maneira, dona Rosa Maria deixa claro que não permitiria que as doações de seu finado filho prejudicassem aquilo que pela lei lhe pertencia e, sempre tendo em vista a segurança de sua legítima, no transcorrer

---

[332] Inventário de José Pedro de Siqueira, capitão, ano 1867, 2º Ofício, cx. 230, processo 5544; Testamentos Avulsos, cx. 04, n. 182.

de todo o processo apresentou várias petições que buscavam demarcar exatamente os limites entre o doado e aquilo que lhe era de direito receber em herança, propondo que os legatários rateassem (dividissem proporcionalmente) a diferença entre as duas verbas[333].

A primeira dessas petições solicitava junto ao juiz municipal que também fossem avaliados os bens que o capitão José Pedro possuía na vila de Indaiatuba, a fim de identificar os escravos que receberam promessa de liberdade com condição. Segundo a petição, a avaliação surgia como uma medida necessária devido à grande probabilidade de as doações excederem a terça parte dos bens. Tal avaliação foi realizada por Bento José Sodré e José Balduino do Amaral Gurgel. Segundo a herdeira e o testamenteiro, essa avaliação justificava-se pela necessidade de ser efetuado o cálculo do valor das mensalidades que esses escravos estavam obrigados a pagar a dona Luiza Eufrazina, pelo período de quatro anos a contar da morte do testador.

Assim, a herdeira pediu a avaliação dos libertos a fim de que eles fossem computados de modo a incluir o ônus referente ao valor total das mensalidades que deveriam pagar à legatária. Segundo a inventariante, tal pedido tinha como justificativa a necessidade de serem avaliados esses indivíduos quanto ao seu valor real e quanto ao ônus imposto, uma vez que a terça não deveria cobrir os legados e as alforrias. Isso porque o filho havia alforriado em seu testamento todos seus escravos "uns simplesmente e outros com a obrigação de prestar certa quota de dinheiro por tempo determinado"[334].

Nessa avaliação foram listados todos os escravos do capitão José Pedro e conferidos a eles valores reais e valores com desconto – no caso dos que receberam a alforria condicional. Tal avaliação demonstrou que o valor das alforrias somava 28:600$000 réis, valor praticamente igual ao valor final estipulado como terça parte dos bens.

A inventariante pediu, ainda, para que se fosse calculado o valor dos escravos libertos com o desconto do ônus e já pedia que houvesse um rateio no qual os libertos condicionais seriam onerados cada um com o valor correspondente às mensalidades. A tabela a seguir traz a lista de escravos condicionais e os seus referidos valores de avaliação, mensalidade e ônus:

---

[333] Verba: "Parcela de uma soma de quantias ou de moedas". AULETE, 1925.

[334] *Ibidem.*

Tabela 22 – Avaliação dos libertos condicionais, Campinas e Vila de Indaiatuba, 1868

Liberto	Valor real do escravo	Valor da mensalidade	Valor do ônus (04 anos)	Valor do escravo com ônus descontado
Bento carpinteiro	1:800$000 réis	5$000 réis	240$000 réis	1:560$000 réis
Francisco crioulo	1:900$000 réis	5$000 réis	240$000 réis	1:660$000 réis
Sebastião	550$000 réis	5$000 réis	240$000 réis	31$000 réis
Luis	550$000 réis	4$000 réis	192$000 réis	310$000 réis
Manoel	550$000 réis	4$000 réis	192$000 réis	310$000 réis
João crioulo	1:000$000 réis	4$000 réis	192$000 réis	808$000 réis
Antonio Congo	100$000 réis	2$000 réis	96$000 réis	4$000 réis
Antoninho	550$000 réis	2$000 réis	96$000 réis	454$000 réis
Gertrudes	1:200$000 réis	3$000 réis	140$000 réis	1:016$000 réis
Totais	**8:200$000 réis**	**34$000 réis**	**1:628$000 réis**	**6:153$000 réis**

Fonte: Centro de Memória da Unicamp, Tribunal de Justiça de Campinas, Inventário de José Pedro de Siqueira, capitão, ano 1867, 2º Ofício, cx. 230, processo 5544

Como podemos observar na Tabela 21, em alguns casos o ônus calculado pela avaliação – e que deveria ser restituído à herdeira a fim de não prejudicar a sua legítima –, como o de Bento carpinteiro e Francisco crioulo, que estavam em plena idade produtiva e possuíam um valor elevado no mercado, provavelmente não seria pago com grande dificuldade. Entretanto, para pelo menos a metade desses libertos restituir à herdeira esse valor poderia ser um problema, pois eram enfermos e teriam também que manter as contribuições mensais que estavam obrigados a pagar a dona Luiza Eufrazina.

Sempre preocupada em garantir que o montante da herança não fosse prejudicado, dona Rosa Maria também pediu que fossem cobradas todas as dívidas das quais o testador figurava como credor. No decorrer dessas cobranças, foi apresentada no inventário a aquisição de mais uma escrava, chamada Elena. Segundo o inventário, Elena fora recebida pela inventariante como pagamento da dívida de João Baptista de Campos e avaliada valor de 1:400$000 réis. Consta ainda na mesma declaração que a escrava fora vendida em 03 de outubro de 1868 a Joaquim José Garcia da Trindade pelo valor de 1:600$000 réis, tendo a herdeira recebido um vale com prazo de dois anos juros de 1% ao mês. Esclarecemos que a escrava Elena não foi por nós listada entre os libertos do capitão José Pedro, pois foi recebida pela inventariante após a morte do filho e embora conste em uma das listas de avaliação não faz parte do grupo de alforriados, sendo relacionada apenas como um bem recebido em pagamento de uma dívida e vendido no decorrer do inventário.

Depois de feitas as cobranças aos devedores do capitão José Pedro, as dívidas consideradas perdidas, incobráveis, somaram o valor de 37:538$911 réis. Esse montante era muito próximo ao que deveria constar como terça parte dos bens e seria descontado do monte-menor. Tendo isso em vista, a herdeira propôs que parte dos legados poderia ser "paga" com dívidas perdidas, de maneira que cada um dos beneficiários de seu filho recebesse também seu quinhão de prejuízo. Com intuito de garantir que tal divisão de dívidas fosse efetuada, a inventariante apresentou ao juiz municipal e ao procurador de capelas o orçamento de todos os bens, despesas, dívidas perdidas e legados do capitão José Pedro. Os valores estão sistematizados a seguir:

Tabela 23 – Valores de bens, dívidas perdidas e legados apresentados pela inventariante do Capitão José Pedro de Siqueira, Campinas, 1868

Montante	Valor
Monte-maior	132:397$564 réis
Monte-menor com dívidas perdidas inclusas	126:692$692 réis
Dívidas pedidas	37:538$911 réis
Monte-menor sem dívidas perdidas inclusas	89:153$781 réis
Terça parte	28:717$927 réis
Legítima	59:435$854 réis
Legados com alforrias	32:032$000 réis
Alforrias	28:600$000 réis
Déficit	4:703$437 réis

Fonte: Centro de Memória da Unicamp, Tribunal de Justiça de Campinas, Inventário de José Pedro de Siqueira, capitão, ano 1867, 2º Ofício, cx. 230, processo 5544

Segundo a petição de dona Rosa Maria e do testamenteiro Diogo Benedito Santos Prado, uma vez descontado o valor das dívidas perdidas do monte-menor, a terça parte dos bens não seria suficiente para o pagamento dos legados (vide valores na Tabela 22). Dessa forma, a fim de não prejudicar a legítima a que tinha direito a herdeira e não desfalcar seu quinhão, pediram ao juiz que mandasse ratear o déficit de 4:703$473 réis entre todos os legados "inclusive as alforrias, ou de somente entre os outros legados a exceção destas"[335]. Declararam ainda que, na hipótese de tal rateio incluir as alforrias e algum liberto não pudesse entrar com o valor correspondente à quota a ele estipulada, tal pagamento poderia ser feito por meio de prestação de serviços por tempo calculado e determinado pela Justiça.

Assim, podemos verificar que a herdeira do capitão José Pedro, contrariando suas expectativas e seus projetos senhoriais quanto ao futuro de seus escravos, buscou a todo o momento proteger a parte que lhe cabia da herança, mesmo que para isso fosse necessário manter os escravos sob seu trabalho por mais tempo, até que completassem o valor necessário ao resgate. Aqui há um elemento que chama a atenção: é o fato de dona Rosa Maria, apontada pelo filho como uma pessoa que não gostava de ser servida por gente "da raça preta", não se importar em manter tal trabalho caso isso significasse a manutenção total do valor que ela considerava justo em sua herança. Isso demonstra que, sendo verdade seu desgosto em ser servida por negros, suas inclinações pessoais, seu bem e malquerer foram deixados de lado quando o que estava em jogo era a propriedade, os bens e a herança.

Para além da vontade da inventariante, a possibilidade de que esse déficit incidisse também sobre as alforrias não foi acatada pelas autoridades encarregadas do caso, que concordam com o rateio do valor do déficit, mas demonstraram que era prioritário resguardar as alforrias, como podemos observar no despacho do juiz:

> [...] tanto mais quanto é certo que a liberdade é em tudo protegida pela nossa legislação. Há bem no monte menor o valor das disposições testamentárias feitas em terça; se alguns destes bens têm condições piores em relação à propriedade dos escravos que passaram a ser livres desde o momento do falecimento do testador, pagando na partilha a liberdade dos escravos com o valor desta propriedade visto a mesma liberdade de ter em seu favor a proteção pela lei; o restante dos bens que se julgam piores, ou em dívidas que se julgam

---

[335] *Ibidem.*

> de déficit, ou má cobrança rateiem pelos outros legatários. Só admitiríamos entrarem os libertos em rateio, quando os bens do monte em geral bem maior não cobrissem o valor da terça, porque então se dava a hipótese do testador dispor além do que lhe cabia se não se procedeu ao dito rateio, mas neste inventário não se dá essa hipótese, e pelo contrário a terça excede o valor das disposições testamentárias na quantia de 10:041:077 réis [...].[336]

Podemos verificar aqui que as contas propostas pelo orçamento e o levantamento de dívidas feito pela inventariante foram desconsiderados pelo juiz. Segundo sua resposta à petição, a terça parte dos bens devia ser calculada a partir do valor total do monte-menor – sendo assim, estabelecida no valor de 42:133$101 réis. Dessa forma, a intenção de dona Rosa Maria em onerar mais uma vez os libertos não foi concluída e a alforria dos 27 indivíduos garantida, sem que eles precisassem entrar com dinheiro, nem com serviços para cobrir a diferença apontada pela herdeira.

É importante notar que o juiz não se opôs ao rateio em si, sua recusa centrava-se apenas em onerar os libertos, colocando-se a favor da liberdade. Os argumentos utilizados pelo juiz municipal de que o pedido de dona Rosa Maria era improcedente, uma vez que o valor total do da terça cobriria as alforrias e que somente em caso contrário seria possível onerar os libertos, demonstra que muitas vezes o cumprimento ou não das disposições senhoriais estava subordinado à decisão dos juízes. E nesse caso específico, as determinações do testador foram mantidas, mesmo contra a vontade da herdeira e da pretensa falta de verba para isso.

Embora na petição da inventariante a proposta de que a cobrança dos valores rateados onerasse as alforrias concedidas pelo capitão José Pedro apareça apenas como uma sugestão, no decorrer de todo o inventário fica clara a busca dessa senhora por manter o seu patrimônio e arquitetar meios para que os agora libertos arcassem com os ônus produzidos no desenrolar do processo. Ela pedia para que pagassem a diferença do valor da contribuição a dona Luzia Eufrazina ou alegava ser o trabalho deles de péssima qualidade e, principalmente, queria que eles entrassem no rateio do déficit produzido por dívidas que ela e o testamenteiro não conseguiram receber.

Pudemos observar por meio da análise dessas ações da herdeira e inventariante do capitão José Pedro que a vontade senhorial registrada

---

[336] *Ibidem.*

em testamento como projetos de futuro, como meio de manter de certa maneira o senhorio sobre seus bens, nem sempre foi acatada da forma por ele determinada. Apesar de as doações terem sido efetivamente realizadas, uma vez que tanto a herdeira quanto o testamenteiro concordaram em fazer a partilha amigável dos bens, a todo o momento a postura de dona Rosa Maria demonstra que, mais que garantir a realização das vontades de seu filho, sua preocupação estava focada em assegurar que os bens de sua herança fossem resguardados.

Por um lado, temos uma herdeira seguindo em sentido contrário à vontade do testador, uma vez que para ela o cumprimento integral das disposições testamentárias excedia a terça e adentrava a sua legítima. Por outro, dona Rosa Maria atuava de forma idêntica a todos os senhores e proprietários por nós observados em nossa análise, compartilhando com eles a mesma busca por garantir a posse e a propriedade dos bens de seu filho.

Assim como tantos outros senhores, essa herdeira demonstra a tendência em manter o patrimônio do filho sem perdas reais, mesmo que para isso tenha que onerar os legatários, diminuir o valor dos bens legados ou sugerir que eles recebessem partes do legado em dívidas perdidas. Essa senhora, assim como seu filho, embora em posições diferentes, operava no interior da mesma política de manutenção da propriedade por nós verificada na análise dos testamentos.

Ambos buscaram, em momentos diversos, garantir a segurança dos bens para si mesmos e para os seus. Aqui, a vontade "inviolável" do senhor apresenta-se como limitada pela vontade de outro senhor, daquele que aqui fica e torna-se o novo proprietário dos bens. Ambos, porém, possuem o mesmo objetivo: manter as coisas no mesmo estado em que elas estavam, sob seu olhar, sob sua posse e senhorio.

CONSIDERAÇÕES FINAIS

Nesta obra, procuramos efetuar a análise das promessas de liberdade feitas aos seus escravos por homens e mulheres que elaboraram seus testamentos entre 1855 e 1871. Por meio do estudo das disposições de última vontade desses indivíduos pudemos verificar a existência não apenas de uma política de domínio senhorial no que se referia aos seus cativos e futuros libertos, mas também em relação a seus familiares, parentes próximos e dependentes. Também pudemos observar como operava a dinâmica senhorial quanto à transferência de seus bens e à busca constante pela manutenção de seu patrimônio nas mãos dos seus herdeiros e legatários.

O objetivo primordial foi o de analisar a forma como esses indivíduos lidavam com a alforria, quais eram as suas impressões sobre essa prática e, principalmente, quais os significados da manumissão no universo dos senhores de escravos adentramos os testamentos de Tribunal de Justiça de Campinas. Tal busca nos permitiu verificar que, para os senhores de escravos campineiros no período estudado, a alforria não se situava apenas no campo das relações pessoais, era principalmente concebida como fruto da vontade senhorial.

Sendo a alforria essencialmente dependente da disposição senhorial em concedê-la, tornava-se uma prática localizada em um campo distinto daquele da simples equação financeira. A alforria era um acordo construído entre desiguais, mas cujos termos deviam ser respeitados por ambas as partes envolvidas. Mais que um simples negócio, baseava-se em relações pessoais estabelecidas durante o cativeiro e que deviam ser continuadas, em alguns aspectos, mesmo após o fim da escravidão.

Do ponto de vista senhorial, o domínio e a dependência inerentes à relação senhor-escravo não poderiam ser dissolvidos com o fim da escravidão. A alforria, incluindo ou não o ressarcimento em dinheiro ou trabalho pelo escravo, trazia em si expectativas em relação ao futuro por parte de ambos os envolvidos. Por um lado, os senhores acreditavam ainda poder reger a vida de seus libertos, aspiravam manter seu poder e redefinir as relações de dominação e dependência com aqueles que até então haviam estado "totalmente" sob seu poder. Por outro lado, os escravos almejavam a liberdade e poderiam ver essa sujeição e dependência como uma maneira de manterem-se livres numa sociedade desigual, tão cheia de perigos e instabilidades.

Por meio da busca dos significados do conceito de alforria em fontes como dicionários do período, as *Ordenações Filipinas* e a obra de Malheiro, verificamos que a alforria podia ser interpretada de várias maneiras: como uma doação; como a restituição da liberdade; como a concessão de liberdade sem, no entanto, configurar uma doação, na medida em que aniquilava a propriedade. Tal busca nos permitiu estabelecer que, independentemente da interpretação que cada uma dessas fontes dava à prática da manumissão, ela sempre foi apontada como dependente da vontade do senhor em conferi-la.

Também pudemos constatar que foi exatamente nas décadas de 1850 e 1860 que a alforria passou a ser central nas discussões sobre o fim da escravidão e que homens como Malheiro buscaram interpretar e formalizar o Direito no que se referia à escravidão e principalmente à liberdade. Nesse momento os juristas na Corte lidavam com a questão da emancipação, das formas e dos meios que seriam utilizados para sua efetivação[337], preocupados em ordenar juridicamente as relações escravistas sem que isso trouxesse prejuízo para o domínio senhorial no campo privado[338].

Os homens de direito buscavam garantir que os senhores de escravos, como os indivíduos por nós estudados ao longo desta obra, mantivessem seu lugar no mundo e que as estruturas de poder vigentes não fossem rompidas, mas reorganizadas de maneira a manter não somente a propriedade, como também as normas que regiam as relações no campo pessoal, privado. Independentemente das preocupações que motivavam as discussões sobre a alforria e os caminhos da escravidão no Império Brasileiro, os senhores de escravos campineiros mantiveram, entre 1855 e 1871, a mesma postura diante de seus escravos e continuaram prometendo alforrias da mesma forma, sem grandes aumentos ou diminuições no volume de promessas[339] ou mudanças na forma de fazê-las[340].

---

[337]   PENA, 2001.

[338]   *Ibidem*, p. 62-363.

[339]   Excetuando o ano de 1863, em que foi concedido um número muito elevado de promessas de alforrias, pois nesse ano dois senhores prometeram em testamento a liberdade a todos os seus escravos.

[340]   Diferente, por exemplo, do que ocorre com as cartas de alforria após 1871. Segundo Eisenberg, após as leis emancipacionistas (1871 e 1885) houve um expressivo aumento nas concessões de liberdades condicionais, que passaram na maioria dos casos a vigorar por sete anos de trabalho, assumindo uma feição mais aproximada de um contrato de trabalho. EISENBERG, 1989a, p. 255-314.

A análise dos testamentos dos senhores de escravos campineiros não apenas demonstra essa tentativa de manter as coisas no mesmo estado em que elas já se encontravam como também mostra a existência de uma crença que a escravidão perduraria por muitos e muitos anos. Para além das discussões que se desenrolavam na Corte, em Campinas as coisas continuavam e continuariam a ocorrer e correr da mesma forma.

Nesse sentido, os senhores de escravos campineiros acreditavam que tanto herdeiros quanto legatários conservariam suas terras e, também, os escravos nelas mantidos por décadas após a morte do testador. Um exemplo disso nos é dado pelo testamento do barão de Atibaia, Joaquim Antonio de Arruda. Esse grande senhor de escravos, ao registrar suas disposições testamentárias em 13 de março de 1865, demonstrava acreditar que sua vontade seria respeitada e mantida por duas décadas depois de sua morte, como podemos verificar no trecho que segue:

> [...] Declaro e recomendo a meu testamenteiro que nos dois primeiros dias que se seguirem ao meu falecimento se dê feriado a todos os meus escravos a fim de que não trabalhem nesses dias: assim determino que nos dias que forem aniversários de minha morte se mande dizer uma missa na fazenda do Rosário por minha alma e que esta seja ouvida por todos os escravos desta fazenda os quais nesse dia também não trabalharão, isto quero que se pratique pelo espaço de vinte anos [...].[341]

Com base nesse trecho, podemos perceber que, como tantos outros senhores de escravos por nós analisados, o barão de Atibaia acreditava que o do domínio sobre seus bens se estendia muito além de sua vida e, principalmente, que sua vontade seria reverenciada ao longo de muitos e muitos anos, sendo sempre respeitada por todos os seus dependentes – herdeiros, legatários, agregados, escravos e alforriados. Contudo, mais importante para nossa análise é verificar que o barão, ao estabelecer que todos os seus escravos não deveriam trabalhar nos aniversários de sua morte, comparecendo à missa realizada em sua homenagem, pelo período de 20 anos, também demonstra que para ele a escravidão ainda deveria perdurar por décadas a fio. Tendo escrito seu testamento em 1865, esse senhor não estava errado, pois a escravidão realmente estendeu-se por mais de duas décadas, entretanto, devemos lembrar que um testamento pode

---

[341] Testamento de Joaquim Antonio de Arruda, Barão de Atibaia, 13/03/1865. Testamentos Avulsos, cx. 05, n. 196; Livro de Registro de Testamento 164 de 11/09/1866 a 11/02/1871, nº 12, TJC – Centro de Memória da Unicamp.

levar anos e até décadas para ser aberto e nesse caso específico ocorreu mais de 16 anos depois (em 1881), assim, se realmente fossem seguidas todas as determinações do testador, o "feriado" deveria ser celebrado por muito tempo após o fim da escravidão.

As doações com condição de que os escravos servissem por 10, 15, 20, 25 anos depois da morte dos testadores também demonstram a mesma confiança senhorial na continuidade da escravidão, como são os casos de João Correia de Campos e dona Maria Custódia de Oliveira Nunes.

O primeiro, em 09 de outubro de 1869, concedeu a promessa de liberdade a cinco escravos: a liberdade de Antonia continha a condição de ela ressarcir o herdeiro com a metade do valor da avaliação dela, já que ela era parte da herança deixada pela esposa do testador aos dois, pai e filho; as liberdades de Florinda e Faustina eram gratuitas e sem condição; as de Cassiano e André incluíam a condição de servirem aos herdeiros por 20 anos a partir da morte do testador[342]. A segunda concedeu, em 21 de janeiro de 1870, promessas de alforria a sete escravos. Deixou libertos Ana e Antonio sem condição alguma e Rosa, Francelina, Luiza, Leandro e Vicente com a condição de servirem a seus legatários pelo período de 10 anos a contar de sua morte[343]. Essa senhora estabeleceu, ainda, que os filhos que os escravos legados viessem a ter no decorrer dos 10 anos de liberdade condicional deveriam pertencer aos legatários até que completassem 20 anos. Dessa forma, a liberdade condicional concedida por essa senhora poderia manter indivíduos sob o domínio de seus legatários por um espaço de até 30 anos após a morte da testadora, em 08 de fevereiro de 1870. Demonstra também que dona Maria Custódia acreditava que o mundo em que vivia e a escravidão permaneceriam os mesmos nas décadas seguintes.

Essa confiança é recorrente entre os senhores de escravos de Campinas e é um dos elementos que por um lado coloca uma larga distância entre o mundo das ideias, o do direito e a vida cotidiana dos senhores e dos escravos, na medida em que demonstra que a preocupação com o fim da escravidão era uma prerrogativa da intelectualidade da época e não dos senhores de escravos; por outro lado, nos ajuda a compreender quão dificultosa era a tarefa dos homens que buscavam um caminho seguro

---

[342] Testamento de João Correa de Campos, 09/10/1969. Testamentos Avulsos, cx. 06, n. 247; Livro de Registro de Testamento 164 de 11/09/1866 a 11/02/1871, n. 042, TJC – Centro de Memória da Unicamp.

[343] Testamento de Maria Custódia de Oliveira Nunes, 21/01/1870. Testamentos Avulsos, cx. 06, n. 249. Livro de Registro de Testamento 164 (11/09/1866 a 11/02/1871), n. 046, TJC – Centro de Memória da Unicamp.

para a emancipação. Enquanto para os juristas a questão da liberdade levava a debates infindáveis e controversos, para os senhores de escravos campineiros estava resolvida, devia ser tratada: no âmbito da sua vontade.

Um exemplo disso pode ser observado no modo como os senhores de escravos campineiros lidavam com um dos principais dilemas com que se depararam os juristas do Instituto dos Advogados Brasileiros estudados por Pena: que rumo os filhos das libertas condicionais deveriam seguir quando nascidos no tempo em que vigorasse a prestação de serviços[344]. Em sua busca em ordenar a vida pública em um país onde imperava a escravidão, os juristas lançavam em suas sessões temas polêmicos que eram discutidos e analisados à luz do Direito e a liberdade ou não dos filhos das alforriadas condicionais foi um deles. Esse tema suscitou entre os advogados brasileiros acirradas discussões e controvérsias que tinham como foco principal estabelecer que leis melhor se adequassem e solucionassem a questão[345].

Para os senhores analisados neste trabalho, a resposta a essa questão era a de que os filhos das libertas condicionais seriam escravos. Esse é o caso de dona Maria Custódia e sua designação de que os filhos dos escravos condicionais deveriam ser mantidos em cativeiro até os 20 anos. É também o caso e dona Maria Michelina de Camargo Prado, que concedeu liberdade condicional a sua escrava Octávia, prevendo o cativeiro dos filhos que a liberta viesse a ter até a posse da liberdade, aos 25 anos de idade – segundo essa senhora o cativeiro dos filhos terminaria com o da mãe[346]. Do mesmo modo Joaquim José dos Santos Camargo lida com a questão no que se refere a duas de suas escravas. Esse senhor, em 04 de setembro de 1857, concedeu promessa de liberdade a 15 escravos, entre eles Thereza e Benedicta, com a condição de servirem pelo período de 20 anos após a morte dele testador, e estipulou que se elas tivessem filhos durante esse período, eles deveriam ser mantidos em cativeiro por 30 anos e só depois receberiam a alforria.

Outro exemplo de que para os senhores de escravos campineiros os filhos das libertas condicionais eram escravos é o de dona Anna Clara Leite, que, em 18 de maio de 1860, deixou em legado à sua afilhada Quitéria a crioula Anna. Segundo a sua doação, Anna deveria tornar-se liberta ao

---

[344] PENA, 2001, p. 88.

[345] *Ibidem*, p. 71-144.

[346] Testamento de Maria Michelina de Camargo Prado, 11/05/1871. Testamentos Avulsos, cx. 06, n. 262; Livro de Registro de Testamento 165 de 18/01/1872 a 11/07/1973, n. 029. TJC – Centro de Memória da Unicamp.

completar 50 anos de idade e os filhos que tivesse durante o tempo em que estava obrigada a servir à afilhada da testadora deveriam pertencer à legatária com condição de não poderem ser vendidos nem tirados por dívidas[347].

Esses e outros casos demonstram que para os senhores campineiros os filhos das libertas condicionais eram escravos e o que se fazia diferente de um senhor para outro era a disposição de conceder-lhes ou não uma liberdade futura e a extensão do prazo em que viveriam em cativeiro. Chamam também a atenção sobre outro aspecto: a interpretação que esses senhores faziam da condição dos próprios escravos a quem concediam promessas condicionais.

Quando verificamos a maneira como os senhores realizam a promessa de liberdade no que se refere à situação em que ficariam os indivíduos no período em que deveriam prestar serviços aos herdeiros ou legatários, encontramos 43 disposições que estabeleciam esses indivíduos como cativos. Esse número corresponde a 39,44% das promessas de alforria condicional, o que demonstra que para muitos senhores de escravos campineiros, independentemente do que se discutia nos tribunais e daquilo que os juristas estavam tomando como sendo a condição desses indivíduos, conferir a promessa de liberdade condicional aos seus escravos não os transformava em libertos condicionais. Para esses senhores, no tempo em que deveriam servir aos legatários e herdeiros, esses indivíduos continuavam a ser escravos e só adentrariam o mundo dos livres após o cumprimento das condições impostas no testamento.

Isso fica bastante claro nas disposições de dona Maria Custódia de Oliveira Nunes, de dona Maria Michelina de Camargo Prado, de Joaquim José dos Santos Camargo e de dona Anna Clara Leite aqui citados. Assim como nas disposições do também citado Joaquim Antonio de Arruda, barão de Atibaia, que em seu testamento concede promessa de liberdade a três escravos nos seguintes termos:

> Declaro que os escravos Martinho, Simeão e Francisco Necho continuarão na escravidão em que estão tão somente durante o espaço de cinco anos a contar do dia do meu falecimento: findo este prazo se lhes passará carta de liberdade e quero que na ocasião em que se lhes entregar as respectivas cartas se lhes entregue a quantia de = cinquenta mil réis [...].[348]

---

[347] Testamento de Anna Clara Leite, 18/05/1860. Testamentos Avulsos, cx. 04, n. 142, TJC – Centro de Memória da Unicamp.

[348] Testamento de Joaquim Antonio de Arruda, Barão de Atibaia, 13/03/1865. Testamentos Avulsos, cx. 05, n. 196.

Fórmulas como a utilizada por Joaquim Antonio de Arruda para conceder a promessa de liberdade condicional aos seus escravos declarando que sua escravidão se findaria dentro de determinado prazo ou que a liberdade teria início depois de cumpridas as condições senhoriais eram as comuns entre os senhores de escravos campineiros. Essas fórmulas estabeleciam a continuidade da escravidão pelo período da prestação de serviços e acreditamos ser exatamente essa a visão senhorial acerca da condição desses indivíduos que promoveram uma grande parte das querelas e embates entre escravos e senhores nos tribunais brasileiros. Embates esses que representavam por parte dos escravos o rompimento com os laços construídos nas relações paternalistas, na medida em que intervinham na vontade senhorial e colocavam a descoberto a fragilidade do mundo criado por esses indivíduos.

Ao serem arrolados como réus nos processos de liberdade, os senhores veem sua vontade e seu domínio confrontados diretamente, são envolvidos por um processo que modifica a própria essência da alforria praticada por eles, na medida em que arrancam dela total dependência da vontade senhorial. Assim, é compreensível que, como demonstrou Pena, esses embates se apresentassem como um dos motivadores do emancipacionismo jurídico promovido pelos membros do Instituto dos Advogados Brasileiros, uma vez que expunham questões jurídicas urgentes e que envolviam as relações de trabalho e dominação[349].

Portanto, podemos estabelecer que, embora as discussões jurídicas que ocorriam na Corte não ecoassem nos testamentos, tanto os juristas quanto os senhores de escravos campineiros, mesmo atuando em esferas diferentes, estavam preocupados em conservar as estruturas de poder vigentes e em garantir que o mundo em que viviam se mantivesse, garantindo aos seus a segurança num futuro próximo. Os primeiros buscavam tomar para si a "missão" de construir um caminho para a liberdade que garantisse a preservação do valor da propriedade e a ordem do Estado, sem trazer abalos para as relações no campo privado[350], e os segundos faziam uso de seus testamentos como meio de perpetuar seus ideais de poder, a sua visão de mundo e principalmente a manutenção da submissão e dependência.

A preocupação com a conservação das estruturas de poder vigentes refletia-se também própria lei de 28 de setembro de 1871. O dilema

---

[349] PENA, 2001, p. 361.
[350] PENA, 2001, p. 261-263.

entre a jurisprudência e a prática senhorial fica claro nas discussões que envolveram o projeto da lei de 28 de setembro de 1871, no qual os parlamentares – também senhores de escravos – dividiam-se entre aqueles que pediam o fim gradativo da escravidão como o único meio seguro para a manutenção da ordem e aqueles que pretendiam conservar o sistema, pois não viam um meio seguro de romper com a escravidão sem romper com a ordem social, sem adentrar o campo do privado e sem interferir no poder senhorial[351].

Logo no início dos trabalhos da Assembleia de 1871, o imperador D. Pedro II, em sua fala do trono, colocou a questão da emancipação no centro das discussões daquele ano, pedia resolução para aquilo que chamava de "questão servil"[352]. Ao discurso do imperador seguiu-se o projeto de lei que seria longamente debatido por vários parlamentares. Entretanto, à proposta inicial, apresentada pela comissão encarregada do tema, surgiria a sugestão de uma emenda[353] com o objetivo de tornar mais lento o processo de emancipação. A oposição, embora não rejeitasse o projeto, colocava-se contra as ideias capitais dele – a alforria forçada e a liberdade de ventre.

Ideias que implicariam diretamente a intervenção do Estado no domínio senhorial, na medida em que daria aos escravos o direito legal à liberdade e, portanto, retiraria da alforria sua principal premissa: a subordinação à vontade senhorial. Quando observamos as posturas senhoriais apresentadas nos testamentos percebemos quão profundamente o projeto podia ser problemático aos olhos desses indivíduos, pois a visão de mundo dos senhores de escravos registrada em suas disposições de última vontade descrevia um poder pleno e maior que a própria morte, cabendo a ele determinar quando e se o escravo alcançaria a liberdade. Assim, a intromissão do Estado nessa questão romperia com um elo bastante significativo da política de domínio senhorial, obrigando a reestruturação de suas relações com os escravos.

O principal articulador da contraproposta, o deputado Paulino de Souza, demonstrava bem esses receios quanto às consequências da elaboração de leis emancipacionistas no universo senhorial. Segundo

---

351 Sessão Imperial da Assembleia Legislativa, 29 de maio de 1871, p. 105.

352 Discurso proferido pelo imperador D. Pedro II na Sessão Imperial da Assembleia Legislativa, 03 de maio de 1871.

353 Emenda apresentada pelo deputado pelo Rio de Janeiro, Paulino de Souza, na Sessão Imperial da Assembleia Legislativa, 29 de maio de 1871, p. 101-105.

ele, tais leis só trariam prejuízos para a nação, uma vez que tentavam resolver politicamente uma questão social que deveria continuar a ser tratada no campo pessoal. Sua postura demonstra uma preocupação com as possíveis consequências da intervenção do Estado, não apenas na propriedade senhorial, mas no campo de seus poderes pessoais, em suas relações de domínio[354].

Em contraposição aos argumentos do deputado Paulino de Souza, os autores da proposta de lei reafirmaram a necessidade de manter-se as ideias capitais do projeto – a liberdade de ventre e o direito à alforria forçada[355] – e estabeleceram o assunto como há muito discutido por Assembleia, Governo e Nação, chamaram a responsabilidade para aquele gabinete, argumentando ser desastroso o não legislar e não o contrário, como desejava fazer parecer a oposição[356].

Embora esses homens estivessem em campos diferentes no momento de decidir o destino da escravidão por meios legais, todos demonstravam a preocupação em manter as estruturas de poder no mesmo lugar. Mesmo interferindo diretamente na relação senhor-escravo – principalmente com a possibilidade da alforria forçada –, os autores da proposta que resultou na lei de 28 de setembro de 1871 buscavam garantir a ordem social, evitavam que os escravos fizessem por eles mesmos a reforma, uma vez que desde muito já pleiteavam na Justiça o direito à compra de sua liberdade[357].

Por outro lado, ao aprovarem o projeto de lei, eles modificaram também as bases em que se estabelecia a alforria até aquele momento. Se até 1871 a alforria estava condicionada à vontade senhorial – mesmo sendo essa prerrogativa contestada pelos escravos na Justiça –, após esse ano o direito à alforria forçada promoveria a necessidade de uma reorganização dessa prática e, consequentemente, do mundo em que viviam os senhores de escravos.

Dessa forma, a lei de 28 de setembro de 1871 pode ser considerada uma conquista escrava, como demonstra Chalhoub[358], mas para os senhores de escravos poderia ter dois significados. Para alguns, a clara demarcação da intervenção do Estado em uma questão que até então não lhe cabia era

---

[354] Sessão Imperial da Assembleia Legislativa, 29 de maio de 1871, p. 105.

[355] *Ibidem*, p. 110.

[356] *Ibidem*, p. 112.

[357] CHALHOUB, 1990, p. 151-160.

[358] *Ibidem*.

uma afronta ao poder e ao domínio senhorial. Para outros, era uma forma de manter esse poder, de garantir que a emancipação fosse feita de cima para baixo, como mais uma concessão senhorial. Contudo, observando ambos os grupos, podemos ver refletidas as marcas do paternalismo por nós verificado nos testamentos dos senhores de escravos de Campinas, uma vez que o que sempre estiveram buscando preservar era o poder senhorial, seja protelando o fim da escravidão, seja legislando sobre ela. Eram os direitos senhoriais de indivíduos como o barão de Atibaia, dona Maria Custódia, o capitão José Pedro de Siqueira e tantos outros que estavam sendo discutidos e defendidos.

Direitos que nos testamentos produzidos em Campinas entre 1855 e 1871 eram incontestáveis e dos quais os senhores abriam mão a todo o momento a fim de garantir a transmissão de seu poder e visão de mundo aos seus herdeiros e legatários e assegurar a submissão e dependência de todos à sua volta. Direitos entre os quais estava inserida a prática da alforria.

REFERÊNCIAS

Fontes

1.1 Fontes manuscritas

Centro de Memória da Unicamp – Tribunal de Justiça de Campinas

- Livro de Registro de Testamento 163 (17/06/1859 a 11/06/1966);
- Livro de Registro de Testamento 164 (11/09/1866 a 11/02/1971);
- Livro de Registro de Testamento 165 (18/01/1872 a 11/07/1973);
- Livro de Registro de Testamento 166 (04/09/1873 a 18/05/1876);
- Testamentos Avulsos, cx. 03, números 090 a 135;
- Testamentos Avulsos, cx. 04, números 136 a 185;
- Testamentos Avulsos, cx. 05, números 186 a 230;
- Testamentos Avulsos, cx. 06, números 231 a 274;
- Inventário de Anna Vistarda Pires Teixeira, ano 1862, 1º Ofício, cx. 163, processo 3485;
- Inventário de José Pedro de Siqueira, capitão, ano 1867, 2º Ofício, cx. 230, processo 5544. TJC – Centro de Memória da Unicamp;
- Testamento de Rosa Maria de Jesus, 02/02/1874. Testamentos Avulsos, cx. 07, n. 293, TJC – Centro de Memória da Unicamp.

1.2 Fontes impressas

MALHEIRO, Perdigão. *A escravidão no Brasil*: ensaio histórico, jurídico, social. Petrópolis: Vozes; Brasília: INL, 1976. v. 1 e 2.

ORDENAÇÕES Filipinas. [1870]. Edição de Cândido Mendes de Almeida. Brasília: Senado Federal, 2012. v. 1 a 4. Disponível em: http://www1.ci.uc.pt/ihti/proj/filipinas/l4p863.htm. Acesso em: 1 dez. 2024.

ROCHA, Manoel Ribeiro. Etíope Resgatado, Empenhado, Sustentado, Corrigido, Instruído e Libertado. *In*: ROCHA, Manoel Ribeiro. *Cadernos do Instituto de Filosofa e Ciências Humanas, nº 21*. Campinas: IFCH-UNICAMP, 1991.

TSCHUDI, Johann Jakob von. *Viagem às províncias do Rio de Janeiro e São Paulo*. São Paulo: Martins, 1953.

1.3 Fontes digitalizadas

SESSÃO Imperial da Assembleia Legislativa, 1871. Disponível em: https://www.senado.leg.br/publicacoes/anais/pdf/Anais_Imperio/1871/1871%20Livro%201.pdf. Acesso em: 30 jan. 2025.

ORDENAÇÕES Manuelinas. Livro IV, Título L. "Das doações, e alforria, que se podem revogar por causa de ingratidão". Lisboa: Fundação Calouste Gulbenkian, 1984. Disponível em http://www1.ci.uc.pt/ihti/proj/manuelinas/l4p131.htm. Acesso em: 1 dez. 2024.

Bibliografia

ABRAHÃO, Fernando Antônio. *As ações de liberdade de escravos no tribunal de Campinas*. Campinas: UNICAMP, 1989.

ALENCAR, José de. *Cartas a favor da escravidão*. Organização de Tamis Parron. São Paulo: Hedra, 2008.

ARAÚJO, Maria Lucília Viveiros. *Os caminhos da riqueza dos paulistanos na primeira metade do Oitocentos*. Tese (Doutorado em História Econômica) – FFLCH, Universidade de São Paulo, São Paulo, 2003.

AULETE, Caldas. *Diccionario contemporaneo da lingua portugueza*. Lisboa: Parceria Antonio Maria Pereira, 1925.

AZEVEDO, Elciene. *O Orfeu e Carapinha* – a trajetória de Luis Gama na imperial cidade de São Paulo. Campinas: Editora da Unicamp, 1999.

BACELLAR, Carlos de Almeida Prado. Família, herança e poder em São Paulo: 1765-1855. *Estudos CEDHAL*, São Paulo: FFLCH/USP, n. 7, 1991.

BELLINI, Ligia. Por amor e por interesse: a relação senhor-escravo em cartas de alforria. *In*: REIS, João José dos. *Escravidão e Invenção da Liberdade*: Estudos sobre o negro no Brasil. São Paulo: Brasiliense, 1988. p. 73-86.

BERTIN, Enidelce. *Alforrias em São Paulo do século XIX*: Liberdade e Dominação. São Paulo: Humanitas/FFLCH/USP, 2004.

BLOCH, Marc. *A sociedade Feudal*. Lisboa: Edições 70, 1987.

BLUTEAU, Raphael. *Vocabulário Portuguez e Latino*. Coimbra: Collegio das Artes da Companhia de Jesu; Lisboa: Officina de Pascoal da Sylva, 1712-1728. Disponível em: https://www.bbm.usp.br/pt-br/dicionarios/vocabulario-portuguez-latino-aulico-anatomico-architectonico/. Acesso em: 30 jan. 2025.

BORREGO, Maria Aparecida de Meneses. *A Teia mercantil*: negócios e poderes me São Paulo Colonial (1711-1765). Tese (Doutorado em História) – Universidade de São Paulo, São Paulo, 2006.

BOURDIEU, Pierre. Marginalia. Algumas notas adicionais sobre o dom. *Mana*, [*s. l.*], v. 2, n. 2, p. 7-19, 1996.

BURKE, Peter. *Veneza e Amsterdã*: um estudo das elites do século XVII. São Paulo, Brasiliense, 1991.

CANO, Jefferson. *Escravidão, alforrias e projetos políticos na imprensa de Campinas*. Dissertação (Mestrado em História) – Universidade Estadual de Campinas, Campinas, 1984.

CANO, Jefferson. Liberdade, Cidadania e Política de Emancipação Escrava. *Revista de História*, São Paulo: FFLCH, v. 136, p. 107-120, 1997.

CHALHOUB, Sidney. *Visões da liberdade*: uma história das últimas décadas da escravidão na corte. São Paulo: Cia. das Letras, 1990.

CHALHOUB, Sidney. *Machado de Assis* – Historiador. São Paulo: Companhia das Letras, 2006.

CHAUÍ, Marilena. *O que é ideologia*. São Paulo: Brasiliense, 1989.

CUNHA, Rui Vieira da. *Estudo da Nobreza Brasileira*. Rio de Janeiro: Arquivo Nacional, 1966-1969.

CUNHA, Rui Vieira da. *Figuras e Fatos da Nobreza Brasileira*. Rio de Janeiro: Arquivo Nacional, 1975.

DAMASIO, Adauto. *Alforrias e Ações de Liberdade em Campinas na primeira metade do século XIX*. Dissertação (Mestrado em História) – Universidade Estadual de Campinas, Campinas, 1995.

DAVIS, Natalie Zemon. *The Gift in Sixteenth-Century France*. Wisconsin: University of Wisconsin Press, 2000.

EISENBERG, Peter. *Homens esquecidos*. Campinas: Ed. Unicamp, 1989b.

FERRAZ, Lizandra Meyer. *Testamentos, Alforrias e Liberdade*: Campinas, Século XIX. Monografia (Graduação em História) – IFCH, Unicamp, Campinas, 2006.

FERREIRA, Roberto Guedes. *Pardos*: trabalho, família, aliança e mobilidade social. Porto Feliz, São Paulo, c. 1798 – c. 1850. Dissertação (Doutorado em História) – Universidade Federal do Rio de Janeiro, Rio de Janeiro, 2005.

FLORENTINO, Manolo. *Em costas negras*: uma história do tráfico de escravos entre África e o Rio de Janeiro: século XVIII e XIX. São Paulo: Companhia das Letras, 1997a.

FLORENTINO, Manolo. *Paz na Senzala*: famílias escravas tráfico atlântico, Rio de Janeiro, c. 1790-c.1850. Rio de Janeiro: Civilização Brasileira, 1997b.

GENOVESE, E. D. *O mundo dos senhores de escravos*: dois ensaios de interpretação. Rio de Janeiro: Paz e Terra, 1979.

GENOVESE, E. D. *A terra prometida*: o mundo que os escravos criaram. Rio de Janeiro: Paz e Terra, 1988.

GODBOUT, Jacques T. *O espírito da dádiva*. Rio de Janeiro: Fundação Getulio Vargas, 1999.

GODELIER, Maurice. *O enigma do dom*. Rio de Janeiro: Civilização Brasileira, 2001.

GONÇALES, Andréa Lisly. Ás *margens da liberdade*: estudo sobre as práticas de alforria em Minas colonial e provincial. Tese (Doutorado em História) – Universidade de São Paulo, São Paulo, 1995.

GORENDER, Jacob. *O Escravismo Colonial*. 4. ed. São Paulo: Editora Ática, 1985.

GRAHAM, Richard. *Clientelismo e Política no Brasil do Século XIX*. Rio de Janeiro: Editora UFRJ, 1997.

GRAMSCI, Antonnio. *Cadernos do Cárcere*. Rio de Janeiro: Civilização Brasileira, 2000-2002.

GRINBERG, Keila. *Liberata, a lei da ambigüidade*: as ações de liberdade da corte do Rio de Janeiro, século XIX. Rio de Janeiro: Relume-Dumará, 1994.

GRUPPI, Luciano. *O conceito de Hegemonia em Gramsci*. Rio de Janeiro: Graal, 1978.

GUIMARÃES, Alaor Malta. *Campinas*: dados históricos e estatísticos. Campinas: Livraria Brasil, 1953.

HESPANHA, Antonio Manoel. *Direito Luso-Brasileiro no Antigo Regime*. Florianópolis: Fundação BOITEUX, 2005. Disponível em: http://www.hespanha. net/papers/2005_o-direito-luso-brasileiro-no-antigo-regime.pdf. Acesso em: 1 dez. 2024.

HINZ, Flávio (org.). *Por outra história das elites*. Rio de Janeiro: FGV, 2006.

HOLANDA, Sérgio Buarque de. *História Geral da Civilização Brasileira* – O Brasil Monárquico. 6. ed. São Paulo: DIFEL, ano. t. 2.

KARASCH, Mary C. *A vida dos escravos na cidade do Rio de Janeiro (1808-1850)*. Tradução de Pedro Maia Soares. 2. ed. São Paulo: Companhia das Letras, 2000.

LACERDA. Antônio Henrique Duarte. *Os padrões das alforrias em um município cafeeiro em expansão (Juiz de Fora, Zona da Mata de Minas Gerais, 1844-1888)*. São Paulo: Annablume, 2006.

LARA, Sílvia Hunold. *Campos da violência*: escravos e senhores na Capitania do Rio de Janeiro. Rio de Janeiro: Paz e Terra, 1988.

LARA, Sílvia Hunold; MENDONÇA, Joseli Maria Nunes. *Direitos e Justiças no Brasil*. Campinas: Editora da Unicamp, 2006.

LEITE, Clara Duran. *Tecendo a Liberdade*: alforria em Goiás no século XIX. Dissertação (Mestrado em História) – Universidade Federal de Goiás, Goiânia, 2000.

LEME, Pedro Taques de Almeida Paes. *Nobiliaria paulistana histórica e genealógica*. Belo Horizonte; Itatiaia; São Paulo: EDUSP, 1980.

LÉVI-STRAUSS, Claude. Introdução á Obra de Marcel Mauss. *In*: MAUSS, Marcel. *Ensaio sobre a dádiva*. Lisboa: Edições 70, 1988. p. 43-45.

LEWKOWICZ, I. "Herança e Relações Familiares: os pretos forros nas Minas Gerais do século XVIII". *Revista Brasileira de História*, [s. l.], v. 17, p. 101-114, 1988.

LIMA, Adriano Bernardo Morais. *Trajetória de crioulos*: um estudo das relações comunitárias de escravos e forros no termo da Vila de Curitiba (1760-1830). Dissertação (Mestrado em História) – Universidade Federal do Paraná, Curitiba, 2001.

MACHADO, Cacilda. *A trama das Vontades*: negros, pardos e brancos na construção da hierarquia social do Brasil escravista. Rio de Janeiro: Apicuri, 2008.

MACHADO, Maria Helena Pereira Toledo. *O Plano e o Pânico*: os movimentos sociais na década da abolição. Rio de Janeiro: UFRJ/EDUSP, 1994.

MALHEIRO, Perdigão. *A escravidão no Brasil*: ensaio histórico, jurídico, social. Petrópolis: Vozes; Brasília: INL, 1976. v. 2.

MARQUESE, R. B. A dinâmica da escravidão no Brasil. Resistência, tráfico negreiro e alforrias, séculos XVII a XIX. *Novos Estudos CEBRAP*, São Paulo, v. 74, p. 107-123, 2006.

MARTINEZ, Claudia Eliane Parreiras Marques. *Riqueza e escravidão*: vida material e população no século XIX Bonfim do Paraopeba/MG. São Paulo: Annablume; FAPESP, 2007.

MARTINS, Paulo Henrique. *A dádiva entre os modernos*: discussão sobre os fundamentos e as regras do social. Petrópolis: Vozes, 2002.

MATOS, Miguel; SCHUBSKY, Cássio. *Doutor Machado*: O Direito na vida e na Obra de Machado de Assis. São Paulo: Lettera.Doc, 2008.

MATTOS [de Castro], Hebe Maria. *Das Cores do Silêncio*: os significados da liberdade no sudeste Escravista. 2. ed. Rio de Janeiro: Nova Fronteira, 1998.

MATTOSO, José. *História de Portugal*: vol. 4 - o antigo regime 1620-1807. Lisboa: Editorial Estampa, 1993.

MATTOSO, Kátia M. de Queirós. A propósito de cartas de alforria; Bahia, 1779-1850. *Anais de História*, v. 4, p. 23-52, 1972.

MATTOSO, Kátia M. de Queirós. *Testamentos de escravos libertos na Bahia no século XIX*. Uma fonte para o estudo de mentalidades. Salvador: Centro de Estudos Baianos, 1979.

MATTOSO, Kátia M. de Queirós. *Ser escravo no Brasil*. São Paulo: Ed. Brasiliense, 1988.

MAUSS, Marcel. *Ensaio sobre a dádiva*. Lisboa: Edições 70, 1988.

MENDONÇA, Joseli M. N. *Entre as mãos e os anéis*: a lei dos sexagenários e os caminhos da abolição no Brasil. Capinas: Unicamp, 1999.

MOTA, Carlos Guilherme (org.). *Dimensões*. São Paulo: Perspectiva, 1972.

MOTTA, José Flávio. *Corpos Escravos, Vontades Livres*: posse de cativos e família escrava em Bananal (1801-1829). São Paulo: FAPESP; Annablume, 1999.

MOTTA, Márcia Maria M. *Nas Fronteiras do Poder*: conflitos de terras e direito agrário no Brasil de meados do século XIX. Rio de Janeiro: Vício de Leitura; Arquivo Público do estado do Rio de Janeiro, 1998.

NAZZARI, Muriel. *O desaparecimento do dote*: mulheres, famílias e mudança social em São Paulo, 1600-1900. São Paulo: Companhia das Letras, 2001.

OLIVEIRA, Benedito Otávio de. *Campinas Antiga*: as festas de 1846. Campinas: Livro Azul, 1905.

OLIVEIRA, Benedito Otávio de. *Campinas e a independência*: documentos e notas. Campinas: Linotypia da C. Genoud, 1922.

OLIVEIRA, Maria Inês Côrtes de. *O liberto*: seu mundo e os outros, 1790-1890. Bahia: Corrupio, 1988.

OLIVEIRA, Maria Luiza Ferreira de. *Entre a casa e o Armazém*: relações sociais e experiência de urbanização: São Paulo, 1850-1900. São Paulo: Alameda, 2005.

PAIVA, Eduardo França. *Escravos e Libertos nas Minas Gerais do século XVIII*: estratégias de resistências através dos testamentos. 2. ed. São Paulo: Annablume, 1995.

PASIN, José Luiz. *Os Barões do Café*: titulares do Império no Vale do Paraíba Paulista. Aparecida: Editora Santuário, 2001.

PEDRO, Alessandra. *As Alforrias e o poder senhorial em Campinas (1865-1875)*. Monografia (Graduação em História) – IFCH, Unicamp, Campinas, 2006.

PENA, Eduardo Spiller. *Pajens da casa Imperial*: jurisconsultos e escravidão no Brasil do século XIX. Campinas: Editora da UNICAMP: CECULT, 2001.

PIROLA, Ricardo Figueiredo. *A conspiração escrava de Campinas, 1832*: rebelião, etnicidade e família. Dissertação (Mestrado em História) – IFCH, Unicamp, Campinas, 2005.

PRADO JR, Caio. *História Econômica do Brasil*. 13. ed. São Paulo: Brasiliense, 1970.

PUPO, Celso Maria de Mello. *Campinas, município do Império*: fundação e constituição, usos familiares, a morada, sesmarias, engenhos e fazendas. São Paulo: Imprensa Oficial do Estado, 1918.

PUPO, Celso Maria de Mello. *Campinas, seu berço e juventude.* Campinas: Publicações da Academia Campinense de Letras, 1969.

RAMOS, Vanessa Gomes. *Os Escravos da Religião* – Alforriandos do Clero católico no Rio de Janeiro imperial (1840-1871). Dissertação (Mestrado em História) – Universidade Federal do Rio de Janeiro, Rio de Janeiro, 2007.

REIS, João José dos. *Rebelião Escrava no Brasil* – A História do Levante dos Malês 1835. São Paulo: Brasiliense, 1987.

REIS, João José dos (org.). *Escravidão e Invenção da Liberdade*: Estudos sobre o negro no Brasil. São Paulo: Brasiliense, 1988.

REIS, João José dos (org.). *Liberdade por um fio* – história dos quilombos no Brasil. 2. reimp. São Paulo: Companhia das Letras, 2000.

REIS, João José dos; SILVA, Eduardo. *Negociação e Conflito*: a resistência negra no Brasil escravista. São Paulo: Companhia das Letras, 1989.

ROCHA, Cristiany Miranda. *Histórias de Famílias Escravas Campinas, século XIX.* Campinas: Editora da Unicamp, 2004.

SABOURIN, Eric. Marcel Mauss: da dádiva à questão da reciprocidade. *Revista Brasileira de Ciências Sociais*, [s. l.], v. 23, n. 66, p. 131-208, fev. 2008. Disponível em: http://www.scielo.br/pdf/rbcsoc/v23n66/08.pdf. Acesso em: 1 dez. 2024.

Salles, Ricardo. *E o vale era escravo*: vassouras, século XIX - senhores e escravos no coração do Império. Rio de Janeiro: Civilização Brasileira, 2008.

SANTIAGO, Mariana Ribeiro. Teoria subjetiva da posse. *Jus Navigandi*, Teresina, ano 9, n. 320, 23 maio 2004. Disponível em: http://jus2.uol.com.br/doutrina/texto.asp/id=5277. Acesso em: 16 out. 2008.

SANTOS FILHO, Lycurgo de Castro. *Campinas*: evolução histórica. São Paulo: Atlantida, 1969.

SANTOS, Antonio da Costa. *Campinas, das origens ao futuro*: compra e venda de terra e água e um tombamento na primeira sesmaria da Freguesia de Nossa senhora da Conceição das Campinas do Mato Grosso de Jundiaí (1732-1992). Campinas: Unicamp, 2002.

SANTOS, Dayse Lucila Silva. *O divórcio e a nulidade de casamento*: estudo de caso nas tensões na vida conjugal diamantinense de 1863 a 1933. Diamantina: CEDEPLAR/

UFMG, 2004. Disponível em: http://www.cedeplar.ufmg.br/diamantina2004/textos/D04A020.PDF. Acesso em: 1 dez. 2024.

SCHWARTZ, Stuart B. A Manumissão dos Escravos no Brasil Colonial – Bahia 1684-1745. *Anais de História*, Assis, n. VI, p. 71-114, 1974.

SCHWARTZ, Stuart B. *Segredos internos*: engenhos e escravos na sociedade colonial – 1550-1835. São Paulo: Companhia das Letras, 1988.

SCOTT, James C. *Domination and the Arts of Resistance*: hidden transcripts. New Haven; London: Yale University Press, 1990.

SCOTT, Rebecca J. Exploring the meaning of freedom: postemancipation societies in comparative perspective. *Hispanic American Historical Review*, [s. l.], v. 68, n. 3, p. 407-428, 1988.

SIGAUD, Lygia. As vicissitudes do ensaio sobre o dom. *Mana*, [s. l.], v. 5, n. 2, p. 89-123, out. 1999.

SILVA, Antonio de Moraes. *Diccionario da lingua portugueza*. Rio de Janeiro: Fluminense, 1922.

SLENES, Robert W. *The Demography and Economics of Brazilian Slavery*: 1850-1888. Tese (Doutorado em História) – Stanford University, Stanford, 1976.

SLENES, Robert W. Senhores e Subalternos no Oeste Paulista. *In*: ALENCASTRO, Luiz Felipe de (org.). *História Privada no Brasil, Vol. II*: Império: a Corte e a Modernidade Nacional. São Paulo: Companhia das Letras, 1997. p. 233-290.

SLENES, Robert W. *Na Senzala uma Flor*: Esperanças e Recordações na formação da Família Escrava – Brasil Sudeste, Século XIX. Rio de Janeiro: Nova Fronteira, 1999.

SOARES, Marcio de Souza. A dádiva da alforria: uma proposta de interpretação sobre a natureza das manumissões antes da promulgação da Lei do Ventre Livre. *In*: ENCONTRO "Escravidão e Liberdade no Brasil Meridional", 2., 2005, Porto Alegre. São Leopoldo: Oikos, 2005.

SOARES, Marcio de Souza. *A remissão do Cativeiro*: alforrias e liberdades nos Campos de Goitacases, c. 1750-1830. Tese (Doutorado em História) – Universidade Federal Fluminense, Niterói, 2006.

SOARES, Mariza de Carvalho. *Devotos da Cor. Identidade étnica, religiosidade e escravidão no Rio de Janeiro, séc. XVIII*. Rio de Janeiro: Civilização Brasileira, 2000.

STRATHERN, Marilyn. *O gênero da dádiva*: problemas com as mulheres e problemas com a sociedade da Melanésia. Tradução Andre Villalobos. São Paulo: Imprenta; Editora da UNICAMP, 2006.

THOMPSON, E. P. *A formação da Classe Operária Inglesa*. Rio de Janeiro: Paz e Terra, 1988-1989.

THOMPSON, E. P. *As peculiaridades dos ingleses e outros artigos*. Campinas: Unicamp/IFCH, 2001.

THOMPSON, E. P. *Costumes em Comum*. São Paulo: Companhia das Letras, 1998a.

VILLELA, Jorge Luiz Mattar. A dívida e a diferença. Reflexões a respeito da reciprocidade. *Rev. Antropol.* [online], [s. l.], v. 44, n. 1, p. 185-220, 2001. ISSN 0034-7701. doi: 10.1590/S0034-77012001000100006. Disponível em: http://www.scielo.br/scielo.php/script=sci_arttext&pid=S0034-77012001000100006. Acesso em: 1 dez. 2024.

VOGT, Carlos e FRY Peter. *Cafundó* – A África no Brasil – Linguagem e Sociedade. São Paulo: Companhia das Letras, 1996.

WISSENBACH, Maria Cristina Cortez. *Sonhos Africanos, vivências ladinas*: escravos e forros em São Paulo (1850-1888). São Paulo: Hucitec/História Social, USP, 1998.

XAVIER, Regina. *A conquista da liberdade* – libertos em Campinas na segunda metade do século XIX. Campinas: Centro de Memória; Unicamp, 1996.

XAVIER, Regina Célia Lima. *História da Escravidão e da Liberdade no Brasil Meridional* – Guia bibliográfico. Porto Alegre: Editora da UFRGS, 2007.

ZANATTA, Aline Antunes. *Justiça e representações femininas*: o divórcio entre a elite paulista (1765-1822). Tese (Mestrado em História) – IFCH, Unicamp, Campinas, 2005.